河南省高等学校哲学社会科学应用研究重大项目“新建本科高校与政府关系的重构”（2018-YYZD-11）成果
河南省科学研究计划项目“基于创业型大学的产教深度融合研究”（212400410455）成果

Reconstruction of the Relationship Between Newly-built Undergraduate Universities and the Government

新建本科高校与政府关系重构

杨雪梅　王军胜　田　菊　等◎著

科学出版社
北　京

内 容 简 介

随着我国经济发展进入新时代，创新成为引领发展的第一动力，新建本科高校转型发展动能凸显，新建本科高校与政府之间的关系重构问题越发值得关注。本书在对新建本科高校及地方政府关系相关核心概念和理论支撑进行梳理的基础上，分析新中国成立以来新建本科高校与地方政府关系的历史沿革，以国外高校与地方政府互动模式为经验借鉴，从人才培养、科学研究、社会服务三个方面提出我国新建本科高校与地方政府关系的现状及问题，提出新建本科高校与地方政府的"三维四元保障"互动关系理论模型和具体对策、建议，并进行个案的探索和考证。

本书可供地方本科高校的管理者、教育行政管理部门的决策者、从事高等教育管理相关研究的研究人员参阅。

图书在版编目（CIP）数据

新建本科高校与政府关系重构/杨雪梅等著. —北京：科学出版社，2021.9
ISBN 978-7-03-069710-3

Ⅰ. ①新… Ⅱ. ①杨… Ⅲ. ①高等学校-关系-地方政府-研究-中国
Ⅳ. ①G649.2②D625

中国版本图书馆CIP数据核字（2021）第180521号

责任编辑：崔文燕 / 责任校对：杨 然
责任印制：李 彤 / 封面设计：润一文化

科学出版社出版
北京东黄城根北街16号
邮政编码：100717
http:// www.sciencep.com
天津市新科印刷有限公司印刷
科学出版社发行 各地新华书店经销
*
2021年9月第 一 版 开本：720×1000 1/16
2021年9月第一次印刷 印张：15
字数：260 000
定价：99.00元
（如有印装质量问题，我社负责调换）

参 编 人 员

王琳玮　刘喜琴　周丽华

前　言

当前，我国经济发展进入新时代，创新驱动成为经济发展的核心驱动力，地方经济转型升级任重道远，新建本科高校向应用技术型大学转型方兴未艾。本书基于这一经济社会发展和高等教育改革的宏观背景，对新建本科高校和地方政府关系的重构问题进行系统、深入的研究，进一步厘清地方高校、新建本科高校、地方政府等核心概念，系统梳理国内外相关研究，以三螺旋理论、协同理论、教育生态理论、资源依赖理论为支撑，分析新建本科高校与地方政府关系的发展历程，从德国应用技术型大学及“双元制”人才培养模式、布兰迪斯大学“小而精”研究型大学之路、威斯康星大学及“威斯康星思想”、创业型大学等方面分类总结并借鉴国外高校与地方政府互动的运作模式，系统梳理高校与地方政府互动关系形成发展的基本规律，分析高校与地方政府互动的内在动因及发展趋势，研究高校与地方政府互动关系及改革的动力机制；从人才培养、科学研究、社会服务三个方面系统梳理当前我国新建本科高校与地方政府关系的现状及问题，从地方政府和新建本科高校两方面深入探析问题产生的原因；在此基础上，提出重构新建本科高校和地方政府新型关系的“三维四元保障”互动关系理论模型和具体对策、建议，以新建本科高校黄河科技学院与地方政府关系的实践探索为例，分析新建本科高校与地方政府在关系重构中理应扮演的角色。

本书的主要观点为：经济进入新时代，创新驱动更凸显了教育尤其是高等教育的重要价值。新建本科高校作为我国高等教育体系的主体部分，与地方经济社会联系最为紧密，理应发挥其优势和更大的作用。新形势下，新建本科高校面临重新思考和定位自身、进一步提高服务地方经济和社会发展能力、积极推动与地方政府关系重构等重大问题。

新建本科高校与地方政府关系的发展历程及趋势主要包括：新中国成立至改革开放前——政府计划指导下的单向服务；改革开放后至1999年——服务社会自主权逐渐扩大；21世纪至党的十八届三中全会——地方政府统筹管理机制的确立；党的十八届三中全会以来——引导和支持新建本科高校向应用型高校转变。

由于历史和现实的多种原因，新建本科高校在与地方政府的关系方面还面临诸多需要破解的问题。从人才培养维度来看，人才培养定位与地方需求不符，专业设置难以支撑地方产业转型升级，产教融合步履维艰。从科学研究维度来看，政府导向与新建本科高校应用型科研定位不符，科研资源配置不公平，经费管理机制不科学，科技成果转化政策不完善、落地难，政府缺乏对产学研协同创新的有效引导。从社会服务维度来看，继续教育与培训在地方缺乏重视和规划引导，新建本科高校智库建设面临政策及资源瓶颈，地方政府在高校与社会互动中未能发挥桥梁作用。

新建本科高校与地方政府关系存在问题的原因可以从新建本科高校本身、地方政府这两个方面来讨论：一方面，新建本科高校缺乏主动意识和能力，办学实力不强，发展规划存在偏差，其弱势地位导致依赖和趋同；另一方面，地方政府职能错位，政策支持缺失，管理存在越位，评价机制不够完善。

德国“双元制”人才培养模式的成功、美国布兰迪斯大学“小而精”研究型大学之路、美国威斯康星大学和“威斯康星思想”，以及以麻省理工学院、斯坦福大学、沃里克大学为代表的创业型大学的崛起与发展，都与政府的引导支持和公共服务有密切关系，为重构我国新建本科高校与地方政府关系提供了有益的借鉴和启示：高校、政府、企业和行业组织的联动，是高等学校培养应用型人才的关键；正确定位、打造专长、坚持质量与特色导向，是高等学校提升科技服务能力的核心；本土为基、立足地方、主动服务，是重构地方高校与政府关系的首要条件；创新驱动、协同发展、推动政府及企业参与创建创业型大学，是重构地方高校与政府关系的发展方向。

新建本科高校与地方关系重构应基于三个原则：以转变政府职能为前提，以高校实现自主办学为核心，以促进校政合作为方向。基于此，本书借鉴三螺旋理论设计“三维四元保障”互动关系模型。“三维”指人才培养、科学研究和社会服务，“四元”指政策、资金、平台和机制。在这一模型指导下，新建本科高校在关系重构中应重点承担四项主要任务：以先进的办学理念引领办学、完善现代大学制度、全面深化教育教学改革、推进政产学研用一体化。地方政府则应转变职能，为学校发展提供有效的政策和制度供给、提供更多的资源支持，并为学校建设和管理搭建大数据平台、第三方评价、科技成果转化平台等服务平台，完善体制机制，履行主导职责。

黄河科技学院作为新建地方本科高校，基于对以上问题的思考进行了一些探索，1984—1994年为初步探索期，1994—2000年为深入发展期，2000年至今为密切合作期。在人才培养方面，黄河科技学院与地方人才需求对接，向应用型科技大学转型，构建生态化创新创业服务体系。在科学研究方面，黄河科技学院与地方经济发展对接，重视应用型科研，对接地方发展“产业链”；促进科研成果转化，助推区域创新驱动发展。在社会服务方面，黄河科技学院与社会全面发展对接，构建终身教育平台，助力学习型社会建设；开展多元社会培训，促进公民技能专业化；积极参与社区活动，志愿服务全方位开展；建设高端专业智库，服务河南高质量发展。

目　录

第一章　导　　论

高等教育作为科技第一生产力和人才第一资源的重要结合点，在经济社会发展中具有十分重要的地位和作用。党的十九大以来，中国进入新时代，新建本科高校面临向应用技术型大学转型发展的重要任务，地方政府承担着深化“放管服”改革、深入实施创新驱动发展战略、推动经济转型产业升级和科技进步、加快全面建成小康社会的历史使命。如何找准二者的契合点，构建新时代新建本科高校与地方政府的新型合作伙伴关系，促进新建本科高校立足地方、融入地方、服务地方，实现二者协同发展，既是新建本科高校转型发展的主要方向和重要内容，也是地方政府应思考回应的重大课题。本章对新建本科高校与地方政府关系研究这一问题提出的背景进行了系统梳理，对研究意义进行了全面分析，对地方高校、新建本科高校、地方政府等核心概念进行了界定，并提出了本书研究的主要目标、研究内容以及所采用的研究方法。

一、研究背景及研究意义

政府与大学的关系是高等教育理论与实践中的重要问题之一。从中世纪大学产生时起，政府与大学的关系经历了曲折的发展历程。从大学自治到政府控制再到二者合作，是这一关系演进的缩影。政府与大学的关系是十分复杂的，并常常与社会政治、经济、文化诸方面交织在一起。[①]20世纪末，《面向21世纪教育振兴行动计划》的颁布，标志着我国高等教育由精英教育阶段迈入大众化教育阶段，一批由专科独立升格、转制或合并而成的新建本科院校应运而生，并在地方

① 赵婷婷. 自治、控制与合作——政府与大学关系的演进历程. 现代大学教育，2001（4）：54-61.

政府的倾斜支持下迅速发展壮大，现已成为我国高等教育体系中的重要组成部分，在为地方经济社会发展提供智力支持、技术支撑、输送应用型人才等方面做出了突出贡献，成为承担本科教育的主力军和建设高等教育强国的生力军。与此同时，地方政府与新建本科院校的矛盾，或者说二者之间存在的不相适应、不平衡的关系，不但影响了高校教育事业改革发展和人才培养质量的提升，也影响了区域经济人才供给与需求的匹配度。地方政府作为管理者、主导者对高校的满意度，二者关系是否和谐共进，都影响着区域经济社会发展水平。因此，本书立足对新建本科高校与地方政府关系的历史、现状的分析，寻求重构二者关系的基本路径，具有重要的理论与现实意义。

（一）研究背景

当前，我国经济结构加快调整，发展创新动能不断增强，创新驱动发展战略深入实施，创新对发展的支撑作用明显增强，其中更加突出了教育尤其是高等教育的重要价值。新建本科高校作为我国高等教育体系的主体部分，与地方经济社会联系最为紧密，理应发挥其优势和更大的作用。然而，由于地方政府在高校发展规划、学科专业设置、科学研究、招生计划、教师编制和社会服务等方面延续了既有管理模式，以行政代替法律，使高校缺乏自主权；另外，在教育资源既定的前提下，有限的教育资源过多地集中在少数所谓重点高校身上，限制了新建本科高校的开拓创新意识，导致新建本科高校未能在地方经济发展中释放应有的能量。新形势下，新建本科高校面临着重新思考和定位自身、进一步提高服务地方经济和社会发展的能力、积极推动与地方政府关系重构等重大问题。

1. 创新驱动成为经济发展的核心动力

党的十八大提出实施创新驱动发展战略，强调科技创新是提高社会生产力和综合国力的战略支撑，必须将其摆在国家发展全局的核心位置。这是党中央在新的发展阶段确立的立足全局、面向全球、聚焦关键、带动整体的国家重大发展战略。党的十八大以来，以习近平同志为核心的党中央高度重视实施创新驱动战略，《中共中央　国务院关于深化体制机制改革加快实施创新驱动发展战略的若干意见》于2015年3月颁布，接着，2016年，中共中央国务院印发《国家创新驱动发展战略纲要》，党的十九大报告更是提出了科教兴国战略、人才强国战略、创新驱动发展战略等诸多战略。国家大力实施创新驱动发展战略，就是要以科技创新为核心，全面推动经济持续健康发展。可以说，当前我国经济发展的核心动力就来源于创新驱动战略的高质量发展与有效实施。一方面，从全球范围来看，国际市场需求减少，传统产品的国际竞争压力增大，对产品本身的质量、技术含量要求增高，这就要求通过“大众创业、万众创新”创造出新的技术、新的产品和新的服务，以稳定和增加我国产品在国际市场中的份额；另一方面，在经济下行压力加大、经济发展环境“硬约束”进一步加强的情况下，要千方百计地增加国内市场需求来促进经济稳定发展，为此，不仅要通过创新激发国内市场需求，而且要通过创新来推动经济的转型发展。创新驱动战略需要充分发挥地方政府的政策引导、财政支持及公共服务功能，需要发挥高校创新源、动力站和孵化器的作用，汇聚和整合全社会的积极性和创造力，形成创新创业的合力。这不仅需要新建本科高校主动出击、积极与政府保持互动，更需要地方政府不断地进行调整和推动，以适应新情势下的新角色，引导和帮助新建本科高校在实现自身持续发展的同时，助力新建本科高校成为服务地方经济社会发展的重要引擎。

创新驱动战略需要新建本科高校把深化创新创业教育改革作为推进学校综合改革的突破口。与经济社会发展进入新时代相适应的是，我国高等教育的改革发展也进入新阶段，呈现出一些新特点：一是更加注重以质量提升为核心的内涵式发展；二是更加注重在改革创新过程中释放办学活力；三是更加注重以法治思维推进大学治理现代化；四是更加注重政府宏观管学与社会参与办学；五是更加注重大学的深度开放与教育科技引领。在高等教育改革进入新发展阶段的背景下，各新建本科高校亟须克服“办学定位不清”“同质化严重”“科技成果转化率低”等弊端。为此，新建本科高校要把深化创新创业教育改革作为推进学校综合改革的突破口，全面提升内涵建设。

推动全社会形成创新创业的热潮，需要地方政府科学有效贯彻落实党中央、国务院的有关精神，持续简政放权，切实为创新创业工作提供政策、资金、资源、平台、服务等方面的引导和支持，尤其需要地方政府重视新建本科高校在“双创”工作中的作用，为本地区培养和输送更多的创新型、技能型人才。这需要政府简政放权、转变职能、建立创业就业基金、建立有利于创新创业的政策制度、落实和完善自主创业的税收减免和场地扶持政策、做好创新创业培训和服务、推动新建本科高校普及创业教育、实施新建本科高校教师和大学生创业引领计划、建立大学生科技园和中小企业孵化器，促进教育、教学与经济、社会紧密结合等问题的根本解决。

2. 地方经济转型升级任重道远

当前，地方经济结构正发生全面而深刻的变化，经济转型升级显得尤为迫切和重要。稳增长、调结构、促就业，成为地方经济转型升级的重中之重。近年来从中央到地方也在积极采取措施促进经济结构转型升级。但在推进转型升级过程中仍面临不少问题，支撑经济发展的新增长点还未稳固形成，发展动力转换任重而道远。从近几年各地的发展实践看，创新驱动、产业转型成为各地区提升竞争力的重要方式，比如党的十八大以来，河南全面推进供给侧结构性改革，大力实施制造智能化、绿色化和企业技术三大改造，加快培育新产业，电子信息、新能源、智能装备等领域实现了重大突破，企业核心竞争力显著增强，工业生产不断向中高端水平迈进。河南省战略性新兴产业连续增长，2020年增长了2.6%，占规模以上工业的22.4%，高技术制造业增长了8.9%，占规模以上工业的11.1%。[①] 可以说经过多年打造，河南转型升级的成效比较显著，但与其他省相比，河南的科技创新能力依旧是短板。《2020中国区域创新能力评价报告》数据显示，京津冀、长三角、珠三角、长江中游和成渝五大城市群，以10.4%的国土面积集聚了39.2%的全国人口，创造了54.7%的生产总值。[②]

可以说，制约地方经济转型升级的一个重要因素就是创新驱动力不足，包括新建本科高校没有充分发挥应有功能，没有为地方产业发展培养急需的应用型技术技能人才和创新创业人才，没有为地方经济转型升级提供有效的科研支撑及社会服务；新建本科高校作为创新创业高地的地位没有得到凸显，服务地方经济社会发展的能力有待进一步提高；新建本科高校尚未与地方政府及地方经济社会构建立良性互动的协同合作关系，高校、政府、产业之间仍然存在相互联系的壁垒，信息及资源的共享、能量的传递等受到限制，地方还没有形成一个互利合作的创新大系统等。所以，在推进经济发展高质量的背景下，面对地方经济转型升级的挑战，需地方政府与新建本科高校改变过去各自为战、相互分离的关系状

① 2020年河南省国民经济和社会发展统计公报. http://www.henan.gov.cn/2021/03-08/2104927.html，2021-03-08.

② 《2020中国区域创新能力评价报告》发布. https://kepu.gmw.cn/2020-11/17/content_34373981.htm，2020-11-17.

态，转变领导与下属的关系模式，真正实现由划桨者向掌舵者、服务者的角色转变，避免对新建本科高校内部事务过多干预，发挥高校、政府各自优势，与行业、企业及区域内所有创新主体建立深度合作关系，协同促进地方经济转型升级。

地方经济转型需要新建本科高校明确定位，融入地方发展，提高服务经济社会发展的能力。表面上看，新建本科高校转型的原因是解决毕业生的就业问题，其实更深层次的原因是国家产业结构转型升级的需要，是国家整体战略的调整。近年来，我国技能型人才队伍规模日益壮大、结构不断优化。截至2016年底，全国高技能人才达4791万人，比2012年提高了39%。[①]大国重技，让高技能人才培养驶入快车道，这是政策引领、市场需求等一系列因素引发的连锁反应。这些政策和要求都指向了同一个目标，那就是新建本科高校需进一步明确自身定位，真正做到立足地方、融入地方、服务地方，为地方培养更多高素质技术技能人才和创新创业人才，成为地方经济转型和产业升级的中坚力量，同时为地方产业发展、科技进步、生产方式变革和社会服务提供技术和服务，提高新建本科高校服务经济社会发展的能力。

地方经济转型需要地方政府引导和支持新建本科高校立足地方，贯彻落实新发展理念。2021年发布的《中华人民共和国国民经济和社会发展第十四个五年规划和2035年远景目标纲要》对“十四五”时期我国的经济社会发展目标、创新驱动发展战略、现代产业体系建设、强大国内市场、数字化中国、社会主义市场经济体制、乡村振兴、城镇化发展、区域协调发展、文化软实力、绿色发展、对外开放、人的全面发展以及民生、安全、国防、法治、祖国统一等多方面的发展目标进行了规划。这些目标的落实离不开政府的统筹安排，也离不开新建本科高校的人力、智力等的支持，需要引导和支持新建本科高校参与地方经济转型和产业升级的全过程，推动新建本科高校真正立足地方办学、开放办学，密切地方政府、新建本科院校、行业企业、社区等多元主体之间的合作关系，构建起多方参与的区域创新体系和改革发展的利益共同体，相互合作、协同发展，只有这样才能打赢这场经济转型的升级之战。

---

① 党的十八大以来高技能人才队伍建设硕果满枝. http://dangjian.people.com.cn/n1/2017/0929/c117092-29567741.html，2017-09-29.

3. 新建本科高校向应用技术大学转型方兴未艾

随着知识经济的飞速发展，高等教育与地区经济社会发展相互促进和相互依存的关系不断凸显。自1998年以来，我国高等教育规模呈现高速增长的态势，为满足人民群众的高等教育需求做出了重要贡献，但伴随着规模的外延式发展也带来了地方高等教育资源少、底子薄、质量低等问题。特别是一些地方高校不顾学校办学实际，盲目扩招，导致教育效果不佳、质量不高，用人单位“用工荒”和毕业生“就业难”的供求矛盾不断凸显。根据麦可思近几年内发布的《就业蓝皮书》的数据，本科生的就业率出现持续缓慢下降、高职高专就业率稳中有升的现象，特别是2017届和2018届，高职高专的就业率已经连续两年超过了普通本科（图1-1）。这足以说明在经济结构转型下，在传统制造行业向服务行业转型的过程中，具有职业教育性质的高职高专的学生在一定程度上适应了市场的需求。但从另一个角度来看，较低的就业率也说明地方本科高校特别是新建本科高校培养的人才与社会需求脱节之严重。

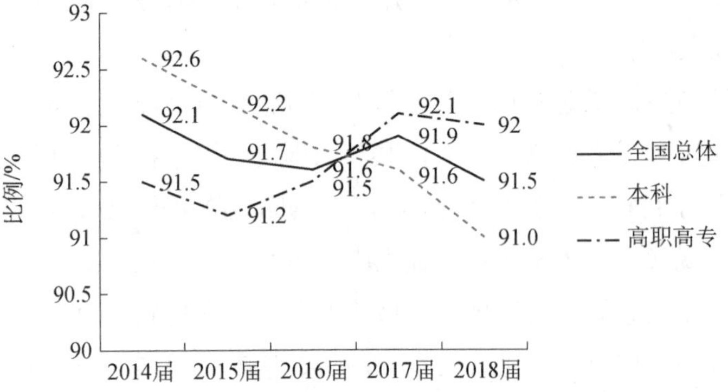

图1-1 2014—2018届全国总体、本科、高职高专毕业生就业率

资料来源：根据2015—2019年《就业蓝皮书》整理而成

出于对经济新常态、产业转型升级、创新驱动发展等新形势和新要求的考虑，近年来，党中央、国务院引导和支持新建本科高校向应用型技术大学转型发展，先后出台了一系列政策，并采取相关措施来推动该项改革，为产业升级、创新驱动提供人才、智力、技术支持及服务，从而推动“中国制造”走向“中国创造”，提高产品技术含量和市场竞争力。2013年1月底，为加快我国现代职业教育发展，构建我国应用型高等教育体系，创新应用型人才培养模式改革，探索“产学研一体、教学做合一”的发展道路，推动部分地方本科高校向应用型转型发

展，教育部启动了“应用科技大学改革试点战略重点研究”项目，有来自13个省（区、市）的33所高校参与。2014年2月26日，国务院常务会议作出了引导部分普通本科高校向应用技术型高校转型的战略部署；4月25日，178所地方本科高校发表《驻马店共识》，成为应用技术大学改革的积极实践者。2015年，教育部、国家发展改革委和财政部发布《关于引导部分地方普通本科高校向应用型转变的指导意见》，这成为引导和鼓励地方本科高校转型的一个重要指引文件。《中华人民共和国国民经济和社会发展第十三个五年规划纲要》明确提出推动具备条件的普通本科高校向应用型转变。《国家职业教育改革实施方案》进一步提出“一大批普通本科高等学校向应用型转变”的发展目标。此外，对于未来高等教育发展规划，国家同样把本科高校转型纳入“十四五”规划，《中华人民共和国国民经济和社会发展第十四个五年规划和2035年远景目标纲要》提出要建设高质量本科教育，推进部分普通本科高校向应用型转变。

因此，向应用型技术大学转型，既是经济社会发展的需要，也是政府应对新时代对高等教育全面深化改革做出的科学决策，是新建本科高校改革发展的方向。作为一项重要的改革，向应用型技术大学转型，离不开地方政府的政策引导、财政支持及服务保障，在党中央、国务院的推动下，地方政府积极响应国家政策要求，也相继制定了一些引导政策，并开展试点工作，支持新建本科高校的转型发展，广东、河南等20多个省（区、市）出台了引导部分普通本科高校向应用型转变的文件，300所地方本科高校参与改革试点，在校地合作、校企合作、教师队伍建设、人才培养方案和课程体系改革、学校治理结构等方面积极改革探索。

面对经济发展和地方经济转型升级的发展需要，面对国家大力引导和支持新建本科高校向应用型转型的政策，黄河科技学院积极响应国家和地方政府的号召，明确了建设应用型本科高校的办学定位，更新办学思路，加强开放办学，密切同地方政府、行业企业的联系，不断探索“学校—政府—企业”协同育人的办学模式，走产教融合、校企合作的发展道路。黄河科技学院创办于1984年，是在我国改革开放初期诞生的全国第一所民办本科普通高校，2000年经教育部批准成为全国第一所民办普通本科高校。2013年，学校被教育部批准为全国首批“应用科技大学改革试点战略研究单位”。2015年，学校被批准为河南省首批示范性应用技术类型本科高校；2017年，被河南省学位委员会批准为硕士学位授予立项建设单位；2018年，通过教育部本科教学工作审核评估。

作为一所顺应时代发展需求而成立的地方新建本科院校，黄河科技学院从创办之初就把“清醒敏锐的开拓精神”作为学校的四大精神之一，在学校发展的每个时期都积极主动争取地方政府的支持，争取与地方政府、行业企业方加强联系。在发展中，学校不断抢抓政府政策机遇，适应地方发展需求，充分发挥民办高校体制机制的灵活性优势，积极探索创新，明确提出学校的服务面向定位是“立足中原、辐射全国，面向地方、服务基层”，明确确立了应用型、复合型、创新型人才培养目标，秉承“为国分忧、为民解愁、为社会主义现代化建设服务”的办学宗旨，以“办一所对学生最负责任的大学”为己任，为地方培养了一大批应用型人才。学校现有4个校区，占地2800多亩[①]，校舍建筑面积100多万平方米，截至2020年，学校有全日制本科在校生30 000余人，开设68个本科专业和35个专科专业，建有河南省院士工作站、博士后研发基地、重点实验室、国际联合实验室、工程技术研究中心、实验教学示范中心等高层次教学科研平台50余个。各科类实验室138个，实验分室441个，校外实训基地226个；教学科研仪器总价值4.28亿元；馆藏图书362.8万册。

学校紧密结合产业结构调整和转型升级，积极开设了区域经济学、通信与信息系统、机械制造及其自动化、护理学、电子信息工程、音乐表演、计算机科学与技术、材料成型及控制工程、通信工程等河南省重点学科专业，重点打造信息工程、文化创意等6个特色专业集群和8个现代产业学院，对经济社会发展起重要支撑作用。与宇通重工集团合作创办了国家级大学生校外实践教育基地。学校率先在全国探索向应用型技术大字转型发展，深化“校地合作”，与济源市政府合作共建“黄河科技学院应用技术学院”，创新实施“学历数育与职业技能培养结合”的应用型人才培养模式，为河南振兴、中原崛起培养高技能人才，受到党和政府以及社会高度认可。

为贯彻落实河南省创新驱动发展战略和郑州市开放创新双驱动发展战略，黄河科技学院与二七区人民政府共建“U创港”创新创业综合体。学校与二七区政府通力合作，形成了良性运行机制。“U创港”集成学校载体、科技优势、人才资源优势、政府公共服务与政策支持优势，成为郑州市20个综合体中唯一的校政共建综合体，被郑州市委、市政府列为重点建设项目，形成了强有力的政策支持。

① 1亩≈666.7平方米。

同时，学校汇聚政府部门、科研院校、高校等专家资源，成立中国（河南）创新发展研究院等平台，突出“创新”这个时代主题，全力将其打造成立足河南、研究河南、服务河南的新型智库。在地方政府的引导和支持下，学校加大投入和建设力度，建成国家级科技企业孵化器、全国首批众创空间、教育部首批“全国创新创业典型经验高校”、“全国首批深化创新创业教育改革示范高校”，入选教育部“互联网+中国制造2025”产教融合促进计划建设院校，以此推动学校的转型发展及创新创业工作，同时为学校与地方政府合作搭建起良好的互动平台。

虽然像黄河科技学院等这样的地方高校对进一步加强与地方政府的合作关系进行了一定的探索和实践，但是目前地方政府关于转型发展的后续配套政策及保障体系还没有完全建立起来，对试点工作的评价标准、与试点院校的关系问题等都有待进行深入的研究和界定。这些问题需要地方政府在引导和支持新建本科高校转型发展的实践过程中，通过密切的互动与协商，以问题为导向，制定更加全面、更加科学的发展规划、细化措施及评价标准，正确引导新建本科高校向应用技术型高校发展。这也是本书的一个重要出发点和调查讨论的主要内容。

（二）研究意义

目前，国内学术界针对新建本科高校与地方政府关系重构的系统研究较少，开展本书研究具有较强的理论和实践意义。

1. 理论意义

本书研究成果将丰富高校与地方政府互动关系研究、政府管理职能改革研究、新建本科高校发展理论研究等。通过对新建本科高校与地方政府关系的重构设想和分析，总结二者从领导关系转变为互动合作关系发展的模式，明确政府在新建本科高校改革和发展中所扮演的角色，厘清政府有形之手与市场无形之手的协作共赢关系，使新建本科高校发展的定位、方向及其与地方政府、行业企业及社区等主体的关系变得清晰，为新建本科高校与地方政府的关系重构提供理论依据。

2. 实践意义

一是为新建本科高校与地方政府关系的重构提供有效的策略。通过借鉴国内外高校与地方政府互动发展的经验和做法，探讨其发展规律，在充分调研分析的基础上提出促进新建本科高校与地方政府良性互动关系的政策建议和具有实际可操作性的对策，为改善政府管理职能、全面深化地方高校改革、优化高等教育结构提供决策参考与经验借鉴。

二是为新建本科高校发展和地方政府完善教育政策提供决策的依据。从新建地方高校与地方政府关系的视角，研究新建地方本科高校在人才培养、科学研究和社会服务三方面遇到的瓶颈和改善的策略，为高等学校制定发展战略提供依据。通过分析地方政府在高等教育中的角色定位及其存在的问题，提出政府应完善的政策支持，为地方高等教育的健康发展创造条件。

二、相关概念的界定

一般而言，我国通常根据高校的行政管理方式将高校划分为部委属高校、地方高校；根据高校创建或升格的时间阶段，将一部分高校称为新建本科高校。从研究的严谨性考虑，有必要对地方高校、新建本科高校及地方政府等概念进行界定，从而为本书厘清研究范围奠定基础。

（一）地方高校内涵的界定

经过20世纪末高校管理体制的改革与调整，我国高校逐渐形成了中央、省级政府两级管理，以省级政府统筹管理为主的新体制。除对于一些关系国家发展全局的高校和行业特殊性较强的高校继续由教育部、工信部及其他少数部门管理之外，多数高校开始由地方管理或以地方行政管理为主。

地方高校是从行政管理出发形成的集合概念，主要与部委属高校相对应，说明高校的隶属关系。正如潘懋元先生指出的，高等教育地方化包括两层含义：一是高等教育要适应地方经济发展，为地方发展服务、使之成为地方文化科学中心；二是高等教育管理权属于地方，并以地方财政拨款作为办学的主要资金来源。[①] 在我国，由于部委属高校办学水平较高，知识创新的重任主要由中央部委属高校承担；由于地方高校办学层次相对低一些，知识的融合与应用、知识的传

① 潘懋元. 潘懋元高等教育文集. 北京：新华出版社，1991：324.

播则主要由地方高校承担。[①]

一种观点认为，地方高校是隶属各省（区、市）、大多靠地方财政供养、由地方行政部门划拨财政经费、招生一般侧重本地生源的普通高等学校。其中，部分省级政府为做强地方高等教育，大力支持省属高校依靠自身特色积极争取相关中央部委的资金和资源支持，又形成了省属国家“211工程”重点大学、省部共建大学、地方性直属高校三种类型。另一种观点认为，地方院校是指省（区、市）政府所属的院校，与教育部、工信部、中科院等部属院校和民办院校相对应。也有学者认为，地方高校是指地方政府投资、主管的高等学校，主要包括：主办者为省级人民政府，投资者以省级人民政府或地级市人民政府为主；服务面向以投资者管辖的省（区、市）及其所辐射的区域为主；人才培养规格以本科教育为主，包括部分硕士研究生教育和博士研究生教育。[②]

本书认为，地方高校主要指省（区、市）所属的地方高校，大多数靠地方财政供养、由地方行政部门划拨经费的普通高等学校，也包括2000年以后经教育部批准升本的本科普通高校。作为我国高等教育体系的主体部分，地方高校以服务区域经济社会发展为目标，主要为地方培养人才。

（二）新建本科高校内涵的界定

新建本科院校是伴随着我国高等教育大众化而产生的高校类型。有研究认为，“新建本科院校”指教育部2000年以后批准设立的本科院校。2000—2015年，我国新建本科院校（含独立学院）共678所，占全国普通本科院校的55.6%。大多数新建本科院校位于地级城市，到2015年，新建本科院校已广泛分布于29个省（区、市），实现了对196个地级市及计划单列市的覆盖，覆盖率达57.8%，中西部新建本科院校占比比2011年增加了2.4个百分点。[③]

在本书中，新建本科高校是指2000年以来国家通过调整本科高等教育发展布局，对各地区多所单科性院校合并升格，或者一所多科性专科院校独立升格成综合性普通本科院校的高校，包括公办本科院校、民办本科院校和独立学院，学科

---

① 叶梵. 地方高校定位研究. 武汉：华中科技大学，2005.

② 吴庆华. 地方高校青年教师发展研究. 武汉：华中科技大学，2013.

③ 新建本科院校已占我国高等教育院校“半壁江山”. http://edu.people.com.cn/n1/2017/1101/c1053-29620338.html，2017-11-01.

类型以综合、工科、财经和师范院校为主。此类新建本科高校以省（区、市）地方财政各种形式的拨款为主，主要为地方培养人才，为地方经济和社会建设提供服务，也被称为新建地方本科高校。

（三）地方政府的界定

地方政府，全称是“地方人民政府”，在中国指相对于中央人民政府（国务院）而言的各级人民政府。《中华人民共和国宪法》第九十五条规定：“省、直辖市、县、市、市辖区、乡、民族乡、镇设立人民代表大会和人民政府。”现代地方政府的本质特征是以服务为宗旨，以公平为核心，以民主为基础，以法治为保障。本书中的地方政府指省级、市级和县级（区级）政府和政府领导下的相关教育主管部门。

三、研究目标与研究内容

本书的研究目标是借鉴国内外高校与地方政府互动的发展经验，在充分调研分析的基础上，厘清新建地方本科高校与地方政府关系的内涵及要素，明确新建地方本科高校与地方政府构建互动关系的维度，从新建本科高校人才培养、科学研究、社会服务三个方面提出切实促进高校与地方政府良性互动关系的对策与建议；促使地方政府转变管理职能以及在政策、资金、体制机制等方面对新建本科高校提供支持，引导帮助新建本科高校明确自身定位、厘清办学思路，推动应用型技术大学转型，全面深化改革，深化产教融合、校企合作、校地合作，建立与地方政府良性互动关系，并且提出“高校-政府”良性互动机制；同时，不断提升高校服务地方经济发展的能力，为深化新建本科高校改革、完善高等教育结构提供实践支撑与经验借鉴，为破解地方经济转型和产业升级的困境提供参考。

据此研究目标，本书的研究框架和研究内容如下。

第一，综述新中国成立以来我国高校与政府关系的发展历程及现状，以期通过追溯历史，为后续研究提供背景资料。

第二，系统梳理当前我国新建本科高校与地方政府关系的现状及问题，主要从人才培养、科学研究和社会服务三个方面进行详细阐述。

第三，分类总结并借鉴国外高校与地方政府互动的典型运作模式，系统梳理国内外高校与地方政府互动关系形成发展的基本规律，分析高校与地方政府互动的内在动因及发展趋势，研究高校与地方政府互动关系及改革的动力机制。

第四，探析新建本科高校与地方政府关系存在问题的原因，分别从地方政府与高校两方面进行阐释。

第五，针对我国新建本科高校与地方政府关系中的问题，提出关系重构的对策和建议。地方政府通过顶层设计提升新建本科高校服务地方经济社会发展的能力、下放管理权力实现从管理型政府到服务型政府的转变、加强宏观调控推进政府管理事权规范化、法律化等，同时，高校要适应新形势，做好主动配合与互动，实现双方平等合作关系的重构。

第六，以新建本科高校黄河科技学院为个案，考察黄河科技学院与地方政府关系重构的初步探索，系统总结出关系重构在具体实践中取得的成效与经验，分析改革发展实践过程中存在的困难与问题，并为未来新建本科高校与地方政府的良性互动发展提供参考。

四、研究方法

（一）文献研究法

文献研究法是一种古老而又富有生命力的科学研究方法，截至目前，几乎所有教育科学研究都需要查阅文献，通过搜集、鉴别、整理文献和对文献的研究形成对事实的科学认识。本书通过数据库、图书馆、档案馆、社会科学与教育事业单位的网站与机构、学术会议和计算机互联网等平台和渠道，搜集和查阅国内外有关高校与人才培养、高校与社会服务、高校与科学研究、高校与地方政府互动关系等方面的文献资料，并对其进行分类、整理和分析，在前人讨论和研究的基础上，发现既有研究的不足，找到本书研究的切入点。同时，紧紧把握当前学术界相关研究的理论成果和进展情况，为本书研究提供必要的理论支撑。

（二）历史分析法

历史分析法是借助对相关社会历史过程的史料进行分析、破译和整理，以了解研究对象的过去、研究现在和预测未来的一种研究方法。其实质在于探求研究对象本身的发展过程和人类认识事物的历史发展规程，而不是单纯地描述具体的历史事件或历史人物。

与文献研究法不同，历史分析法强调对研究对象历史变迁的梳理及对所谓某些规律的把握，而文献研究法不仅有纵向时间跨度，更要进行横向比较。简而言之，二者的研究对象有本质的不同：历史研究是强调时间的科学研究；文献研究的对象则包含所能收集的所有相关文献资料，并不强调时间。

在教育领域，运用历史分析法来研究教育科学，往往通过收集某种教育现象发生、发展和演变的历史事实，加以系统客观的分析研究，从而揭示其发展规律。本书运用历史分析法，梳理了我国高校与地方政府关系的发展历程，对新中国成立前、新中国成立后至改革开放前、改革开放后至2000年、21世纪以来不同时期地方高校与地方政府的关系进行历史考察，概括了不同历史时期我国高校与地方政府关系的主要特点并分析其形成原因，为当前经济新常态和向应用技术大学转型的历史背景下我国新建地方本科高校全面深化改革、重构与地方政府的关系提供历史依据和经验启示。

（三）系统分析法

系统分析法就是按照事物本身的系统性，把被研究和处理的对象放在一个相对独立的系统中进行考察的方法。系统分析法把所研究的对象看作一个系统，解决如何对系统进行规划、组织和管理，使之获得最佳效益的问题。实践证明，系统工程不仅能够应用于国家宏观发展战略研究，而且适用于学校的全面发展研究，甚至每一件比较繁杂的工作的研究。在工作中，领导者可以把自己所要研究、处理的对象看作一个系统。[①]例如，把高校看作一个系统，其内部又可分为人、财、物、招生、就业、教学等子系统，同时它本身又是更大系统（教育系统）的子系统，教育主管部门又是政府的一个子系统，这样便于研究学校系统与系统之间的关系、各子系统之间的相互关系、学校与外部环境（大系统）之间的关系。在本书研究中，在高等教育改革的新形势和新要求下，把新建本科高校改革与地方政府作为一个有机的互动系统来研究，对系统中的新建本科高校与地方

---

① 李跃武. 系统分析法在学校管理中的运用. 晋东南师范专科学校学报，2004，21（2）：79-80.

政府、企业、社区、社会、人才等要素进行多维互动分析，从教育生态平衡有序发展的角度，提出重构地方本科高校与地方平等互动合作关系的新模式，找出促进新建本科高校与地方良性互动的实施策略与可行方案。

（四）案例研究法

案例研究法是社会科学研究中广泛使用的一种研究方法，迄今为止，这种研究方法已经得到社会学、人类学（包括民族学）、教育学、政治学及公共管理等学科研究者的认可并被运用到特定问题的研究之中。[①] 案例研究法在科学研究中具有鲜明的优势：一方面，案例研究不仅对现象进行详细的描述，更对现象背后的原因进行了深入的分析，它既回答"怎么样"和"为什么"的问题，也有助于研究者把握事件的来龙去脉和本质；另一方面，案例研究来源于实践，没有经过理论的抽象与精简，是对客观事实全面而真实的反映，将案例研究作为一项科学研究的起点能够切实增强研究的有效性。[②]

本书通过阐释德国"双元制"模式的应用技术大学、美国的布兰迪斯大学、以"威斯康星思想"闻名的美国威斯康星大学，总结、分析它们在改革发展过程中与地方政府的关系，寻求对推动我国新建地方本科高校改革发展、重构高校与地方政府关系等有益的参考和借鉴。另外，以新建地方本科高校黄河科技学院为典型个案，通过理论研究与实践探索相结合，在资料收集、实践反思、多方总结的基础上探寻新建本科高校与地方政府互动发展的现实回应，为新建本科高校重构与地方政府的关系、全面深化高等教育改革、向应用技术大学顺利转型、培养创新创业人才、提升服务经济社会发展的能力提供借鉴。

（五）调查研究法

调查研究法是科学研究中最常用的方法之一，通过深入现场进行考察，以探求客观事物的真相、性质和发展规律，是有目的、有计划、系统地搜集有关研究对象现实状况或历史状况的材料的方法。调查研究是谋事之基、成事之道，没有调查，就没有发言权，更没有决策权。要研究、思考、确定某一现象的科学分

---

① 王金红. 案例研究法及其相关学术规范. 同济大学学报（社会科学版），2007，18（3）：87-95.

② 乔坤，马晓蕾. 论案例研究法与实证研究法的结合. 管理案例研究与评论，2008（1）：62-67.

析，就必须进行全面深入的调查研究。

本书在整个研究过程中，为了尽可能全面地掌握新建本科院校转型发展的实际情况，还采用了大样本问卷调查与电话访谈相结合的调查研究法。具体的做法为：根据新建本科院校转型发展研究中需要了解和解决的问题，初步设计调查问卷和访谈提纲，然后选择部分院校进行问卷调查和访谈；随着研究的深入，在总结前一次调查经验的基础上，对调查问卷给予修正，并进行第二次集中调研；充分利用参加有关新建本科院校会议的机会，向与会代表发放调查问卷，并对参加会议的校长、书记进行有针对性的访问，使本书研究收集到可信、真实的第一手资料，保证了研究的信度和效度。

第二章　理论基础与相关研究

新建本科院校存在的历史只有短短十几年时间，围绕新建本科院校改革发展的研究成果也处在不断走向成熟的过程中，研究维度和深度都不够，尤其是在新建本科高校与地方政府关系的研究方面，成果相对较少，亟待进行深入的探讨。因此，对本书所应用的主要理论和学术文献进行梳理和剖析，具有充分的理论和现实指导意义。本章首先分析了本书研究所需的主要理论，包括三螺旋理论、协同理论、教育生态理论和资源依赖理论。随后，本章从高校与政府关系的研究、新建本科高校与地方政府关系的研究两个层面进行了文献梳理。

一、理论基础

（一）三螺旋理论

在现代大学的发展过程中，关于大学应当扮演的角色和功能，教育界一直争论不休，代表性的观点主要有两派：一种认为大学应该保持大学的纯粹性、中立性，他们倡导的是一种“象牙塔”式大学的理念；另一种则认为大学应该走出“象牙塔”，积极服务于经济社会发展。

但是随着各国经济和科技的发展，各国对大学发挥积极功能的要求越来越迫切，在世界范围内诞生了一批积极适应区域经济社会发展需求，主动融入地方建设发展，从而带动区域经济增长、产业升级和创新创业的“创业型大学”。所谓创业型大学（entrepreneurial university），是指具备强烈创新创业精神、具有较强科研实力及成果转化、商业化能力的新型大学。创业型大学通过拓展传统教学与科研职能，扮演区域知识创新主体角色，与政府、产业界建立新型紧密合作关系，拥有企业孵化器、技术转移办公室等创业型组织，开展各类创新创业活动，典型代表有麻省理工学院、斯坦福大学、沃里克大学、以色列理工学院等。这些新现象的出现给理论界的研究带来了新的反思和解构。

20世纪50年代初期，生物学领域首先提出了“三螺旋”的概念。发展到20世纪90年代中期，纽约州立大学的社会学家亨利·埃茨科威兹和阿姆斯特丹科技学院的罗伊特·雷德斯多夫教授在借鉴既有研究的基础上，提出并构建了政、产、学三螺旋理论，对知识经济时代背景下政府、企业、大学三者之间的新型互动关系进行了探讨。他们提出，政府、企业、大学是知识经济时代社会内部创新制度环境的三大要素，它们根据市场需求而相互联结起来，形成了三种力量交叉影响的关系模式，这一模式被称为三螺旋关系，也就是学界所谓的三螺旋理论，他们的研究开创了创新研究的新领域和新范式。

三螺旋理论并没有明确界定谁是主体，主张政府、企业和大学三者之间相互合作的关系，强调它们的共同利益，为其所处的社会创造经济价值和社会价值。政府、企业、大学三方的关系构成了一种动态体系，在互动中任意一方都可能是领导者、组织者或参与者，每个行动主体在运行中除了可以发挥自身的比较优势之外，都能够部分地起到其他主体所发挥的作用。因此，它们之间是相互作用、互惠互利的关系，在功能方面也彼此有部分重叠。

在三螺旋理论指导下，斯坦福大学、麻省理工学院等一些研究型大学利用自身知识技术创新成果，吸引外部资金开发新产业，加速研究成果的转化，为产业和社会发展服务，促进了区域经济增长、产业升级和创新创业，学校综合实力也迅速提升，创业型大学作为一种新型的高等教育发展模式在世界范围内蓬勃发展。伯顿·克拉克分析创业型大学的成功经验后指出，创业型大学的组织要素包括强有力的驾驭核心、扩宽的发展周边、多元化的经费来源、激活的学术中心地带、整合的创业文化，这一观点拓展了三螺旋理论，为建设创业型大学奠定了理论基础和框架。

（二）协同理论

“协同学”（synergetics）一词源于希腊语，意为“协调合作之学”。它把一切研究对象看作由组元、部分或子系统构成的系统，这些子系统彼此之间通过物质、能量或信息交换等方式相互作用。其产生于20世纪70年代，也被称为“协同论”或“协和学”，它是建立在多学科研究基础之上的一门学科，是系统科学的一个重要分支理论，后来逐渐发展并形成了一门新兴的学科。

1971年，联邦德国斯图加特大学的赫尔曼·哈肯（Hermann Haken）教授通过研究物理学中的激光理论发现，在一个整体系统中，很多子系统的合作受相同原理支配，千差万别的系统间存在相互影响、相互合作的关系，运用协同原理，可以发现跨学科领域内各种系统的类似性及各系统由无序变为有序的规律，进而可找出影响系统变化的控制因素——序参数，从而发挥整体系统内子系统间的协同增效作用。1976年，他系统论述了协同理论，发表了《协同学导论》。协同理论认为，虽然各系统的属性千差万别，但从整体来看，各系统及系统内部的子系统之间都存在相互影响、相互合作、密不可分的联系，如不同组织之间的协作、不同部门之间相互关系的协调、不同企业之间的相互竞争作用等。随后，协同理论被推广到更广泛的领域，被应用于生物学、物理学、社会学等不同领域与学科，并产生与各学科相对应的协同理论。

目前，协同理论在社会科学领域方面得到了重视与运用，尤其是在教育方面也受到很多关注并开展了相关研究，为研究协调发展提供了更广阔的思路。协同学运用于教育领域后产生了诸多核心概念，主要有“协同教育”“协同教学”“协同学习”这三个概念。[①] 尤其是协同教育的提出，为系统地开展教育教学活动提供了有利指导，通过建立教学系统，从宏观、中观与微观的层次分析其运作过程，使复杂的教育系统由大量子系统构成后能够协调有序地开展活动。同时，通过协同理论中精确的计量模型，可以实现定量分析教育复合系统的协调度问题，为研究教育问题提供了更为新的思路与量化计算方法，为实现教育协调发展研究提供了指导。[②]

本书所涉及的相关要素也是一个系统。高校、地方政府、企业、人才、社会组织等各单元要素都具有各自的功能，在整体结构中都发挥着各自独特的作用，但是它们之间的相互作用大于其单独作用之和，这种作用的差别用函数公式可以表达为

① 芳蓉. 论协同理论在教育领域中的移植. 黑龙江教育学院学报，2010，29（2）：17-18.

② 张弘. 我国区域高等教育协调发展实证研究. 苏州：苏州大学，2016.

$$f(x_1, x_2, \cdots, x_n)-[f(x_1)+f(x_2)+\cdots+f(x_n)]\geqslant 0 \qquad (2\text{-}1)$$

协同理论给我们的启示是：一个大的系统能发挥协同效应，主要取决于系统内部大学、政府、企业、社会组织等各子系统或单元要素的协同作用、各子系统或组成部分围绕共同目标齐心协力地运作。如果系统内部的人才、组织、资源、环境等相互协调和有效配合，那么就能产生1＋1>2的协同效应，就能产生良好的功能作用，以促进系统的发展。

（三）教育生态理论

1976年，美国教育家克雷明提出“教育生态学”。该理论以教育为研究对象，在生态系统、生态平衡等相关生态学原理的基础上，从生态学角度，采用生态学的方法来剖析教育的内外部系统，从而分析教育的生态功能并揭示教育生态的基本规律。

从基本观点来看，教育生态理论主张运用生态学的原理，以整体联动思维和系统平衡思维，从教育生态环境、教育个体生态、教育群体生态和教育生态系统的相互影响和制约机理入手，分析、解决教育问题。① 教育生态理论认为教育系统内的诸要素不仅在内部相互联系、相互作用中形成一定的结构，而且教育系统内外也进行着能量、物质和信息的交换，具有多维镶嵌性。② 从教育生态理论出发，整个人类组成了全球教育的大生态系统，在这个教育生态的大系统中，又包含若干不同层次、特点和功能的子系统：按照教育水平可划分为学前教育系统、初等教育系统、中等教育系统、高等教育系统和大学后教育系统；按照教育类型可划分为普教系统、职教系统、成人教育系统、家庭教育系统等。并且，宏观的教育生态系统既包括教育本身的系统，也包括环境系统。③

随着中国现代化进程的推进，高等教育的内外部环境日益复杂，对各层次、各地域的教育协调发展问题、教育公平问题、教育资源配置错位、教育管理功能的越位和缺位等种种迫在眉睫的问题，政府及教育主管部门绝不能视而不见、听而不闻。国家的可持续发展是由各地方的可持续发展来保证的，全面的可持续发展是由各个环节的可持续发展促成的，教育的改革发展则是所有领域改革发展的

---

① 吴鼎福，诸文蔚. 教育生态学. 南京：江苏教育出版社，2000：1-3

② 凌玲，贺祖斌. 教育生态学视野中的区域教育规划. 教育发展研究，2005，25（5）：66-68.

③ 程太生. 教育生态理论下我国职业教育可持续发展研究. 职教论坛，2011（1）：72-74.

重要基础和保证。地方政府应重视高等教育的作用，必须认识到高等教育生态绝对不能长期处于失衡状态，必须有刮骨疗伤的勇气和魄力，必须从大局出发调整高等教育中诸如人、财、物等投放资源严重不平衡的格局，必须从全局来衡量和把握新建地方本科高校的转型发展及可持续发展问题。

（四）资源依赖理论

一般认为，20世纪40年代以来，资源依赖理论开始兴起。作为组织理论的一个重要分支，资源依赖理论被广泛应用于组织关系研究领域。资源依赖理论的基本假设是在无法实现自给自足的情况下，组织生存的目标需要组织从环境中获取资源才能得以实现；组织必须与其所依赖的环境中的因素互动，这些因素主要指其他组织；组织生存建立在控制其与其他组织关系的能力基础之上，这就形成了组织之间的依赖关系。其程度可通过三个维度来测量：资源对组织维持生存和运营的重要程度、拥有资源的群体对资源进行分配和使用的程度、替代性资源是否可得及可得的程度。[①] 组织所需要的资源包括人员、资金、社会合法性、顾客、技术和物资投入等。[②] 对上述资源的需求依赖程度的差异导致组织间权力关系的不对等，其外在表现为资源依赖弱的组织控制资源依赖强的组织，这种外部控制的存在最终会影响资源依赖强的组织的自主性。[③]

高等教育作为社会大系统中的子系统，从外界获取资源是其生存和发展的基本逻辑，高校的持续生存和发展有赖于不断地从环境中获得资源。资源依赖理论认为，只要参照组织外部力量的影响，内部成员的行为就是可以理解的，在此，高等教育的外部力量就是政府和政策；并且，由于资源依赖理论承认组织生存的关键取决于其获得资源和维持资源的能力，因此，组织首要的、长期的生存条件就是自主权或独立性的取得，同时要消除对资源提供者的过度依赖，以保持自身持续发展的稳定和均衡。[④]

从资源依赖理论出发，高校内部资源一般指能够保障日常教学、科研等工作

---

① 杰弗里·菲佛，杰勒尔德·R.萨兰基克. 组织的外部控制——对组织资源依赖的分析. 北京：东方出版社，2006：2-4.

② 马迎贤. 组织间关系：资源依赖视角的研究综述. 管理评论，2005，17（2）：55-62.

③ 武静. 资源依赖视角下民办非企业单位转型与风险规避研究. 山东科技大学学报（社会科学版），2018，20（1）：85-92.

④ 孙丽娜. “资源依赖”理论视角下的美国创业型大学发展模式研究. 长春：东北师范大学，2016.

开展的因素，如教学、科研、行政、后勤等相关人力资源，土地、建筑物、仪器设备、图书资料等物质资源，国家投资、学生学费、社会和个人赞助、科研收入等财力资源，以及其他社会资源（包括学科与专业资源等）。

结合本书研究我们发现，近年来，高校与政府、市场之间的关系正逐步转变，这也使得高校办学模式发生变化。高校办学不仅要考虑政府各项需求，还要满足不同社会群体（特别是学生及家长）的要求、接受教育的需求和教育的市场竞争需求，这也促成了高校对政府、市场存在特殊的依赖。由于高校自身资源缺乏，政府行使国家教育权，为整合教育资源，依靠行政命令引导、促成了一批地方高校合并、升格等，由此形成了一批新建本科高校。同时，由于高校存在于社会市场环境中，需遵循市场经济规律。这就使高校在办学过程中受政府和市场的双重影响，对政府和市场产生双重的外部依赖，也形成了高校近年来办学及发展定位的路径依赖。[①]

二、相关研究

（一）高校与政府关系研究

1. 高校与政府关系演进研究

大学起源于欧洲中世纪。关于西方大学与政府关系的阶段划分，目前认可度较高的是从哈罗德·珀金的西方高等教育“四阶段论”出发，结合西方国家政府职能结构，分为中世纪大学与政府关系、资产阶级革命时期大学与政府关系、柏林大学时期大学与政府关系、大众化阶段大学与政府关系四个阶段，不同的阶段呈现出不同的关系形态。

朱家德根据国家与社会之间的关系演进，认为西方大学与政府之间的关系及呈现状态分为三个阶段，不同的阶段特点不同：18世纪以前，政府承认大学的办学自主权[②]，但直接干预大学相关事务；18—20世纪初，政府强调国家教育权，并直接干预大学的建设；20世纪初以来，政府尊重大学的办学自主权，采用宏观

① 游莅荟. 高校合并的资源依赖及高校、政府、市场之间协同共建的策略选择. 法制与社会，2016（9）：198-199.

② 各文件中有“办学自主权”和“自主办学权”不同的表述，本书未做强行统一。

调控手段间接干预大学。与此同时，朱家德根据中国社会发展的状况，以20世纪80年代中期为界把我国大学与政府的关系划分为两个阶段（20世纪80年代中期前政府全面控制大学和20世纪80年代中期以来政府赋予大学一定的办学自主权），并经过分析得出结论：大学与政府之间关系的核心是“大学自主”与“政府控制”之间的矛盾，政府的行为表现为直接干预或间接干预两种形式，本质上则是国家的教育管理权与大学办学自主权的关系。所以，大学与政府的关系演进是一个制度变迁的过程，同时也是一个不断创新的过程，大学与政府的关系随着国家社会的关系演变而不断演变。①

与“国家-社会”的视角不同，韩映雄从政府与大学之间的利益关系这一新的研究视角出发，提出西方大学产生以来的大学与政府间的四种关系形态（或时期）：一是无共同利益期；二是国家利益主导期；三是大学利益主导期；四是利益共生期。他进一步对这四种利益关系进行了分析。经过几个世纪的发展，大学与政府的关系已经从最初的“无共同利益期”演变到“利益共生期”（表2-1）。②

表2-1　西方大学与政府关系不同时期的关系动态

时间	关系动态	政府对大学态度	大学对政府态度
产生—14世纪末	无共同利益	理解、尊重、互不干涉	不接受、不尊重
15世纪初—18世纪末	国家利益主导	不理解、不尊重、控制	不能接受、无法自愿
19世纪初—20世纪中叶	大学利益主导	理解、干预	接受、愿意
20世纪中叶至今	利益共生期	理解、尊重、合作	接受、合作

蒋洪池对政府与大学关系的演变历程进行了探讨，并在此基础上提出政府与大学二者之间的关系是一个动态的历史过程，影响大学与政府关系发展的因素是多方面的，不同的时期表现形式不同，必须在演变的过程中进行综合分析。他认为二者之间关系的矛盾将持续存在，但不是不可调和的，基本的发展趋势是在矛盾斗争中寻求一种各自发展的合理有效的张力。③ 何伟全和桂皎梳理了30年来中国高校与政府关系的研究成果，在比较分析基础上提出：30年来中国高校与政府关系的发展过程可分为酝酿期、兴起期、成长期和成熟期4个阶段，每个阶段都有相应的重大教育事件和标志性研究成果；研究关注的重点大致为关系的内涵及特点、关系的发展演变、关系的模式、双方的角色定位、关系的调适等方面；近

① 朱家德. 中西方大学与政府关系演进研究. 中国高教研究，2015（10）：26-31.

② 韩映雄. 政府与大学关系的历史考察及启示. 现代大学教育，2004（3）：32-35.

③ 蒋洪池. 欧美大学与政府权能关系的演变及其对中国的启示. 清华大学教育研究，2004（4）：26-33.

期研究呈现关注度越来越高、多方参与、研究不断深化和扩展、研究重点逐渐向寻找平衡二者关系的方法和路径上倾斜等特点。研究取得多方面成果的同时也存在一些问题：抽象论证多，实证考察少；研究人员多，专题性探究少；症结评说多，解决对策少。①

胡建华分析了1949—2019年我国大学与政府的关系，他提出在计划经济时代，集中统一的高等教育管理体制促成了大学与政府的行政化关系特征，政府对大学的直接领导涵盖从管理到教学的全部领域；20世纪80年代之后，在市场经济体制下，政府与大学的关系变化是多方面的，其中经济化的趋向尤为突出；进入21世纪，在治理环境下，改变大学与政府关系的去行政化成为重要课题。② 中国高校与政府关系的研究水平还有很大的提升空间，理论与实践相结合的研究也有继续深化、继续挖掘的价值。

2. 政府对大学的影响研究

19世纪中期，纽曼在其《大学的理想》等著作中提出，大学是传授普遍（universal）知识和完整知识的地方，而非传授狭隘的专业知识。他坚决反对政府介入大学，反对高等教育的世俗化和专业化，反对把知识带入市场获取利益。③

20世纪30年代，弗莱克斯纳提出“现代大学观”。他在《现代大学论：美英德大学研究》中指出：“大学不是孤立的事物，不是老古董，不会将各种新事物拒之门外；相反，它是时代的表现，是对现在和未来都会产生影响的一种力量。”④ 他承认政府、社会对大学的影响，同时也提出大学的职能是增进知识和培养人才，社会服务的合同和责任如果超出了一定的范围，对大学是有害的。20世纪60年代，以剑桥大学副校长阿什比（Eric Ashby）为代表的科技人文主义者，从生物学、动力学的视角，分析了大学力量（大学体系本身内在动力）、政府力量（来自国家政策、计划对人才需求的压力）、社会力量（来自市场或公众需求的压力）三者在高等教育系统中的力的作用关系。阿什比指出，这几种力量相互作用，导致高等教育发展出现不稳定的平衡，向什么方向发展取决于三种力量的

---

① 何伟全，桂皎. 30年来中国高校与政府关系研究的考察与思考. 云南师范大学学报（哲学社会科学版），2014，43（6）：138-145.

② 胡建华. 大学与政府关系70年（1949—2019）. 高等教育研究，2019，40（10）：12-20.

③ 纽曼. 大学的理想. 徐辉，顾建新，何曙荣译. 杭州：浙江教育出版社，2001：2.

④ 弗莱克斯纳. 现代大学论：美英德大学研究. 徐辉，陈晓菲译. 杭州：浙江教育出版社，2001：1.

大小。阿什比对大学与政府、市场进行了精彩的描述：“大学的教学同医学临床一样，具有高度技术性。外行人要求教授和医生作出什么贡献，是可以的。让外行人去指点教授应如何教学或医师应如何处方，那就荒唐了。”① 他承认政府、市场等对大学的影响，但最终是以大学为主。

中国近代大学在“图存救亡”和“教育救国”中诞生，大学与政府的关系从一开始就牢牢地拴在一起并相互作用，民国时期曾“开始致力于建立一种具有自治权和学术自由精神的现代大学”②，但由于后来的军阀混战和国民党独裁统治，大学无可避免地成为政府的统治工具。中华人民共和国成立后，受计划经济管理体制的影响，政府对大学实行高度集权的管理形式，大学仍然是政府的附属机构。该时期相关研究不多见。

20世纪90年代，哈佛大学校长博克（Derek Bok）在《走出象牙塔——现代大学的社会责任》中指出，现代大学越来越多地卷入政府事务，大学规模不断扩大，功能和责任等不断增强，大学由社会边缘逐渐走向中心地位。“总之，大学的校长和院长犹如在一条狭窄的小路上行走，必须格外谨慎，因为大学一方面受到学术自由原则的严格限定，另一方面又受到作为研究生经费的主要供给者及作为公众利益和安全最终捍卫者的政府的职责限制。”③

莱斯利（Leslie）和诺瓦克（Novak）比较研究了美国五个州的高等教育领域治理改革情况，他们的研究结论是：在大学治理中发挥核心作用的是政治因素，而在改革中起第二位影响作用的则是大学本身对改革所寄予的目标。④ 另外一些大学，通过宪法或立法条款尽量避免受到州政府的影响。但是，“所有大学都要通过州政府税收拨款这一纽带接受公共财力的影响。州政府和各州在履行职责和公共监督的名义下，对大学事务进行越来越多的干涉”⑤。

3. 高校与政府权能关系研究

作为相对独立而又联系密切的两个社会组织，高校与政府各自的权力和职能

---

① 转引自龚放. 按大学治理逻辑处理大学与政府关系——“去行政化”不是简单排斥行政力量. 人民日报，2015-05-27.

② 许美德. 中国大学1895—1995：一个文化冲突的世纪. 北京：教育科学出版社，2000：66.

③ 博克. 走出象牙塔——现代大学的社会责任. 徐小洲，陈军译. 杭州：浙江教育出版社，2001：222.

④ 转引自 Mclendon M K. The politics of higher education：Toward an expanded research agenda. Educational Policy，2003（1）：165-191.

⑤ 詹姆斯 • 杜德斯达. 21世纪的大学. 刘彤，屈书杰，刘向荣译. 北京：北京大学出版社，2005：202.

归属错综复杂，不同国家不同时期的呈现形式各不相同。总体而言，在美国，大学、学院具有高度的自治性。布鲁贝克曾断言："自治是高深学问的最悠久的传统之一。"[①] 亨利·塔潘在1859年题为"大学：结构与联系、政治与宗教"的演讲中指出，大学属于全体人民，而不应该属于政府。他提出美国的大学应该"既不受政府的控制，也不受宗教派别的支配……免于政治、世俗和党派的影响"[②]。1968年4月，塞缪尔·戈夫和芭芭拉·所罗门发表了《高等教育的政治性》一文，该文较为全面系统地梳理了大学和政府关系相关的研究成果，他们认为做得最好的政府，是对高等教育的不闻不问；相反，做得最差的政府，是将高等教育作为党派政治竞争的工具。

阿特巴赫对美国大学自治及义务进行了讨论，提出："自治与责任的适当结合是争论的一个热点，无论在美国还是在其他国家这都是一个极端重要的问题。一方面，如果学校进行创造性的教学和科研，就必须有广泛的自治权。另一方面，通过政府的要求是合法的要求，尤其在对高等教育的大部分财政资助是来自公共经费的情况下。"[③] 在《21世纪的大学》一书中，美国密歇根大学原校长詹姆斯·杜德斯达提出，"公立大学和州政府之间的关系颇为复杂，在这方面，州和州之间的情况也大不相同。一些大学，作为州政府机构上的组成部分之一，在雇佣关系和业务实践方面与其他机构一样对州政府负责"[④]。"与联邦政府不同，州政府对高等教育的财政支持主要是对公立院校的直接补助。在这方面，州政府发挥着'公共利益者'和'高等教育服务提供者'的作用。"[⑤] 王景枝对美国政府与高校权力关系进行了梳理，提出面临高等教育财政资助处于近40年来的最低点，美国州政府与高校的关系也从"州资助"时代到"州援助"时代，并逐渐进入一个协商中不断变化的"契约型"权力关系。[⑥]

受历史原因的影响，我国学者对高校和政府关系的研究起步较晚。对于政府应该在这一关系中发挥的作用，韩骅建议"既要给予学校办学必要的自主权，又

---

① 布鲁贝克. 高等教育哲学. 郑继伟等选译. 杭州：浙江教育出版社，2001：30.

② 转引自德里克·博克. 美国高等教育. 乔佳义编译. 北京：北京师范大学出版社，1991：3.

③ 阿特巴赫. 比较高等教育：知识、大学与发展. 人民教育出版社教育室译. 北京：人民教育出版社，2001：93.

④ 詹姆斯·杜德斯达. 21世纪的大学. 刘彤，屈书杰，刘向荣译. 北京：北京大学出版社，2005：47.

⑤ 阿特巴赫，波达尔，甘波特. 21世纪的美国高等教育：社会、政治、经济的挑战. 施晓光，蒋凯主译. 青岛：中国海洋大学出版社，2007：153.

⑥ 王景枝. 美国政府与高校权力关系重构的路径分析. 江苏高教，2020（12）：157-162.

不放弃对高校的支持，同时，也不借此干预高校内部事务，这是政府的义务”[①]。宁彬提出了理想的高等教育运行机制：政府职能需要发生根本性的转变，即政府应由划船者变为掌舵者；高校应在办学中成为名副其实的自主办学者，而不仅是在法律地位上；社会、市场应当最大限度地参与到高校的办学过程中。[②]史万兵和娄成武对英国、美国、德国、法国、日本五国政府对大学的间接干预方式进行了比较分析，并对五国大学自主权的具体表现进行了讨论，并在此基础上得出结论：政府对大学事务的干预具有必然性，大学的发展离不开政府的经济支持，因而实现其办学自主权无法脱离对政府的依赖，必须通过立法保障来不断优化政府与大学的关系，应发挥高等教育中介组织在大学与政府二者关系中的重要作用。[③]蒋洪池认为，欧美大学与政府权能关系的演变经历了4个发展阶段，走出了一条从大学自主到大学与政府合作发展之路。对改善当今中国大学与政府的关系提供了有益的启示，具有重要的理论价值和现实意义。[④]

谈松华认为，“应该改变过去完全由政府主导、行政主导过于集权的大一统的模式，应更强调学术共同体的理念，即由学术共同体组合成为各种教育机构，而不完全通过行政系统的办法组成教育机构”[⑤]。孔丽苏在参考了欧洲一些国家的高校管理体制后认为，长期以来，中国政府与大学的关系具有单向性与不对等性。一个既定的事实是，只要是政府行政机关依法发布的行政命令，高校都应当遵照执行。随着经济的发展、社会的进步，高校与政府之间的关系也在不断地进行调整与完善。我国高等教育的发展需要通过改变不对等的政府本位、使高校成为独立的法人、发挥社会高等教育中介机构的作用来实现。[⑥]

徐辉和毛雪非认为，随着社会主义市场经济体制的逐步建立，我国高等教育体制的改革已变得越来越迫切。我国的高等教育体制与苏联比较接近，政府或国家是主导力量，并对高校进行直接管理。在这种体制下，权力过于集中在政府，高校实质上只是其从属机构，缺乏自主权。因此，高等教育体制改革的关键是要转变政府职能，明确政府与高校、中央与地方的关系，清晰政府权力与职责的边

---

① 韩骅. 高校政府市场——对高等学校与社会关系的比较研究. 教育研究，1996（8）：34-39.

② 宁彬. 论高等教育运行机制理想模式的构建. 高等教育研究学报，2000（1）：36-40.

③ 史万兵，娄成武. 政府对大学间接干预的国际比较研究. 中国行政管理，2003（11）：61- 63.

④ 蒋洪池. 欧美大学与政府权能关系的演变及其对中国的启示. 清华大学教育研究，2004（8）：26-33.

⑤ 谈松华. 探索中国开放大学建设的独特发展模式. 中国远程教育，2011（5）：13-14.

⑥ 孔丽苏. 浅析我国高校与政府的关系. 高教高职研究，2008（34）：23-24.

界，引导高校建立合理的自主办学体制、主动增强适应经济和社会发展需要的能力。[①] 杨望成提出了市场经济中政府角色定位的命题，认为大学是提供高等教育的基本单位，是高等教育系统活力的源泉和体现者，应该是独立的社会法人，不应该是政府的附庸，必须具有能动的自主权和独立的经济利益，高校与政府的关系应该主要是社会经济关系，而不是行政关系；政权组织应当和高等教育组织（即高校）分离，国家从外部来领导和监督教育活动，而且不作为高校的上层机构直接发挥管理作用。[②] 周川认为，高校与政府之间的关系已成为高教体制改革中一个越来越无法回避的核心问题，必须从根本上加以解决，即改革高等教育管理体制，理顺政府与大学的关系。[③]

关于在高校和政府间建立中介机构来协调二者的关系，田平认为该做法是当今世界许多国家保证政府与高等教育之间增强相互作用的重要选择。[④] 此外，基于我国高校与政府的特殊关系，诸多学者从教育法学、政策学、历史学、比较教育学等学科视角进行了论述，如顾建民[⑤]、寇勇刚[⑥]认为，我国政府应借鉴英美经验，全面执行《高等教育法》，向高校下放权力，通过建立中介机构（如教育拨款委员会等）落实高校办学自主权，从而实现政府的控制权与高校的自治权之间的平衡。阎峻[⑦]、杨聚鹏[⑧]主要围绕二者关系的调适、模式的创新、新型关系的重建等问题，提出应淡化政府在高等教育资源分配中的决定性作用，将高等教育资源依法纳入第三部门委托管理和支配，特别是政策性资源和财政性资源应由双方认可的委托代理进行分类管理和竞争性分配，通过资源分配模式的调适来减少高校与政府的内外部消耗，实现高校与政府生态系统的和谐统一与有机发展。

劳凯声认为，在经济全球化和我国社会主义市场经济体制基本建立的背景下，在法律层面，处理集中管理与合理分权的问题是处理高校与政府关系的核心所在，应该尽可能明确高校与政府的责权利边界，让办学权回归高校，对审批权

---

① 徐辉，毛雪非. 论现阶段我国政府、社会与高校的关系. 高等教育研究，1994（2）：30-34.

② 杨望成. 高校本位论. 佛山大学学报，1993（3）：33-40.

③ 周川. 高校与政府关系的几点思考. 高等教育研究，1995（1）：73-77.

④ 田平. 建立中介机构：协调政府与大学的关系. 高等教育研究，1996（5）：32-36.

⑤ 顾建民. 西方国家政府与大学关系的基本走向. 教育发展研究，1998（2）：58-61.

⑥ 寇勇刚. 试论政府与大学的关系及其权力下放. 现代教育论丛，1995（5）：32-36.

⑦ 阎峻. 高等教育体制改革中政府与高校关系的法治化——基于西北政法大学申博事件的思考. 高校教育管理，2010，4（4）：29-32.

⑧ 杨聚鹏. 政府、大学及第三部门的权利关系调适研究. 当代教育科学，2010（9）：12-15.

和宏观管理权进行让渡，实现政府与学校行政关系向法律关系的转变。①胡建华认为，在管理层面，应该保持高校与政府之间的适当张力，从而促进政府对大学的控制由“国家控制的模式”转变为“国家监督的模式”，由“行政管理”转变为“监管服务”。②

赵婷婷③、王建华④认为，高校要依法自治，协调好与政府集权管理的关系，在与政府和社会合作、为政府和社会服务中实现三方的共生共荣，为建设中国特色的现代大学制度打下基础。姚宇华把政府规制和大学自主权作为考察大学和政府关系的两个维度，提出了大学与政府的四种关系模式：政府规制强——大学自主权大、政府规制强——大学自主权小、政府规制弱——大学自主权大、政府规制弱——大学自主权小。⑤

也有学者从其他学科理论的角度来审视二者的关系。例如，李科利从公共政策学的视角审视政府与大学的关系，认为解决政府与大学关系的问题除要从法律等角度去寻找思路外，更需要从公共政策角度寻找解决方法，如明确政府公共政策的价值取向，提高政府科学制定和有效执行教育公共政策的能力，处理好公共政策的横向协调性和纵向关联性问题，从而真正实现政府教育管理职能由干预型向服务、指导、监督型的转变，最终实现政府与大学关系的和谐互动，力求更全面、准确把握其内涵和实质，从而为构建高校与政府之间科学和谐的平衡模式，提供可靠的理论依据。⑥李红宇从资源依赖理论的视角专门探讨了“985 工程”建设中高校与政府的关系，认为政府作为大学的成立者，对大学的生存与发展有巨大影响，应寻求政府与大学资源交换中的有效平衡，通过改善资源依赖关系寻求政府适度控制与大学自治的平衡，通过大学自治实现建设世界一流大学的目标，适当调解政府与大学资源依赖的关系，以更好地实现政府对大学的期望，实现大学对学术自治的追求。⑦

---

① 劳凯声. 高教体制改革中如何理顺政府与高校的法律关系. 中国高等教育，2001，22（20）：15-18.

② 胡建华. 由“国家控制的模式”向“国家监督的模式”之转变——大学与政府关系发展的基本走向. 复旦教育论坛，2003（6）：3-5，17.

③ 赵婷婷. 自治、控制与合作——政府与大学关系的演进历程. 现代大学教育，2001（4）：54-61.

④ 王建华. 在合作服务中追求共生共荣——谈地方高校与政府、社会关系的建构. 当代教育论坛：校长教育研究，2007（3）：44-47.

⑤ 姚宇华. 我国大学与政府关系的嬗变和展望——对新中国成立以来政策文本的分析. 高校教育管理，2017（1）：116-124.

⑥ 李科利. 从公共政策学的视角审视政府与大学的关系. 教育理论与实践（学科版），2010（12）：3-5.

⑦ 李红宇. 探析“985 工程”建设中政府与大学的关系——基于资源依赖理论的视角. 教育探索，2010（11）：6-9.

许国动探讨了校长在高校与政府关系中的角色、职责及需要具备的能力，认为现代大学与政府之间存在领导与被领导、独立与制约、依存与合作的关系。大学校长在现代大学与政府三重关系作用下，扮演着经营者、倡导者、开拓者等角色，有制定学校发展规划、实践教育管理理念、协调与发展大学内外关系的职责。为实现并履行上述角色和职责，大学校长应具备前瞻力、执行力与开发力。①

董春美认为，20世纪80年代以前，中国社会处在计划经济体制下，政府集高校的举办者、行政管理者和事实上的办学者三重身份于一体。政府的这种多重角色造成了政府与高校关系的错位，导致政府对高校管理失灵。目前，高等教育实行以市场为导向的大众教育，但有时也导致市场对高等教育调节的失灵，教育质量下降。只有在新公共管理范式下，引入企业管理方法，转换高等教育管理的观念定位，重视人力资源管理，调整政府、社会、市场之间关系，为受教育者提供高质量服务，高等教育管理才能有效地克服政府失灵与市场失灵的弊端，才能合理地定位高校与政府之间的关系。②

4. 高校、政府和市场三要素研究

1983年，伯顿·克拉克在著作中首次提出了政府、大学与市场的“三角协调模式”，并对其进行了阐释（图2-1）。他把政府权力、市场、学术（大学）权威作为协调高等教育系统的三种势力，将这三种势力相互作用而形成的一个图形称为“协调三角形”，三角形的每个角代表一种形式的极端限度和其他两种形式的最低限度，内部的位置代表三个因素的不同程度的结合。三种力量之间既存在引起冲突的张力，也存在可动态协调的弹性，其形成和变化是各种势力、利益或行动者之间相互影响的结果。③

全球经济趋向一体化后，各国政府开始逐步放权于大学，引入市场竞争机制。在此背景下，英国学者威廉姆斯（Gareth L. Williams）依据高等教育经费的分配，在伯顿·克拉克提出的“协调三角形”的基础之上，采用六个细部模式来表示政府、市场、大学三者之间的关系细化，分别为三足鼎立模式、政府作为监督者模式、政府作为促进者模式、政府作为供应者模式、政府支持消费者模式、政府作为消费者模式（图2-2）。

① 许国动. 校长在大学与政府关系中的角色、职责与能力. 高校教育管理，2010，4（3）：28-33.

② 董春美. 从新公共管理学的角度定位高校与政府的关系. 中国西部科技，2008，7（13）：53-55.

③ 刘虹. 控制与自治：美国大学关系研究. 上海：复旦大学，2010.

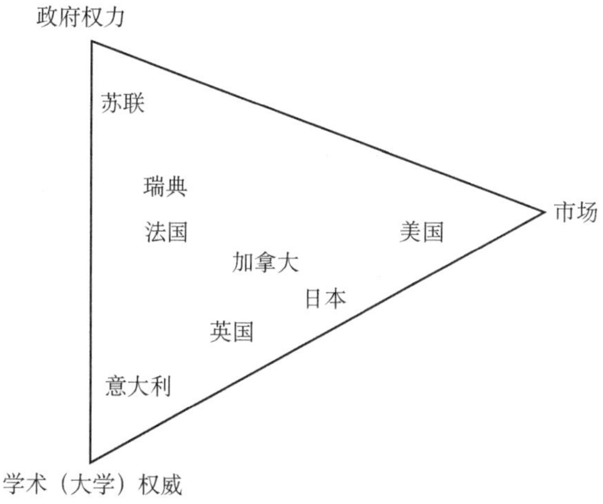

图 2-1 三角协调模式

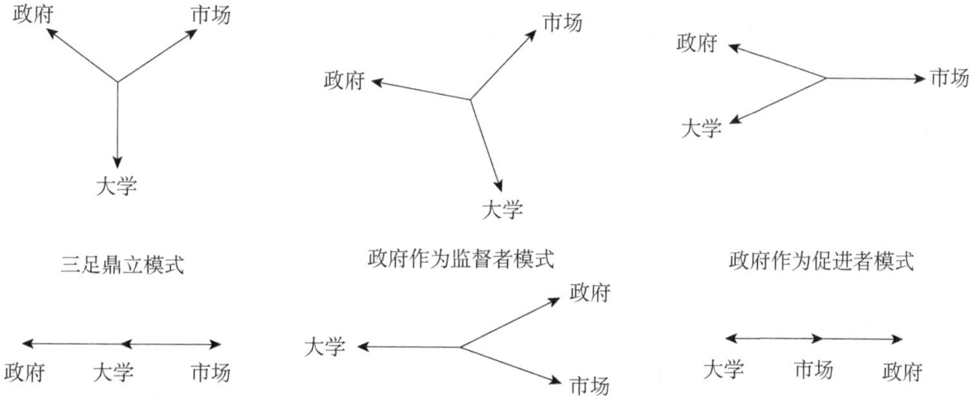

图 2-2 六个细部模式

资料来源：Williams G. The“Marketization”of Higher Education：Reforms and Potential Reforms in Higher Education Finance. In D. D. Dill & B. Sporn eds. Emerging Patterns of Social Demand and University Reform：Though a Glass Darkly. Pergamon：IAU Press，1995：173.

荷兰学者范富格特比较了11个国家的高等教育政策，并对其进行了深入的分析，他在伯顿·克拉克提出的“协调三角形”的基础上，提出并进一步构建了“三角四块”分析模型（图2-3）。这一模型既对政府、大学、市场三种力量的相互作用关系进行了论证，又对“起促进作用的国家”和“起干预作用的国家”进行了区别，并进一步对三种力量的相互作用机制进行了着重分析，把起缓冲作用的“中介机构”引入该模型中进行了分析，这一模型是对伯顿·克拉克的“协调三角形”的丰富和发展。[①]

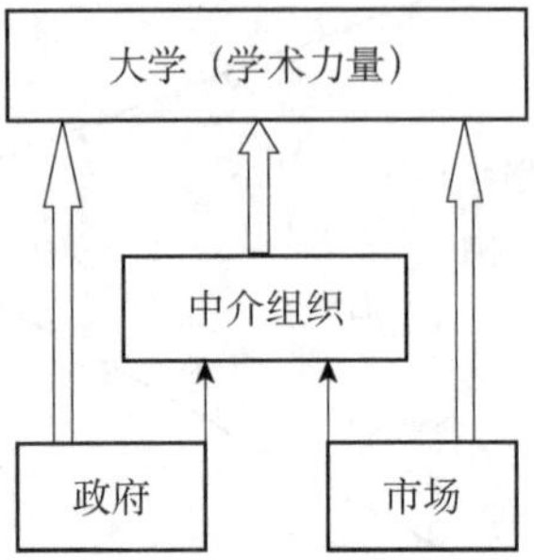

图 2-3 “三角四块”分析模型

随着科技的进步及知识经济的发展，知识的作用和贡献在推动国家经济发展中越来越突出。在此背景下，各国大力实施国家创新战略，通过各种措施来促进知识转化为生产力，实现知识的资本化及市场化，这既不能单靠高校一方的力量，也无法仅依靠市场，需要政府、大学、市场三方的力量共同参与、共同合作。基于此，埃兹科维茨（Henrry Etzkowitz）和罗伊特·劳德斯多夫（Reutte Leydesdorff）参考借鉴了生物学中有关三螺旋的原理，建立了三重螺旋模型，以此来分析政府、大学、市场/企业三者的关系（图2-4）。他们提出，政府、大学、企业之间应当相互协作、协同创新，以促进知识的生产、转化、应用和升级，通过三者之间的相互作用，来推动系统的协同进化。他们认为，创新系统的核心是政府、大学、企业的交互作用，它们之间不存在支配和依附的关系，而是以平等的身份参与模型构建，合作的纽带和基础则是出于共同的利益需要。[②]

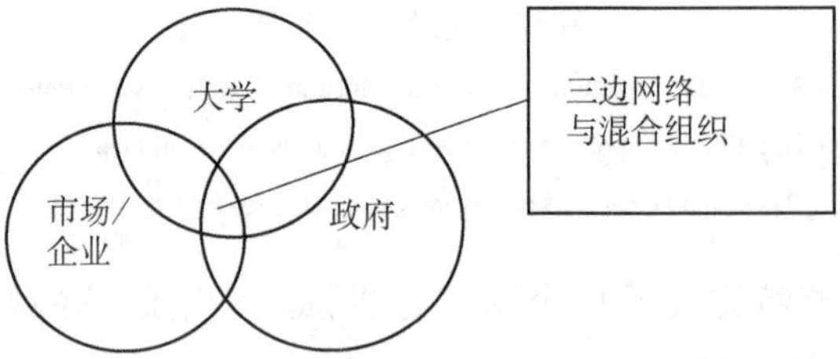

图 2-4 三重螺旋模型

国内学者的研究主要是在西方理论成果的研究基础上进行的，如韩骅认为，

① 范富格特. 国际高等教育政策比较研究. 王承绪等译. 杭州：浙江教育出版社，2001.
② 马永斌，王孙禺. 大学、政府和企业三重螺旋模型探析. 高等工程教育研究，2008（5）：29-34.

时空条件的变化影响了高校与政府及社会之间的关系，可以考虑在高校与政府及社会间建立开发市场，以加强三者的间接联系。① 盛冰提出，政府对高校的管理应由“政府控制模式”向“政府监督模式”转变，在资源配置方面，将更多地引入市场机制，政府、学校和社会之间存在着权力的依赖和互动，它们之间的关系将发生重组。② 兰文巧等③和彭湃④认为，应从各种权利关系及国家、市场和学者出发探求新型“大学、政府与市场”的三者关系。不少专家学者如潘懋元、徐辉、谢仁业、王培根等从“产学研结合”或“官产学研结合”的角度探讨了大学、地方政府和产业界的关系，主张高校与地方政府、产业界应加强在高科技产业领域的合作，促进社会经济发展。有学者从高等教育自身的需要和高校的内部治理出发探讨了高校与政府、产业的关系，如王一兵、任良玉等。郑春海⑤、陈何芳⑥等从不同视角论述了地方政府、高校、市场之间的关系，并提出了高校自主办学的政府“归位”与市场“补位”机制。钱民辉通过历史分析和比较分析发现，在我国，大学与政府、市场的关系，“三角协调”呈现出的三方关系似乎并不存在，作为一个学术行政组织，大学隶属政府，受政府的管辖与支配；社会主义市场经济体制建立以后，政府支持和鼓励大学在多元筹资中开拓市场渠道、扩大办学资源，逐渐产生了大学与市场的合谋。于是出现这样一种结果：大学过度市场化影响了政府对大学的有效管理，而政府的过度管理又让大学失去了自主性和竞争力，这样看，三方互动中就呈现出一种“线性推拉”的关系。但是从世界大学教育的主流话语来看，政府、市场、大学的“三角协调”关系的确一直存在，所以应当重视并采用“三角协调”模式去处理三方关系。⑦ 李小玺和权琨基于三螺旋理论对高等教育的层次性运行机理、动态性运行机理和协调性运行机理进行了分析。⑧ 吴雪纯构建了政校企嵌入式三重螺旋模型，主要是指高校、企

---

① 韩骅. 高校政府市场——对高等学校与社会关系的比较研究. 教育研究，1996（8）：34-39.

② 盛冰. 高等教育的治理：重构政府、高校、社会之间的关系. 高等教育研究，2003，24（2）：47-51.

③ 兰文巧，张爱邦. 伯顿•克拉克的高等教育系统整合观点解读——兼论“大学、政府与市场”关系的冲突与调适. 辽宁师范大学学报（社会科学版），2006，29（1）：77-80.

④ 彭湃. 大学、政府与市场：高等教育三角关系模式探析——一个历史与比较的视角. 高等教育研究，2006，27（9）：100-105.

⑤ 郑春海. 新形势下对我国高校、政府及市场三者关系的思考. 现代教育科学，2007（3）：75-77.

⑥ 陈何芳. 论高校自主办学的政府“归位”与市场“补位”机制. 教育与职业，2011（11）：5-8.

⑦ 钱民辉. 政府•市场•大学：谁决定大学教育的主流话语. 北京大学学报（哲学社会科学版），2015（5）：128-135.

⑧ 李小玺，权琨. 论三螺旋理论视域下高等教育运行机制的构建. 中国成人教育，2017（20）：47-49.

业、政府三大核心要素嵌入区域社会网络中，围绕技术与知识的产出与转移，相互作用与影响，共同推动区域创新的螺旋式上升。[①] 近些年来，国内学界的专家学者也从资源配置、高等教育运行模式、政府角色、高校办学自主权等视角对三者的关系进行了探讨，如闵维方、史万兵、康宁、谢安邦、靳希斌、刘智运、陈国良、冯增俊、杨明、王治军、许庆豫等，但落脚点仍然是要协调好三者之间的关系，认为高校（学术力量）、政府和市场在资料配置或支撑高等教育系统的运行中各有优缺点，需要相互促进和相互制约。

总体来看，中西方不同时期各类专家学者关于高校与政府关系的研究，尽管侧重点有所不同，但很多研究成果都是可圈可点的，既有理论基础研究，又有实践成果研究。

（二）新建本科高校与地方政府关系研究

中南大学课题组通过对某省 20 所不同类型、层次、办学水平和办学特色的地方本科高校领导进行问卷调查和访谈得出结论，认为我国地方本科高校已经基本实现外延式发展目标，正在积极推进高校的内涵发展和质量工程，提升高校的办学质量与效益，是中国高等教育发展的主要目标和核心指向，并提出了地方本科高校内涵式发展的主要制约因素。从外部来说，高校普遍存在办学自主权不足、政府和相关教学管理部门考核频繁且导向不科学、政府财政扶持力度不够、学校周边办学环境不稳定等问题；从外部来看，也存在师资整体水平不高、内部制度与管理不完善、办学思路不明确、学科课程体系建设不足等问题。基于此，课题组提出了关于新建本科高校的改革建议：从立法层面明确政府部门在高校管理中的权力和职责、尽可能下放办学自主权；政府增加教育经费投入；建立以政府治安系统为主、高校为辅的高校周边环境治理机制；建立完善的、多力量协作的师资队伍建设机制；强化高校内部管理制度建设；增强高校为地方社会经济发展服务的意识和能力；建立基于学科、专业与课程相关联的体系建设等。[②]

以中国高等教育理论与政策方面的研究专家张应强为代表的国内学者认为，国家教育行政部门提出的关于引导部分地方高校向应用技术类型高校转型发展的

① 吴雪纯. 构建政校企嵌入式三重螺旋模型的研究. 教育与职业，2016（23）：18-22.

② 中南大学课题组，张尧学. 地方本科高校内涵式发展的主要制约因素及改革建议——以某省20所地方本科高校为例. 现代大学教育，2014（2）：49-58.

改革思路，将产生巨大的政策效应。教育主管部门、地方政府和地方本科高校三方的利益诉求决定了地方本科高校转型势在必行，政府教育主管部门是地方本科高校转型发展的条件创造者，行业企业部门是地方本科高校转型发展的重要推动者和参与者，地方本科高校是转型发展的决策主体。[①]李剑平提出，新建本科高校务必遵循高等教育的发展规律，结合地方经济社会发展的需求把高校的就业工作搞好；地方政府更多的是要为高校的发展提供平台与保障，同时，地方政府的战略眼光要前瞻、政策决策要科学、支持发展要有效率。[②]

孙颖指出，高校与政府、社会的关系是高校实现自身定位目标和职能过程中与外界互动的表现，应随着社会的进步和高等教育的发展而不断变化。新建院校从办学定位、专业设置、人员安排、招生就业及合作教育等多方面都呈现出强烈的紧密联系地方的特征，主要体现在：学校办学定位聚焦“地方性”“应用型”；学校专业设置对接地方和社会需求；相当比例的高校领导来自市地政府；学校招生和就业都以本地为主；学校积极与政府、社会开展产学研合作教育等方面。高等教育发展的总体趋势、大众化时代高校的分化发展、高校的社会责任及社会对人才的需求特点是新建院校与政府和社会关系紧密的主要原因。被外资“牵着鼻子走”、教育的特殊性被忽视及合作教育的质量不够是当前新建院校在与政府和社会的关系中暴露的问题。新建院校应明晰社会责任，聚焦人才培养，谋划长远发展；政府应积极扶持，合理引导，尊重高校办学规律；社会各界应创造条件、积极参与，营造有利于新建院校发展的社会大环境。[③]

李海鹏从中央层面的纵向约束机制下的分权、地方层面横向权力约束机制的强化以及“省市共建”的管理制度的探索三个层面分析了地方政府对新建本科院校的管理改革趋势，从经费投入的角度分析地方政府与新建本科院校发展存在的政府投资结构不合理、地方政府经费投入不足等问题，提出地方政府、地方新建本科院校、市场和社会之间要寻求一种多元的治理方式，实现有限的政府、自主的大学、开放的市场和规范的社会构成的治理结构，建立政府与高校的新型良性关系。[④]

侯晓苏以广西新建的公办本科院校为案例，提出广西新建本科院校在转型发

① 张应强，蒋华林. 关于地方本科高校转型发展若干问题的思考. 现代大学教育，2014（6）：1-8.

② 李剑平. 新建本科高校围着市场转还是围着市长转. 中国青年报，2014-07-10.

③ 孙颖. 新建院校与政府、社会的关系. 高教发展与评估，2016（2）：11-17.

④ 李海鹏. 地方政府对新建本科院校的影响机制初探. 国家教育行政学院学报，2016（9）：47-51.

展政府引导中存在的问题，并分别从进一步落实和完善法律法规，出台相关配套政策，搭建转型发展的平台，构建有效的激励机制，建立完善的监督、评价体系，建立政府、社会、高校相互衔接的“放管服”机制六个方面提出了完善广西新建公办本科院校转型发展政府引导机制的建议。[①]

柳泳认为，地方新建院校在转型中，面临来自政府、社会（市场）以及自身等三个维度的困境，这三个维度的困境之间存在一定的逻辑关系，既有理论上的逻辑关系，也有现实下的逻辑关系。为了更好地应对转型发展的困境，必须重视政府、市场、大学在三角协调关系中的影响力。据此，应从顶层设计、自身变革、社会合作和管理革新等方面入手，做好地方新建院校的转型发展。[②]

综上所述，关于高校与地方的关系问题研究，中西方学者都结合国内国际的实践，进行了比较深入的探讨，取得了丰硕成果。从理论基础来看，西方学者推出的三角协调模式、“三角四块”分析模型和三重螺旋模型，进一步丰富和夯实了高校与政府互动关系研究的理论基础。从纵向研究成果来看，有的学者考察了高校与政府关系的演进历史，有的学者从不同角度对高校与政府的关系进行了分阶段的阐释，有的学者不仅研究本国高校与政府的关系发展历史，而且还对几个国家高校与政府的关系发展进行了研究；从横向研究成果来看，主要涉及政府对大学的作用和影响、高校与大学的权力和职能关系、高校在政府影响下的管理机制运行、大学的自治与政府的控制矛盾等。这些已获得的理论和实践研究成果为后续的研究提供了坚实的基础，也为本书研究提供了有益的借鉴。

从现有高校与政府关系研究成果中可以看出，中西方学者对高校和政府关系的研究重点也是不同的。就西方研究情况来说，首先，西方学者重视理论的建构，并在理论的建构下深入研究大学与政府的关系；其次，西方研究中对研究型大学与地方高校的区分较少，研究成果多集中在政府提供宏观政策服务、警惕和避免政府对大学不必要的干涉行为、强调和看重大学的自治等；最后，西方学者十分重视市场的作用和价值，大多关注大学在地方发展、大学与市场、大学与社会的关系等方面的研究实践活动。就中国研究情况来说，首先，缺乏基础理论的建构，但非常重视基础理论的运用；其次，由于中国历史发展形成的高度集权的

① 侯晓苏. 广西新建公办本科院校转型发展政府引导机制研究. 南宁：广西大学，2018.

② 柳泳. 政府·社会·大学：地方新建院校转型发展困境的三维探析. 渭南师范学院学报，2020，35（5）：7-12.

管理体制，高校作为政府和教育主管部门的附属机构而存在，长期表现为一种依附关系，改革开放之前缺乏有价值的成果；最后，改革开放以来，随着国际形势的不断深化与发展，特别是21世纪后，学者开始讨论高校和政府之间的关系，除了高校加强内涵建设以外，明确谈到了政府放权和职能归位的问题，也从某一个方面提出了一些关系重构的策略和路径，为进一步深入研究提供了基础条件。

关于新建本科高校与地方政府的关系涉及的相关问题研究呈现出以下特点：一是专门研究新建本科高校发展问题的文献较多；二是从某一方面或从多个方面对新建本科高校的定位和发展做了阐述；三是从新建本科高校转型发展角度进行研究的文献呈现逐渐增多的趋势；四是个别研究开始涉及地方政府在新建本科高校发展和转型中的作用；五是个别研究提到了在新建本科院校的发展中，地方政府应给予政策支持和物质保障等，但关于系统研究新建本科高校与地方政府关系的研究成果较少。新建本科高校是相对独立的社会组织，其办学历史较短，许多相关研究还处于起步和探索阶段，不管从理论维度还是从实践探索的广度、深度都还有待挖掘，新建本科高校与地方政府的关系更是一个值得关注的课题。

随着现代化进程的推进，科学技术革命以日新月异的速度不断向前发展。作为知识生产和传播的机构、新知识和新技术的来源，高校已成为国家创新体系的核心力量和社会的“轴心”。就中国来说，在建设创新型国家等的宏观背景下，在国家从战略高度和全局上做出部分符合条件的高校向应用技术型大学转型的部署后，关于新建本科高校的转型发展研究、关于新建本科高校如何与地方政府建立新型的合作共建关系研究将成为全新的研究领域，亟须对此开展全面和深入的研究。本书从人才培养、科学研究和社会服务三个方面，系统阐述新建本科高校在发展中特别是在向应用技术大学转型的过程中，要与地方政府加强协同合作这一宏大愿景，并从黄河科技学院的初步探索并取得的成果出发，阐明地方本科高校与地方政府重构关系的可能性和必然性；旨在研究讨论新时代地方新建本科高校在如何更好地重塑与地方政府及地方社会经济发展之间的关系，从而形成新型、良性的互动合作关系模式，为地方高等教育的可持续发展创造条件。

第三章　新建本科高校与地方政府关系的发展历程分析

新中国成立以来，在党和政府的领导下，我国高等教育得到了长足的发展，目前我国已经建立起世界上最大规模的高等教育体系。《2019年全国教育事业发展统计公报》数据显示，截至2019年底，全国各类高等教育在学总规模达4002万人，高等教育毛入学率达51.6%。全国共有普通高等学校2688所（含独立学院257所），比上一年增加了25所，增长了0.94%。其中，本科院校1265所，比上一年增加了20所；高职（专科）院校1423所，比上一年增加了5所。[①] 高等教育为推动国家经济社会发展和科技进步做出了重要贡献。高校与政府的关系问题一直是党和国家高度重视并不断深化改革的重要课题。要推动高等教育治理体系和治理能力现代化和实现高等教育大国向高等教育强国转变，就必须重构高校与政府的关系，创造高等教育改革发展的良性生态。

本章主要分析新中国成立以来新建本科高校与地方政府关系的发展历程，探寻在不同时期地方高校与政府之间关系的变化。虽然本书研究的是新建本科高校与地方政府关系重构问题，但是对此分析离不开对国家高等教育政策发展变迁的历史考察。新建本科高校与地方政府关系问题既是当前各方面因素综合作用的结果，也受历史条件的影响。本章选取对我国高等教育乃至国家经济社会发展产生重大影响的几个历史事件作为划分依据，划分出新中国成立至改革开放前、改革开放后至1999年（1999年是国家实施高等教育大众化战略、新建本科高校出现的

---

① 2019年全国教育事业发展统计公报. http://www.moe.gov.cn/jyb_sjzl/sjzl_fztjgb/202005/t20200520_456751.html，2020-05-20.

一年）、21世纪以后至党的十八届三中全会（党的十八届三中全会确立了全面深化改革的总目标）和十八届三中全会以来4个历史时期，研究分析每个历史时期高校与政府的关系特征及主要表现，为我们理解和解决当前新建本科高校与地方政府关系问题提供一个纵向的、历史的视角。

一、新中国成立至改革开放前：政府计划指导下的单向服务

新中国成立后，政府集举办者、管理者和办学者于一身，实施集中领导、统一管理，高校几乎成为政府的行政附属物。[①] 1950年颁布的《政务院关于高等学校领导关系问题的决定》，除了强调中央教育部对全国高校的统一领导作用外，还特别指出，对于其他大行政区、省政府管的高校，根据相关条件，由中央教育部决定，把各地的高校有计划、有步骤地收归中央教育部直接领导。[②]自此，中央教育部掌握了全国高校的统一领导权及许多问题的决定权，在中央领导下的地方管理部门根据中央规定的政策方针、各项计划、规章制度，负责具体落实、提出政策建议，并负责进行督促、检查等任务。“集中领导、统一管理”成为这一历史时期贯穿我国高等教育事业改革发展的一条主线。集中和统一体现了这一阶段我国高等教育管理体制的基本特征。

中央对高校的统一管理首先体现在高等教育的发展目标上，中央常常出于对政治的考虑和对经济建设的要求，直接制定相关管理办法，保证高等教育发展目标可控。但是，在制定过程中，其往往忽视了社会发展和人的发展等多样化需求。其结果就是：保证了整齐划一，却忽视了高等教育发展的层次性；虽然满足了国家对高等教育供求的基本平衡，却忽视了地方的差异性和主动性，也制约了其他人才供求渠道的发展；虽然注重人的共性发展，却忽视了人的个性发展，忽视了对个体意愿的尊重和支持。

政府包揽高等教育发展的大小事务，高校被动地执行计划。在管理权力的分配及对高等教育的管控方面，这一历史时期更多的是把高校作为下属和被领导的

---

① 蒋建湘. 论现阶段我国政府与高校的角色定位及其关系调整. 现代大学教育，2002（5）：82-84.

② 湛中乐，高俊杰. 我国公立高校与政府法律关系的变迁. 陕西师范大学学报（哲学社会科学版），2010（6）：5-13.

对象。因此，对权力的划分只限于国家和地方之间、国家和部委之间，高校虽然是办学实体，但缺乏自主权，对人、财、物等没有独立支配权。在领导方式上，中央采取的是“一竿子插到底”的方式，控制办法简单、单一而且集中，其主要目的是强化政治目标，达到抑制内外干扰、维持国家稳定的作用。由于政府包揽高等教育发展的大小事务，常常使自身陷入各类烦琐事务，并且缺乏明确的分权、分工，中央机构承担了大量工作而出现超负荷运转的情况，导致高等教育管理“能级”的混乱，上级代行下级职能，不仅影响了管理的科学性和有效性，也制约了对高等教育宏观决策和领导作用，而在微观管理上也表现出低效能。

在高校发展的动力方面，这种集中领导和统一管理的方式为高校提供了相当的物质基础、政策和信息指导，尤其激励了各高校为了共同事业而努力的热情，但是这种外在的干预和控制并不能带来长久的动力，并且高等教育发展资源供给渠道单一，高等学校完全是被动地执行计划，限制了争取社会多元支持，也不利于高校之间的竞争发展。高校的发展完全听从于政府的指令，高校对政府是服从关系，限制了高等学校进行改革发展的积极性和创造性。

二、改革开放后至1999年：服务社会的自主权逐渐扩大

1979年，中共中央批转教育部党组《关于建议重新颁发〈关于加强高等学校统一领导、分级管理的决定〉的报告》，我国高等教育体制恢复到1965年的状态。

1984年4月，国家统计局第一次对中国的产业进行划分，教育被划分在第3产业的第3个层次。高校与学生是高等教育市场的主体，高校提供高等教育服务，学生接受或使用教育服务，以获得就业所需的专业知识和技能。高等教育市场发展的完善程度，不仅反映了教育与社会发展的适应程度，而且是一个国家教育水平的主要标志，这种认识开始在社会上逐渐形成。

在这一时期，我国开始实行中央、省（区、市）、中心城市三级办学体制。1985年5月，《中共中央关于教育体制改革的决定》颁布，对于高等教育，该决定指出：为了调动各级政府办学的积极性，实行中央、省（区、市）、中心城市三级办学的体制，并强调扩大高校的办学自主权、增强高校对社会的主动适应性，为了加强宏观指导与控制，成立国家教委，取代了教育部。至此，我国高等教育

体制演变到一个新阶段。高校也对地级城市高等教育发展、地方高等院校如何发展、高等教育在区域创新体系建设中的地位和作用，以及高校如何更好地发挥在区域创新体系建设中的作用进行了初步思考。全国高校数量也从1981年底的704所（其中教育部直接管38所，中央各部委管226所，省区市管440所）发展到1985年底的1016所。[①]

逐步建立政府宏观管理、学校面向社会自主办学的体制。随着社会主义市场经济体制的逐步建立，1993年，《中国教育改革和发展纲要》颁布，进一步强调要解决政府与高等学校、中央与地方、国家教委与中央各业务部门之间的关系，逐步建立政府宏观管理、学校面向社会自主办学的体制。[②]

高校与产业部门通过多种形式进行不同层次、不同程度的合作。党的十一届三中全会以来，我国经济体制改革、科技体制改革和教育体制改革进入高潮，并收获了喜人成绩。合作给双方带来很多益处：给企业带来显著的经济和社会效益，促进了产业的技术进步；给高校的教学和科研带来活力，同时也促进了学校的发展。这种合作的优越性也开始越来越明显。但是，高校与产业部门的合作仍处于初期发展阶段，发展并不迅速，许多地方还带有自发性和盲目性，甚至有的联合体有名无实，在发展过程中逐渐消失不见。在高校内部，还缺乏比较一致的认识和政策支持，对如何进一步发展与产业部门的合作没有长远规划。在高校自主办学得到发展的同时，也出现了一定偏差，教育产业化发展和管理的问题较为严重，在一定程度上与教育公益、公平有所偏离。政府没有形成与市场经济相适应的对高等教育的管理体制。由于高等学校长期没有办学自主权，其服务意识、质量意识、市场意识、竞争意识和风险意识都亟待加强，高校办学的地方性、大众性、特色性、多样性等没有形成。

三、21世纪以后至党的十八届三中全会：地方政府统筹管理机制的确立

1999年，面向21世纪经济、社会和科技发展形势的变化，立足我国现代化建设的全局，结合我国发展现状，党中央和国务院做出了“扩大高等教育规模”的

① 范惠莹. 新中国成立后我国高等教育管理体制演变综述. 高等农业教育，2002（1）：14-18.

② 徐辉，毛雪非. 论现阶段我国政府、社会与高校的关系. 高等教育研究，1994（5）：30-34.

重大决策。通过“共建、调整、合作、合并”等方式，建立新的高等教育管理体制，即中央和省两级管理、以省级政府统筹管理为主。

对于政府与高校的关系，强调由单一的直接领导与被领导关系转变为多元的间接宏观指导与调控的关系。① 中央全面统筹、以省级管理为主的体制对新建本科高校的影响体现在两个方面：一是中央教育部门对高校的管理权已经下移到地方政府，主要影响是对高等学校办学质量的评估；二是新建本科高校的生存环境面临经费紧缺、与部属高校的全方位竞争等压力。

新建本科高校的人事权在省级（或市级）政府，高校的发展计划、招生计划、教学管理、科研立项等方面都由省级（或市级）政府及其职能部门承担管理责任，省市共建的高校在业务上既受省级教育行政部门指导也受当地教育行政部门指导，在人事上则由省市两级政府共同管理；或者经过省级政府批准，完全由地方政府办理，省级政府只在招生计划、专业设置等方面进行宏观控制和指导。实行省部共建的高校，接受中央与地方的双重投资。新建本科高校的财政拨款则由省级（或市级）政府承担，原部委高校划转到地方管理之后，办学经费也由地方政府拨付。省市共建的高校由省市两级政府共同建设、共同管理，财政拨款也由两级政府共同承担。

新建本科高校规模迅速扩大，为地方输送大批应用型专门人才。培养人才是高校的主要职责，也是新建本科高校服务地方最基本、最主要的形式，新建本科高校承担着为地方经济和社会发展培养所需的各级、各类高素质人才的重要职责，是支撑、引领区域创新体系建立的重要力量。新建本科高校生源大部分来自本省，当地生源一般达60%以上。新建本科高校以本科教学为主体，以培养面向地方区域经济文化和社会发展服务的、具有较强实践能力和创新能力的一线应用型人才为主要目标，多数毕业生直接服务于地方建设。这些“区域性专门人才”在区域科技创新、高新技术产业发展中发挥了重要作用，成为地方经济文化和社会发展中具有较强实践能力和创新能力的、用得上、留得住的技能人才。

这一时期，新建本科高校为区域经济社会发展服务已经开始出现“三个转变”的苗头，即服务内容由单一型向全方位型转变，服务形式由松散型向紧密型转变，知识创新方式由独立型向联盟型转变。

但是，由于缺乏科学的规划、引导和支持，加上新建本科高校定位不准确，

---

① 孙欣，杨化仁. 新形势下政府与高校关系的研究. 辽宁教育研究，2005（2）：26-28.

同质化竞争严重，导致“千校一面”的局面。为了解决这些问题，许多新建本科高校开始思考自身在建设创新型国家中的地位和作用，努力找准学校的定位，探索走产学研有机结合之路，以更好地服务于区域经济社会发展。

四、党的十八届三中全会以来：政府积极引导新建本科高校向应用型转变

近年来，尤其是在党的十八大以来，党和各级政府以及社会越来越关注高等教育综合改革，新建地方本科高校向应用技术型高校转型发展的呼声也越来越高，国家和地方层面都先后出台了一系列引导和支持性政策，各地高校也都开展了创新性探索实践。

2013年11月，党的十八届三中全会通过的《中共中央关于全面深化改革若干重大问题的决定》对高等教育改革发展的目标提出了要求，明确提出要“深化教育领域综合改革”“增强学生社会责任感、创新精神、实践能力”“加快现代职业教育体系建设，深化产教融合、校企合作，培养高素质劳动者和技能型人才”“创新高校人才培养机制，促进高校办出特色争创一流”，为新时期我国高等教育改革发展提供了制度创新的方向。

2014年2月，李克强总理在主持召开国务院常务会议时对地方高校的发展方向做出新指示，提出要加快发展现代职业教育，构建现代职业教育体系，并确定了加快发展现代职业教育的任务措施。李克强总理提出，要“引导一批普通本科高校向应用技术型高校转型”“引导支持社会力量兴办职业教育”“推动公办和民办职业教育共同发展”。①

2014年6月，全国职业教育工作会议召开，习近平总书记作重要批示，对于人才培养目标，强调要“努力培养数以亿计的高素质劳动者和技术技能人才”；对于高等教育改革的方向，总书记指出“要牢牢把握服务发展、促进就业的办学方向，深化体制机制改革”；对于高校的发展道路，总书记提出要“坚持产教融合、校企合作，坚持工学结合、知行合一”，并且希望“努力让每个人都有人生

① 李克强主持召开国务院常务会议　部署加快发展现代职业教育. http://cpc.people.com.cn/n/2014/0226/c64094-24474800.html，2014-02-26.

出彩的机会”。[①]在接见与会代表时，李克强总理也强调“要把提高职业技能和培养职业精神高度融合”“要围绕技术进步、生产方式变革、社会公共服务要求和扶贫攻坚需要，培养大批怀有一技之长的劳动者”。[②]

2014年6月22日，《国务院关于加快发展现代职业教育的决定》出台，该决定明确提出，到2020年，形成适应发展需求、产教深度融合、中职高职衔接、职业教育与普通教育相互沟通，体现终身教育理念，具有中国特色、世界水平的现代职业教育体系。该决定提出，采取试点推动、示范引领等方式，引导一批普通本科高等学校向应用技术类型高等学校转型，重点举办本科职业教育。独立学院转设为独立设置高等学校时，鼓励其定位为应用技术类型高等学校。建立高等学校分类体系，实行分类管理，加快建立分类设置、评价、指导、拨款制度。招生、投入等政策措施向应用技术类型高等学校倾斜。至此，地方高校向应用科技大学转型发展上升为国家战略。

2014年6月，教育部等六部门共同印发《现代职业教育体系建设规划（2014—2020年）》，该规划明确提出，引导一批本科高等学校转型发展，支持定位于服务行业和地方经济社会发展的本科高等学校实行综合改革，向应用技术类型高校转型发展；鼓励独立学院转设为独立设置的学校时定位为应用技术类型高校，鼓励本科高等学校与示范性高等职业学校通过合作办学、联合培养等方式培养高层次应用技术人才；应用技术类型高校同时招收在职优秀技术技能人才、职业院校优秀毕业生和普通高中、综合高中毕业生；各地采取计划、财政、评估等综合性调控政策引导地方本科高等学校转型发展。2015年10月，《教育部 国家发展改革委 财政部关于引导部分地方普通本科高校向应用型转变的指导意见》印发，对地方普通高校转型的目标、任务、配套政策和推进机制进行了明确规定，该意见标志着地方本科高校向应用型转型进入实施阶段。

2017年，党的十九大胜利召开，习近平总书记在党的十九大报告中指出，“完善职业教育和培训体系，深化产教融合、校企合作”“建设知识型、技能型、创新型劳动者大军”，强调“着力加快建设实体经济、科技创新、现代金融、人

① 习近平就加快发展职业教育作出重要指示. http://cpc.people.com.cn/n/2014/0624/c64094-25189804.html，2014-06-24.

② 全国职业教育工作会议在京召开 习近平作指示 李克强讲话. http://www.gov.cn/xinwen/2014-06/23/content_2707467.htm，2014-06-23.

力资源协同发展的产业体系”。[①] 他之前曾强调“人才是创新的根基”“创新驱动实质上是人才驱动”。[②] 此后五年，既是决胜全面建成小康社会、开启全面建设社会主义现代化新征程的关键时期，也是我国构建现代职业教育体系、化“人口红利”为“人才红利”的黄金时期，新建本科高校转型发展进入新的历史时期。2017年10月，《国家教育事业发展“十三五”规划》进一步提供了推动普通本科高校向应用型转型，地方本科高校转型发展进一步向纵深方向发展。2019年，国务院印发《国家职业教育改革实施方案》（职教20条），进一步提出“推动具备条件的普通本科高校向应用型转变，鼓励有条件的普通高校开办应用技术类型专业或课程”。2021年发布的《中华人民共和国国民经济和社会发展第十四个五年规划和2035年远景目标纲要》，同样提出要建设高质量本科教育，推进部分普通本科高校向应用型转变。这为普通本科高校向应用型高校转变提供了规划蓝图。

人力资源培训和开发属于供给侧结构性改革的重要内容。当前，我国人才的教育供给和产业需求在结构、质量、水平上还不能完全适应，特别是随着新增劳动年龄人口增速下降，人才供需的结构性矛盾突出。可以说，深化产教融合是推进人才和人力资源供给侧结构性改革一项非常迫切的任务，政府必须加快破解制约产教融合的政策瓶颈，将新发展理念落到实处，以人才发展引领产业转型升级，推动产教融合成为转型升级的“助推器”、促进就业的“稳定器”、人才红利的“催化器”。[③] 于是，在2017年底，《国务院办公厅关于深化产教融合的若干意见》出台。该意见首次明确了深化产教融合的政策内涵及制度框架，完善了顶层设计，强调发挥政府统筹规划、企业重要主体、人才培养改革主线、社会组织等供需对接作用，搭建“四位一体”架构，将产教融合从职业教育延伸到以职业教育、高等教育为重点的整个教育体系，上升为国家教育改革和人才开发整体制度安排，推动产教融合从发展理念向制度供给落地；强调企业重要主体作用，提出企业办学准入条件透明化、审批范围最小化，实行“引企入教”改革，健全学生到企业实习实训制度等，推动企业多种形式参与办学，支持企业需求融入人才培养，由人才“供给—需求”单向链条转向“供给—需求—供给”闭环反馈，促进

① 习近平的创新观. http://news.china.com.cn/2018-08/10/content_58373877.htm，2018-08-10.

② 习近平在中国共产党第十九次全国代表大会上的报告. http://cpc.people.com.cn/n1/2017/1028/c64094-29613660.html，2017-10-28.

③ 国家发展改革委有关负责人就《关于深化产教融合的若干意见》答记者问. http://www.gov.cn/zhengce/2017-12/19/content_5248610.htm，2017-12-19.

企业需求侧和教育供给侧要素全方位融合。这为新建本科高校健康科学转型发展，更好地服务地方经济社会需求，提供了新思路。该意见还特别指出，合理划分政府、社会组织和市场的边界。该意见不搞行政命令式“拉郎配”，侧重加强企业行为信用约束，强化行业协会组织协调，促进中介组织和服务型企业催化，打造“互联网＋”信息服务平台，化解校企合作的信息不对称，降低制度性交易成本，体现市场配置资源的改革取向，落实“放管服”改革要求。[①] 这一点对地方政府与新建本科高校双方厘清权能职责关系具有重要指导意义。《中华人民共和国国民经济和社会发展第十四个五年规划和2035年远景目标纲要》也提出要创新办学模式，深化产教融合、校企合作，鼓励企业举办高质量职业技术教育，探索中国特色学徒制。

从政府出台的一系列政策来看，全面深化改革已经成为我国高等教育的新常态，向应用技术型转型则是地方高校尤其是新建地方本科高校未来建设发展的总体趋势。在这一总体趋势的影响下，新建地方本科高校与地方政府的直接互动越来越密切，在人才培养、科学研究和社会服务等方面的合作越来越频繁。一方面，地方政府更加重视对新建本科高校的支持并加大支持力度；另一方面，新建地方本科高校的改革方向是深化产教融合、校企合作，必然要走“产−学−研”合作、协同创新的路子。因此，新建本科高校也开始重新思考和定位自身与地方政府、行业企业及社会的关系，逐步树立开放的心态，积极争取更多的外部资源与合作机会。在新一轮的改革过程中，区域创新体系的概念逐渐形成，政府、高校、企业、科研院所等组织间的壁垒逐渐得到突破，组织间的互动和沟通逐渐增多，在协同理念下，新建本科高校与地方政府、企业等所有创新要素开始走向合作。

五、黄河科技学院与地方政府关系的发展历程

黄河科技学院自1984年成立以来，离不开地方政府的支持与帮助，其与地方政府关系的发展历程可以概括为以下三个阶段。

① 国家发展改革委有关负责人就《关于深化产教融合的若干意见》答记者问. http://www.gov.cn/zhengce/2017-12/19/content_5248610.htm，2017-12-19.

（一）1984—1999 年：地方政府缺乏对新建本科高校发展的规划引导，学校建设及教学工作处于自发状态

1984 年，在国家改革开放政策的引导和影响下，因公受伤在家休养的胡大白敏锐地捕捉到国家政策机遇，顺应国家现代化建设人才紧缺及青年人求学无门的现实需求，创立了郑州市高等教育自学考试辅导班（黄河科技学院的前身），几经易名，于1994年经国家教委批准建立民办黄河科技学院。一直到1999年学校实施本科学历教育前，学校与地方政府的互动较少，主要集中在学校基础建设及人才培养部分内容上，但是在校地合作育人、科学研究、社会服务等方面的关系还不够密切。在学校创立初期，学校的建设发展基本上是自发行为，地方政府在政策引导和财政支持层面作用较少。在二者关系上，学校主动寻求政府帮助，但二者之间的互动以行政审批等事务为主。在地方政府对学校建设发展的支持上，河南省政府、郑州市政府对学校办学、征地、招生、建立人才市场、党建工作等方面给予了鼓励和支持，为学校的持续发展奠定了基础。

这一时期，地方政府和学校建设工作中存在以下问题。

第一，地方政府对高等教育发展规划性不强，学校建设发展缺乏明确的政策规定和引导。由于新建本科高校是顺应国家改革开放政策而出现的，因此地方政府还未来得及建立相关管理制度、政策体系等，更缺乏对新建本科高校的发展规划。在此环境下，学校的建设发展处于自发状态，发展中遇到的问题和困难均需要自己去摸索、协调和探索，地方政府并没有发挥其应有的引导、协调和服务职能。以学校征地为例，由于学生人数持续增长，学校须通过征地扩大校园面积，但是学校对如何征地及其步骤和手续等都一无所知，地方政府只负责审批，对学校校区发展规划、征地涉及多方关系的协调等方面的服务不足。这导致学校在征地过程中遇到各种挫折，学校领导需要出面与当地居民协调、与各相关政府部门反复沟通，从1990年4月正式向有关部门提出征地申请到1991年5月所征22亩土地获得规划许可证，再到1992年底所有征地手续办理完备，历时近3年。学校后期又连续3次征地，一直到1998年，航海中路94号校区面积达80多亩。在校园建设中，学校曾一度面临资金短缺、师资短缺等困境。

在这一时期，地方政府在很大程度上还延续了计划经济时代的管理模式，对新建本科高校的管理过严，学校办学过程中的任何一项手续（包括招生宣传）都

要上报教育主管部门审批，如当时学校印发《学习不及格者，退还全部学费》的广告，郑州市教委就不同意发布，直到胡大白校长做出保证，这则广告才获批。随着学校的发展，学校在全国的影响力逐渐增大，河南省、郑州市也对学校办学给予了肯定，并给予了一定的支持和鼓励。1985年，经郑州市教委批准，郑州市自学考试辅导班更名为“黄河科技专科学校”，学历层次还是专科自学考试。1989年8月，河南省委首次认定民办高校，黄河科技专科学校成为通过审批的第一批学校，并更名为“黄河科技大学”。1994年，学校顺利通过专家评审，成为国家教委批准的第一所民办普通专科高校，并更名为“黄河科技学院”。

第二，地方政府对学校人才培养给予了一定支持，但尚未形成校政合作的思想。在这一时期，地方政府也重视人才的重要性，但地方政府与新建本科高校之间并没有建立密切联系，地方政府与学校联合开展的培训是零散的。例如，1985年11月，黄河科技专科学校与共青团郑州市委联办两个团干部培训班，提升郑州市团干部的素质和学历，但是没有上升到校政合作的层面。学校树立了“为社会主义现代化建设服务”的办学宗旨，适应市场需求，积极为地方培养所需人才。1987年，从学校毕业的首届 60名全日制自考生全部进入国营企事业单位工作。1994年，黄河科技学院经过滚动发展建立了“五院一专”（体育学院、医学院、商贸学院、工学院、成人教育学院、附属中专学校），通过业余制、全日制、函授制三种教学形式培养出1万多名毕业生和2万多名社会急需的各类人才，为国家及地方节约教育资金数亿元。学校培养出的人才年年被用人单位抢聘一空。

与此同时，在人才培养的具体实践中，经过学校的多方争取，地方政府对学校联合办班、招生计划、设立人才市场等有关工作给予了一定支持，但地方政府在此过程中发挥的作用仍然以行政审批为主，还没有形成主动引导和服务学校发展的意识。1989年，河南省卫生厅、教育厅批准黄河科技大学与新乡医学院联合开办医学班，解决当时五官科、妇产科人才紧缺问题。20世纪90年代初期，经教育部门、人事部门同意，学校与一些公办高校联合办班，解决了黄河科技大学没有实用人才招生指标的困难。1993年5月，河南省教育厅确定黄河科技大学为民办高校综合改革试点学校，获准独立举办实用人才培训班。1994年，河南省教育厅批准黄河科技学院成立中等专业学校，当年在专科200人的招生计划基础上又增加100人的计划，成为当年招生人数最多的民办院校。在学校的争取和政府的支持下，1997年，河南省人才交流中心下属的中原人才市场设置到黄河科技学院北校区内，让学生与用人单位面对面交流，人才供需双方实现双向选择。这在当时堪称高校与政府的合作典范，学校成为全国第一个把人市场引进校园的高校。

第三，学校党建及宣传工作缺乏明确的主管负责机构，相关部门之间缺乏沟通协调。学校重视对学生的思想政治教育问题，自创办之日起，创办人胡大白就开始谋求以学校的名义建立党组织。但是对于民办学校能否建立党组织及如何建立党组织的问题，当时并没有先例，也没有出台的政策规定和引导支持。因此，胡大白多次到郑州市委、教委等部门进行咨询争取，曾“十年找党”。在学校的不断努力和反复争取下，郑州市委组织部终于批准学校先建立一个临时党支部。1989年底，学校建立临时党支部，挂靠在郑州市直机关党委下面。1997年，经郑州市委组织部批准，黄河科技大学建立党委，成为全国第一个建立党委的民办高校。1991年12月，河南省新闻出版局批准《黄河科技大学学报》发行。1999年3月，经国家新闻出版总署批准，《黄河科技大学学报》在国内外公开发行，成为全国民办高校中第一个获得国内统一刊号的校报。1999年3月，《黄河科技大学学报》创刊，为教学改革、科学研究搭建了交流平台，成为全国民办高校学报中最早获得刊号和公开出版发行的学报。

在这一发展时期，地方政府从行政审批、精神鼓励等方面为学校的建设发展提供了一定帮助，同时黄河科技学院积极主动争取地方政府的支持，为自身发展争取到了政策机遇和发展机会。但是受计划经济体制的惯性作用和“公办”“民办”“编制”等思想的影响，地方政府一方面，在管理机制上对学校事务管得过严和死板，限制了学校的自主发展；另一方面，又缺乏对新建本科高校发展的规划引导，政策支持和公共服务协调不足，在学校建设发展过程中没有任何财政投入，导致学校办学举步维艰、在困境中摸索前行。

（二）2000 年至党的十八届三中全会：学校与地方政府在部分领域逐步建立联系，地方政府对学校的指导和支持日益增多

21世纪以来，随着我国高等教育大众化进程的推进，地方政府出于对地方经济社会发展及人才需求的考虑，对新建本科高校和民办高校给予越来越多的重视和支持，黄河科技学院也受益于改革开放政策，与地方政府的互动开始增多，并在地方政府的支持下得到快速发展。

第一，地方政府支持学校升本。1999年，全国第三次教育工作会议提出“积极发展高等教育、大力支持民办教育”的方针，提到符合条件可办一些民办普通本科高校。河南省政府多次派出教育厅专家考察团到黄河科技学院就升本问题进行论证。由于办学条件已满足了本科设置标准的要求，2000年，学校顺利通过专家评审，成为教育部批准的全国第一所实施本科学历教育的民办高校。

第二，地方政府在学校改革发展、人才培养等方面给予更多指导和支持。黄河科技学院于2000年成为新建本科高校后，在人才培养、转型发展、创新创业工作上与地方政府开展深入合作。在人才培养上，学校更加注重质量、规模、结构、效益的协调发展，提出了“调整结构、夯实基础、提高质量、创建特色”的可持续发展思路。2000年7月，学校成立民族学院，成为教育部最早批准的全国少数民族预科培养基地之一。2002年，学校获准招收留学生。2003年，黄河科技学院提出“本科学历教育和职业技能培养相结合”的人才培养理念，走在了教育改革创新的前列。2003年6月19日，国务院总理李克强到黄河科技学院视察调研，对学院滚动发展、均衡发展、内涵式发展、创新发展给予了高度评价。2004年，经教育部批准，学校开展中外合作办学教育。2008年，学校通过教育部普通本科教学工作水平评估。2009年以来，学校完善顶层设计，进一步锤炼办学指导思想，制定学校中长期发展规划，明确了地方应用型本科高校的办学定位和高素质应用型创新人才的培养目标。

在这一时期，地方政府对学校的党建工作更加重视。2010年，河南省委组织部和省委高校工委委派丁松林同志担任黄河科技学院党委书记，这显示了省委对民办高校党建工作的重视程度。

同时，地方政府已经认识到新建本科高校在为经济社会培养人才，为地方提供科技支持、智力支撑、社会服务等方面的重要性，开始加强对新建本科高校的规划引导，对学校的发展给予更多的关注、指导、评估和帮助等，为学校的发展提供一定的公共服务。并且政府与学校的互动明显增多，二者的关系得到进一步发展。学校也主动响应国家和地方政府的号召，积极开展应用型人才培养模式改革，为地方经济社会提供支撑。但是，学校与地方政府的互动关系还处于发展阶段，政府还未建立和健全新建本科高校人才培养、科研服务及成果转化、创新创业等方面的政策体系，还未形成校府合作、校地合作的体制机制，学校、地方政府、行业企业、社会等主体之间虽然已经有一定的合作，但是彼此之间还存在很多壁垒，信息、资源、能量、服务等还不能自由、有效地流动，限制了学校与地方政府之间合作关系的形成。

（三）党的十八届三中全会以来：学校与地方政府密切合作协同推动应用科技大学建设及创新创业工作

党的十八届三中全会以来，国家积极推动高等教育综合改革，引导和支持地方本科高校向应用型转型，大力实施创新驱动战略和“大众创业、万众创新”工作，河南省和郑州市也分别出台了一系列引导政策。黄河科技学院积极响应国家、河南省政府、郑州市政府的号召，加大开放办学力度，加强同地方政府的沟通与联系，与地方政府的关系发展进入密切合作期。

第一，河南省及郑州市政府大力倡导和推进转型发展及创新创业工作。河南省响应国家号召，率先启动本科学校转型发展试点工作，先后确立了第一批和第二批转型发展试点院校；同时，对试点院校进行业务指导，并确立了考核制度，定期开展试点工作考核、沟通、合作等。在创新创业方面，河南省先后制定了《河南省科技企业孵化器发展三年行动计划》等，并且出台《关于发展众创空间推进大众创新创业的实施意见》《关于进一步做好新形势下就业创业工作的实施意见》来推动创新创业，为新建本科高校的转型发展和“双创”工作提供了政策引导和支持。

第二，学校的改革发展得到了河南省委、省政府和郑州市委、市政府的支持。2013年1月，学校获批教育部“应用科技大学改革试点战略研究单位”，以此为契机，学校加快应用科技大学建设步伐，地方政府给予了大力支持。2013年5月，经河南省政府批准，学校与济源市政府合作共建应用技术学院。应用技术学院与济源市政府及省内百余家企业联合成立“黄河科技学院校地校企合作发展联盟”。同时，2013年，河南省确立黄河科技学院等5所院校为第一批转型发展试点院校，并组织召开河南省本科高校转型发展试点院校座谈会，对转型发展工作进行业务指导，推动转型高校之间的沟通、联系和配合，并对试点院校进行评估。2014年，学校创新创业工作得到了河南省政府、郑州市政府的大力支持，省领导多次到校调研考察、指导工作。2017年，学校与郑州市政府达成战略合作协议，郑州市政府将在市校共建大数据和人工智能重点实验室、共建郑州智库、共建郑州市中小企业技术服务中心、共建郑州文化创意产业研究院、建设郑州人工智能校企合作发展联盟、共建高层次人才队伍等方面给予重点支持和帮助。2018年，学校通过教育部本科教学工作审核评估，被专家组赞誉“情怀大、格局大、手笔大、作为大”。

第三，学校不断加强与地方合作，提升服务经济社会发展能力。学校的快速发展为地方带来了经济效益和社会效益。黄河科技学院一贯注重创新创业载体和服务体系建设，将创业创新教育理念贯穿人才培养的全过程。2015年，学校与二七区政府共建的“U创港”创新创业综合体被郑州市政府列为重点建设项目。学校已建成功能齐全的孵化平台、绿色生态的服务平台、院士领衔的研发平台、校企联手的育人平台及集团化办学的组织平台，构建了全方位的创新创业生态服务体系，成为河南省创新创业学习基地及对外宣传的亮点之一。在支持黄河科技学院转型发展和创新创业工作上，2015年，地方政府给予学校近2000万元的资金奖励。2016年，河南省委组织部和省委高校工委委派李森同志担任黄河科技学院党委书记。2017年，河南省委组织部和省委高校工委再次委派贾正国同志担任黄河科技学院党委书记，充分体现了省委、省政府对学校事业发展改革工作的高度重视。

这一阶段，学校与地方政府之间关系最大的改变是由学校被动地寻求、接受政府帮助向政府主动提供政策、资金等支持转变。党的十八届三中全会以来，河南省政府、郑州市政府响应国家的号召，强化政策引导作用，加强对新建本科高校的政策引导、财政支持和公共服务，不断建立和健全引导新建本科高校向应用型技术大学转型发展的政策体系，出台了推动“双创”的政策文件，加强对学校的指导、评估和加大对学校的支持力度，这些都为学校的全面深化改革提供了良好的政策环境和制度环境。同时，黄河科技学院经过30多年的发展，具备了较强的办学条件和综合实力，学校加大开放办学力度，加强与地方政府、企业、社会的联系，朝着良性合作关系的方向发展，不断实施校府合作、校地合作、校校合作、校所合作等多层次合作，不断为地方经济社会发展做出自己的贡献。学校与地方政府的关系由单向支持向双向互动发展。

在国家“四个全面”战略布局下，面对创新型国家建设的新形势、新背景，学校与地方政府之间的合作还要向制度化、系统化、长效化的方向发展，在人才培养、科学研究、社会服务等方面的互动与合作还需要全方位地提升，进一步深化二者之间的合作关系，协同构建区域创新体系和地方经济社会发展利益共同体。

第四章　新建本科高校与地方政府关系的现状及问题

我国社会主义市场经济的快速发展引发了高等教育的一系列变化，特别是高等教育进入大众化阶段后，提升高等教育教学质量、教育结构多元变革给我国地方政府在高等教育管理方面提出了新课题。高校由政府的附属机构变成了由国家立法保障的面向社会、自主办学的法人实体。我国高等教育呈现出发展方向大众化、办学方式多元化、办学形式市场化、办学途径国际化、办学手段信息化的新特点。[①]

改革开放以来，随着我国经济与社会的发展，无论是地方经济还是新建本科高校都取得了长足发展，各地新建本科高校与当地政府的关系总体上是协调、双赢的。特别是随着国家经济体制与教育体制的改革深化，创新驱动上升为国家战略，供给侧结构性改革进一步深化，创新创业日益成为经济发展的新引擎，地方高校与地方政府之间的关系也进一步密切。具体表现为地方高校与地方政府各自的资源优势得到了有效的发挥与互补，从而推动了当地经济和地方高校的健康发展。例如，近年来，在地方政府的大力支持下，不少地方高校科研平台建设已达到相当规模和较高水平，即使在高等教育发展相对缓慢的中西部地区，国家级重点学科、国家重点实验室、国家级创新平台与创新团队也如雨后春笋般涌现，地方政府在政策、资源、财政等方面的大力支持起到了重要作用。与此同时，新建本科高校的人才输出、科技成果转化、产业技术产业化、社会服务与文化传承职能的不断强化，也为地方经济社会发展做出了突出贡献。

---

① 邱祖发. 论地方高校与地方政府的协调发展问题. 学术论坛，2006（2）：192-195.

早在 2004年，新建本科高校与地方政府的关系问题就已初现端倪。据国家行政学院对73所高校校长的问卷调查显示，在评价“本校对当地经济建设起怎样的作用时”，30.43%认为“很有帮助”，62.32%认为“有一定作用”，只有4.35%和2.9%认为“没什么帮助”和“说不清有什么作用”。而在评价“当地政府和社会对高校的支持环境”时，结果就有些不对等，4.41%的高校表示“满意”，57.35%的高校表示“比较满意”，35.29%的高校表示“不太满意”，2.94%的高校表示“很不满意”。调查还显示，地级城市高校经费完全到位或基本到位情况是最差的：58.82%的高校经费主要来源于地方政府，由于地级城市经济水平不同，经费到位情况也截然不同。只有15.94%的高校经费可以完全到位，68.12%的高校经费基本到位，还有10.14%的高校经费难以到位，5.8%的高校经费不能到位。[①] 地方高校如果得不到地方政府的全力支持，不但自身发展受到影响，而且不利于当地经济和社会的发展。

近年来，随着党和国家经济社会发展战略的调整以及经济发展方式的转变，国家对产业技术转型升级提出了新要求，新建本科高校的职能发生了重大变化，在原有人才培养、科学研究、社会服务的三大职能基础上，又肩负了文化传承创新、国际交流合作两大新职能；在与区域经济社会互动方面，承担了校政企协同创新、深化产教融合、脱贫攻坚、助力新型城镇化、构建现代职业教育体系、培养创新创业人才、促进民族传统文化繁荣、建设政府决策“思想库”等新的重大任务。因此，如何突破体制机制瓶颈，真正立足地方、融入地方、服务地方，是新建本科高校面前亟待破解的难题。本章拟基于人才培养、科学研究和社会服务三个维度，以河南省为例进行分析。

一、基于人才培养维度的分析

当前，我国就业形势严峻、复杂，一是就业总量压力仍然较大，二是教育与产业脱节导致的就业结构性矛盾凸显。就业市场正上演“冰火两重天”：一边是大学毕业生就业难、求职难，一位难求；另一边是企业招工难、用工荒，一才难求，产教脱节已经严重阻碍了国家经济社会改革发展的步伐。

① 张婕，王保华. 坚持科学发展观，关注地级城市高等教育发展——对全国72所高校校长的问卷调查报告展. 中国高教学会高教管理分会2004年学术年会，134-152.

近年来，高等教育规模持续扩大，毕业生人数逐年上升。2001年，我国高校毕业生仅为110万人；2017年，高校毕业生总数为795万；2018年，该数值达到历史新高的820万。2019年起，我国高等教育毛入学率超过了50%，标志着我国高等教育进入普及化发展阶段。随之而来的则是毕业生人数的逐年增加，2021年，我国高校应届毕业生数量首次突破900万，达到909万，比2020年增加了35万，预计"十四五"期间高校毕业生人数将超过1000万[①]（图4-1）。

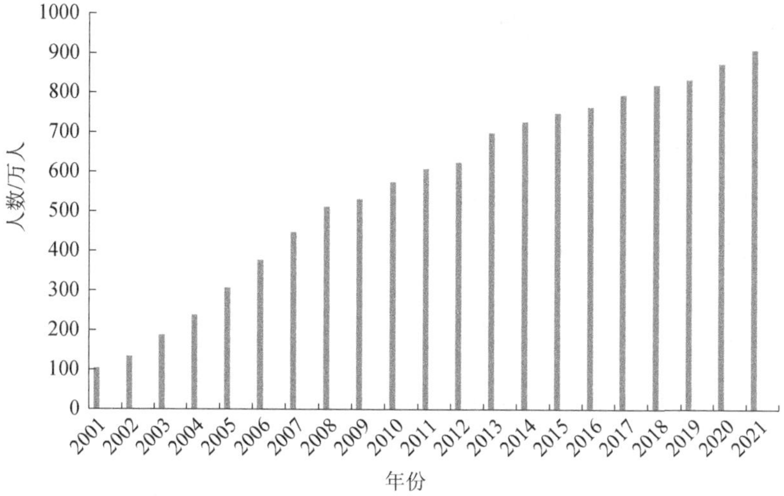

图4-1　2001—2021年我国高校应届毕业生总人数情况

与此同时，大学生就业难已经成为经济社会改革发展中的"老大难"问题。当前，大学毕业生就业形势已经空前严峻，"就业难"导致的"慢就业""待定族""啃老族"社会现象愈发普遍，严重限制了人力资源释放出人才红利，并且待业、失业人口也在日益成为社会不稳定的重要因素。

与此形成鲜明对比的是，随着《中国制造2025》的深入实施，我国对高技能劳动者的需求持续加大，高技能人才总量不足。"十三五"期间，我国建设了500多个国家级高技能人才培训基地，近700个国家级技能大师工作室，全国新增高技能人才超1000万。目前，我国技能劳动者已超过2亿，高技能人才超过5000万。其中，技工院校每年向生产服务一线输送近百万名技能人才。不过，我国高技能人才占比不足30%，与发达国家相比仍然存在较大差距。[②] 随着我国经济的

① 如何稳住高校毕业生就业"基本盘". https://theory.gmw.cn/2021-06/10/content_34913730.htm，2021-06-10.

② 高技能人才需求大，职业教育如何应对. https://www.sohu.com/a/456144030_120127047，2021-03-18.

快速增长和结构转型，劳动力市场存在供给和需求不匹配，缺少熟练技术人才的结构性问题。以制造业为例，据教育部、人社部、工信部2017年联合发布的《制造业人才发展规划指南》数据显示，制造业十大重点领域2020年的人才缺口将超过1900万，2025年这个数字将接近3000万。[①] 并且，由于产教脱节，技能人才结构问题突出，人才断档问题严重，培养质量与效益不高，这些都严重阻碍了新经济、新业态、新技术、新模式的推广应用。

（一）人才培养定位与地方需求不符

人才培养定位是办学主体对“究竟培养什么样的人”的理想设计，主要体现在目标、类型、层次、规格要求四个维度的组合上。人才培养定位是高校开展人才培养活动的前提和基础，本质就是高校“究竟培养什么样的人”。高等学校的人才培养定位体现了学校的办学理念和定位，对学校人才培养模式、学科专业设置、学校未来发展等具有引领作用。新建本科高校人才培养目标定位应该与区域经济和社会发展需求相适应，培养社会急需的应用技术类人才。这是在当前大众化进程中已经被充分证明的，也是教育在经济社会发展中转方式调结构的必然选择。但从实践中看，大多数新建本科高校办学历史短，尽管人才培养定位方向是正确的，但具体定位仍然比较模糊，特色不明显，缺乏指导和政策支持。

1. 人才培养定位表述笼统

近年来，随着《国家中长期教育改革和发展规划纲要（2010—2020年）》的指导和政府对地方高校向应用技术类大学转型工作的推进，新建本科高校对自己的办学定位和人才培养定位有了比较统一的陈述，就是培养应用型人才。2015年发布的《全国新建本科高校教学质量监测报告》数据显示，2009年之前，新建本科高校自觉面向地方（行业）培养应用型人才的比例不足80%，但2009年以后，高校转型工作已经进入实质性发展阶段，接受合格评估的新建本科高校将办学目标定位为地方性应用型本科的比例分别为86%（2009年）、92%（2010年）、96%（2011年）、98%（2012年）、100%（2013年）、100%（2014年）。[②] 就河南省而

① 三部门联合印发《制造业人才发展规划指南》. http://www.gov.cn/xinwen/2017-02/14/content_5167903.htm，2017-02-14.

② 邬大光. 高等教育第三方评估有关情况. http://www.moe.gov.cn/jyb_xwfb/xw_fbh/moe_2069/xwfbh_2015n/xwfb_151204/151204_sfcl/201512/t20151204_222888.html，2015-12-04.

言，57所本科高校中的41所是2000年以来的新建本科高校，从分类来看，既有综合类、师范类的也有行业类的，但其总体人才培养目标定位都是应用型人才或应用型复合人才等。这一点上比较明确。

虽然从各高校办学目标或人才培养定位的陈述和关键词的分析来看，都明确或倾向建设应用型院校，或提出培养应用型、应用复合型人才，但是从人才培养定位的具体用词来看，都比较模糊，没有对相应的人才培养规格、素质要求、培养特色等具体描述，也就是说没有界定自己所培养的“应用型”为何意，或者还是笼统地从热爱祖国、具有扎实的理论技术和较强的实践能力等来进行描述。这种定位上的笼统表述本质上反映了高校并没有真正结合区域经济社会发展需求去认真分析和设定学校人才培养目标、规格等，这些人才培养定位往往成为“千人一面”的固定套路。

2. 人才培养定位落实困难

虽然新建本科高校都能够在人才培养定位的文本表述上或规划上明确“应用型”，但是由于办学基础弱、缺乏合理规划、政策引导等原因，在实践中往往有意无意地偏离了应用型人才培养方向。近年来出现了用人单位“用工荒”的现象，尤其是新技术、新业态人才更是短缺，说明人才培养定位没有真正地与区域经济社会发展相适应，导致学生就业困难。

从2015年1月教育部普通高等学校本科教学评估专家委员会对 2013年接受本科教学工作合格评估的41所新建本科高校的合格评估报告审议结果来看，教师队伍结构、产学研合作教育、专业设置与结构调整、质量控制等影响人才培养的核心指标，不合格的比例都较高（表4-1）。数据显示，在39个主要观测点（民办高校为40个）中，各参评高校全部合格的有17个，剩余22个（民办高校为23个）观测点中，有10个观测点（民办高校为11个）不合格高校数量在3所以下，低于参评高校的8%；有12个观测点不合格高校数量在4所以上，超过参评高校的10%，其中，有5个观测点不合格高校达到11所，超过参评高校的1/4。具体来看，“教师队伍结构”观测点不合格率最高，达80.5%，“产学研合作教育”观测点不合格率为43.9%，“专业设置与结构调整”观测点不合格率为41.5%。[①]

---

① 钟秉林. 新建本科院校要高度重视内涵发展和质量建设——基于41所本科院校合格评估结果的分析. 中国高教研究，2015（6）：68-72.

表 4-1 2015 年公布的 41 所新建本科高校合格评估不合格观测点排序表（前 10 位）

序号	主要观测点	所属二级指标	不合格学校数	参评高校占比/%	公办高校	公办高校占比/%	民办高校	民办高校占比/%
1	教师队伍结构	2.1	33	80.5	24	80.0	9	81.8
2	产学研合作教育	1.3	18	43.9	13	43.3	5	45.5
3	专业设置与结构调整	4.1	17	41.5	13	43.3	4	36.4
4	质量控制	5.2	15	36.6	11	36.7	4	36.4
5	教师培养培训	2.3	11	26.8	5	16.7	6	54.5
6	实验室实习场所建设与利用	3.1	7	17.1	4	13.3	3	27.3
7	毕业论文（设计）与综合训练	4.3	6	14.6	4	13.3	2	18.2
8	教学管理队伍结构与素质	5.1	6	14.6	4	13.3	2	18.2
9	生师比	2.1	5	12.2	4	13.3	1	9.1
10	实验教学	4.3	5	12.2	3	10.0	2	18.2

资料来源：钟秉林. 新建本科院校要高度重视内涵发展和质量建设——基于41所本科院校合格评估结果的分析. 中国高教研究，2015（6）：68-72.

这一结果表明，新建本科高校无论是在办学条件对人才培养的支撑上还是在人才培养模式改革上，都没能很好地契合应用型人才培养目标定位。从实践中看，由于教师数量紧缺和结构不合理，加上扩招力度不断加大，大多数新建本科高校仍然沿袭或模仿传统本科人才培养思路，满足于完成基本教学任务，没有切实围绕目标定位改革人才培养模式、课程体系和实践教学体系。重理论轻实践，知行分离，造成学生理论研究功底较弱，实践操作上又技能不足，就业时陷入“高不成低不就”的窘境。黄河科技学院作为全国首批“应用科技大学改革试点战略研究”单位，较早提出并不断明确了应用型办学定位，率先探索应用型人才培养模式改革，但是受政策引导不足、资金限制、“双师型”教师队伍建设瓶颈、实验室及实训基地建设有限等综合因素的影响，在学校全面深化改革发展的道路上，应用型人才培养定位实际操作起来比较难，仅依靠学校一方的力量，改革举步维艰。很多转型较晚的新建本科高校面临的问题更加突出，其人才培养定位没有真正地与区域经济社会发展相适应，导致学生就业困难。

3. 人才培养质量保障能力需要加强

质量是高校的生命线，建立健全内部和外部质量保障体系是提高高校人才培养质量的重要手段。随着高等教育的不断发展，人才培养质量已经成为大学核心竞争力的重要衡量标准。2019年，我国高等教育毛入学率达到51.6%，[①] 标志着我国高等教育从大众化迈入普及化阶段。当前，我国面临着百年未有之大变局，科技革命和产业革命呼唤着高等教育的变革，促进高等教育高质量发展成为迫切需求。新建本科高校继续深化和构建科学的人才培养质量保障体系也更为迫切，这既是现代大学管理制度的需要，也是新建本科高校高质量发展的集中体现。

对于新建本科高校来说，普遍质量保障体系起步相对较晚，从无到有、从点到面，从碎片化到系统化，不断推进。但是整体来看，还没有切实起到保障人才培养质量，推动教育教学改革的重要作用。

一是内部保障机制不足。截至2017年2月，先后有112所普通高校章程获得教育部核准[②]，但是新建本科高校在大学章程建设上还处于起步阶段。教育部发布的《全国普通高校本科教育教学质量报告（2018年度）》指出，我国本科教育教学质量保障体系还有待继续健全、完善。评估制度设计需着力解决重点、难点问题，立德树人评估指标尚不够具体，高校分类评估有待进一步完善。高校在职称评聘、职务考核、激励奖励、资源分配等方面依然强调“帽子、课题、成果、经费、奖项”等指标，人才培养成效的评价标准尚未得到充分体现。这说明从内部质量保障机制来看，本科高校还存在较多问题。

二是外部分类评价尚未落实。2012年发布的《教育部关于全面提高高等教育质量的若干意见》指出，建立高等学校教学质量检测制度成为全面提高高等教育质量、推动高等教育内涵式发展的一项重要举措。教育部高等教育教学评估中心也会同北京教育科学研究院，以新建本科院校教学基本状态数据和合格评估专家考察意见为基础，连续四年编制《全国新建本科高校教学质量检测报告》。各省（区、市）也相应地协助开展新建本科高校合格评估，并定期开展各类专业、公共艺术、公共体育等评估。但是，评估标准侧重评价的理论水平，没有切实针对应用型人才培养制定评价标准。这也造成新建本科高校在人才培养方案、课程设置等与学术型高校、老牌本科高校趋同。为解决这些问题，近年来，分类管理、分类评价等被提出并被广泛认同，关于针对不同类型的高校开展不同的评价体系的探索也一直延续。2020年，中共中央、国务院印发《深化新时代教育评价改革

① “十三五”高等教育成绩单公布：毛入学率升至51.6% 在学人数超4000万. http://www.moe.gov.cn/fbh/live/2020/52717/mtbd/202012/t20201204_503513.html，2020-12-03.

② 根据教育部网站发布的高等学校章程核准书统计整理而成。

总体方案》，针对高等教育，提出要“推进高校分类评价，引导不同类型高校科学定位，办出特色和水平”“探索建立应用型本科评价标准，突出培养相应专业能力和实践应用能力”。但关于分类评价，现在还处于顶层设计层面，对于具体实施举措和实施细节还需要进一步完善。以河南省为例，黄河科技学院、黄淮学院等河南省新建本科高校在向应用型高校转型发展的探索实践中走在全国前列，相比之下，引导政策及评价指标体系的建立却滞后于实践发展。2015年底，河南省教育厅制定《关于促进普通高等学校分类发展的指导意见》，明确提出要“推进人才分类培养改革”，并指出“应用技术类型大学着重培养技术型、应用型、复合型人才”。[①] 但其只是为人才分类培养及分类评估提供了一个总体方向，并没有对应用型人才培养的具体指标进行明确界定。从促进政策落地的角度来讲，该意见缺乏一定的可操作性和可执行性，后续配套政策体系及细化措施需要进一步建立和完善。

（二）专业设置难以支撑地方产业转型升级

当前经济发展进入新常态，我国产业结构正逐渐发生新的根本性变化，传统产业受到新技术、新知识、新思想的影响，亟须转型升级以适应新常态经济发展形态，与此同时，新兴产业不断兴起与发展，加速了产业结构调整。产业结构的变化源于资源在不同产业之间的流动和重新配置。产业转型升级的本质是转变产业发展模式和经济增长方式，旨在摆脱我国在全球产业价值链中被低端产业锁定的困境，实现技术进步和劳动力要素的提升，其核心驱动力是人才支撑。为区域产业结构调整和转型升级提供人才支撑的重要源泉是地方高校，其中新建本科高校占比较大。但是，目前新建本科高校在学科专业结构与区域产业结构发展不相适应，还存在诸多问题。

1. 学科专业未凸显学校定位与特色

许多新建本科高校初升本时，一门心思朝着综合类院校发展，盲目追求学科覆盖面广、学科门类齐全，着力开设新专业，加上教育部也明文规定了成立普通本科高校应达到的学科和专业数量，因此，新建本科高校在成立之初开设本科专

---

① 河南省人民政府办公厅转发省教育厅关于促进普通高等学校分类发展指导意见的通知. https://www.henan.gov.cn/2015/12-18/247453.html，2015-11-30.

业并不是基于自身的实际和定位，而是单纯地扩大学科覆盖面和增加专业设置数，学科专业开设量普遍偏大。2021年，教育部确定将融合教育、古文字学、量子信息科学、能源互联网工程、智慧交通、智能飞行器技术等37个新专业列入普通高等学校本科专业目录，至此，我国普通高等学校本科专业目录已经达到12个大学科门类92个专业类，共740个本科专业。①

从河南省来看，河南省普通高校本科专业已涵盖《普通高等学校本科专业目录（2020年版）》中哲学、法学、经济学、管理学、教育学、历史学、文学、理学、工学、农学、医学和艺术学12个学科门类。许多高校设置了相同的专业，其中本科专业布点数最高的是计算机科学与技术，达到62个，其次依次为会计学、软件工程、土木工程等（图4-2）②。

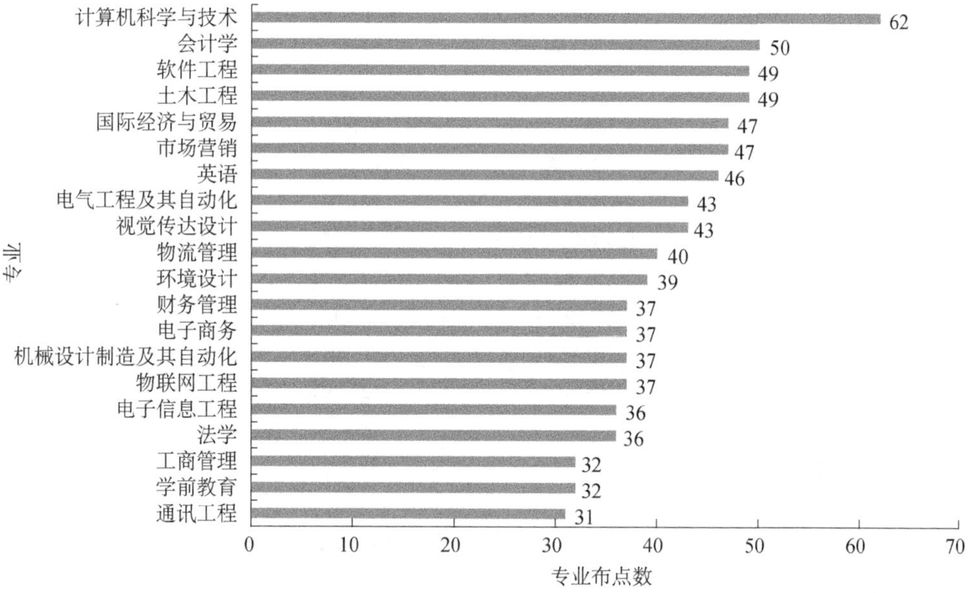

图4-2 河南省本科专业布点数前20

现阶段，无论是在师范类、综合类院校还是在行业类院校发展规划中，不断增加学科与专业门类和数量仍是最基本的办学思路。而近年来的新增专业虽然考虑到区域经济社会发展紧缺专业，但却偏离学校定位。从2020年河南新增本科专

① 教育部关于公布2020年度普通高等学校本科专业备案和审批结果的通知. http://www.moe.gov.cn/srcsite/A08/moe_1034/s4930/202103/t20210301_516076.html，2021-02-20.

② 陈金环，谷青，张丽娜. 基于区域经济发展的河南高等学校本科专业设置与调整机制研究. 教育教学论坛，2020（14）：99-101.

业情况来看（表4-2），河南新增备案专业93个，撤销专业31个，从新增来看许多高校设置了一些相同的专业，比如人工智能专业是近几年新兴和热门专业，2020年就有洛阳师范学院、商丘师范学院、新乡学院、河南工学院、安阳工学院、河南工程学院、南阳理工学院、郑州工业应用技术学院、信阳学院9所学校设置该专业。简单地根据所谓“热门”专业进行设置，容易导致新建本科高校专业设置“同构化”明显，新建本科高校的专业设置不约而同地陷入了趋同的怪圈。

表4-2 河南省普通本科高校2020年新增专业情况表

序号	学校名称	专业名称	专业代码	学位授予门类	修业年限
1	华北水利水电大学	光电信息科学与工程	080705	工学	四年
2	华北水利水电大学	数据科学与大数据技术	080910T	工学	四年
3	郑州大学	马克思主义理论	030504T	法学	四年
4	河南理工大学	新能源科学与工程	080503T	工学	四年
5	郑州轻工业大学	机器人工程	080803T	工学	四年
6	河南科技大学	风景园林	082803	工学	四年
7	河南农业大学	生态学	071004	理学	四年
8	河南农业大学	经济与金融	020307T	经济学	四年
9	河南农业大学	香料香精技术与工程	081704T	工学	四年
10	河南农业大学	农业智能装备工程	082307T	工学	四年
11	河南农业大学	食品营养与健康	082710T	工学	四年
12	河南农业大学	智慧农业	090112T	农学	四年
13	河南农业大学	经济动物学	090304T	农学	四年
14	河南科技学院	金融科技	020310T	经济学	四年
15	河南科技学院	智能制造工程	080213T	工学	四年
16	河南科技学院	机器人工程	080803T	工学	四年
17	河南牧业经济学院	软件工程	080902	工学	四年
18	新乡医学院	医学实验技术	101002	理学	四年
19	新乡医学院	智能医学工程	101011T	工学	四年
20	新乡医学院	助产学	101102T	理学	四年
21	河南师范大学	人文地理与城乡规划	070503	管理学	四年
22	周口师范学院	机械电子工程	080204	工学	四年
23	许昌学院	护理学	101101	理学	四年
24	洛阳师范学院	人工智能	080717T	工学	四年
25	商丘师范学院	人工智能	080717T	工学	四年
26	郑州航空工业管理学院	无人驾驶航空器系统工程	082009T	工学	四年
27	黄淮学院	新能源汽车工程	080216T	工学	四年
28	黄淮学院	机器人工程	080803T	工学	四年

续表

序号	学校名称	专业名称	专业代码	学位授予门类	修业年限
29	平顶山学院	医学检验技术	101001	理学	四年
30	郑州工程技术学院	应用化学	070302	工学	四年
31	郑州工程技术学院	音乐学	130202	艺术学	四年
32	郑州工程技术学院	播音与主持艺术	130309	艺术学	四年
33	洛阳理工学院	俄语	050202	文学	四年
34	新乡学院	酿酒工程	082705	工学	四年
35	新乡学院	风景园林	082803	工学	四年
36	新乡学院	舞蹈学	130205	艺术学	四年
37	新乡学院	人工智能	080717T	工学	四年
38	新乡学院	康复工程	082604T	工学	四年
39	新乡学院	养老服务管理	120414T	管理学	四年
40	信阳农林学院	网络与新媒体	050306T	文学	四年
41	信阳农林学院	烹饪与营养教育	082708T	工学	四年
42	河南工学院	数字媒体艺术	130508	艺术学	四年
43	河南工学院	新能源汽车工程	080216T	工学	四年
44	河南工学院	人工智能	080717T	工学	四年
45	河南工学院	跨境电子商务	120803T	管理学	四年
46	安阳工学院	制药工程	081302	工学	四年
47	安阳工学院	人工智能	080717T	工学	四年
48	安阳工学院	飞行器质量与可靠性	082006T	工学	四年
49	河南工程学院	知识产权	030102T	法学	四年
50	河南工程学院	人工智能	080717T	工学	四年
51	河南财政金融学院	数学与应用数学	070101	理学	四年
52	河南财政金融学院	房地产开发与管理	120104	管理学	四年
53	河南财政金融学院	国际商务	120205	管理学	四年
54	河南财政金融学院	人力资源管理	120206	管理学	四年
55	河南财政金融学院	音乐学	130202	艺术学	四年
56	河南财政金融学院	公共艺术	130506	艺术学	四年
57	南阳理工学院	人工智能	080717T	工学	四年
58	郑州科技学院	小学教育	040107	教育学	四年
59	郑州科技学院	数字媒体艺术	130508	艺术学	四年
60	郑州科技学院	金融科技	020310T	经济学	四年
61	郑州工业应用技术学院	人工智能	080717T	工学	四年
62	郑州师范学院	文物与博物馆学	060104	历史学	四年
63	郑州师范学院	材料物理	080402	工学	四年
64	郑州财经学院	教育技术学	040104	教育学	四年

续表

序号	学校名称	专业名称	专业代码	学位授予门类	修业年限
65	郑州财经学院	金融科技	020310T	经济学	四年
66	郑州财经学院	网络与新媒体	050306T	文学	四年
67	郑州财经学院	智能制造工程	080213T	工学	四年
68	郑州财经学院	大数据管理与应用	120108T	管理学	四年
69	河南开封科技传媒学院	商务英语	050262	文学	四年
70	河南开封科技传媒学院	软件工程	080902	工学	四年
71	河南开封科技传媒学院	审计学	120207	管理学	四年
72	中原科技学院	金融工程	020302	经济学	四年
73	中原科技学院	西班牙语	050205	文学	四年
74	中原科技学院	智能制造工程	080213T	工学	四年
75	信阳学院	人工智能	080717T	工学	四年
76	安阳学院	统计学	071201	理学	四年
77	新乡医学院三全学院	康复工程	082604T	工学	四年
78	河南科技学院新科学院	翻译	050261	文学	四年
79	郑州工商学院	小学教育	040107	教育学	四年
80	郑州工商学院	机械电子工程	080204	工学	四年
81	商丘学院	美术学	130401	艺术学	四年
82	郑州商学院	体能训练	040208T	教育学	四年
83	郑州商学院	道路桥梁与渡河工程	081006T	工学	四年
84	郑州商学院	跨境电子商务	120803T	管理学	四年
85	郑州升达经贸管理学院	网络与新媒体	050306T	文学	四年
86	郑州升达经贸管理学院	跨境电子商务	120803T	管理学	四年
87	郑州西亚斯学院	康复治疗学	101005	理学	四年
88	郑州西亚斯学院	工程管理	120103	工学	四年
89	郑州西亚斯学院	表演	130301	艺术学	四年
90	郑州西亚斯学院	摄影	130404	艺术学	四年
91	郑州西亚斯学院	数据科学与大数据技术	080910T	工学	四年
92	郑州西亚斯学院	大数据管理与应用	120108T	管理学	四年
93	郑州西亚斯学院	健康服务与管理	120410T	管理学	四年

资料来源：根据中华人民共和国教育部《公布2020年度普通高等学校本科专业备案和审批结果的通知》整理，http://www.moe.gov.cn/srcsite/A08/moe_1034/s4930/202103/t20210301_516076.html，2021-03-01.

2. 学科专业结构与社会需求脱节

新建本科高校虽然专业门类齐全、覆盖面广，但是与经济发展关系密切、社会需求较大的专业却又设置不足。以河南省为例，主要体现在以下三方面：一是能够支撑河南省支柱产业的专业设置不足，如装备制造、纺织服装、化工、有色冶金、食品等产业面向的本科专业设置不足，甚至有的专业还是空白。二是支撑战略性新兴产业的专业布点较少，种数偏少。新一代信息技术、生物、新能源、新能源汽车、新材料、节能环保、高端装备制造是河南省七大战略性新兴产业，一些战略性新兴产业所必需的专业（如机械工艺技术、微机电系统工程、汽车维修工程教育、复合材料与工程、新能源材料与器件、能源与环境系统工程、电气工程与智能控制、微电子科学与工程等）在新建本科高校中开设较少，或者即使开设了，也没有相关学科支撑。三是培养从事第三产业尤其是现代服务业人才的专业发展不足，如为国际物流、会展、信息服务、高端商务服务等行业培养人才的专业较少。在“一带一路”倡议和郑州航空港综合实验区建设等国家战略下，还需要具有国际视野、通晓国际规则，熟悉现代管理又有一定专业技术的复合型人才，但新建本科高校的专业设置在这方面更是少之又少。2020年，河南省教育厅、省发展改革委、省财政厅联合出台《关于本科高校学科专业结构优化调整的指导意见》，针对当前河南的新兴专业、紧缺专业进行了部署，提出“重点布局支撑服务黄河流域生态保护与高质量发展、先进制造业、生物医药、新材料、智能农业、生态保护与修复、现代交通、能源、现代服务业、数字经济等产业创新发展的学科专业”，主动布局“养老托育、公共卫生、儿科、家政等民生急需相关学科专业”，“支持应用型本科高校以服务地方需求为导向，大力发展服务河南发展战略需求以及与区域行业产业发展密切相关、社会需求较大、人才紧缺的应用型学科专业，着力打造一批紧密对接区域产业链、创新链的应用型本科专业”。①

3. 办学条件不能满足要求

2012年，教育部颁布《普通高等学校本科专业设置管理规定》，明确指出高等学校设置专业要综合考虑区域经济社会发展需要和学校自身的实际情况，通过深入产业、行业企业进行市场调查，并进行充分的科学论证。但大多数新建本科高校受师资、设备、经费等种种条件的限制，追求“短、平、快”的专业，新增专业大多数还是传统专业，而且是一些不需要实验仪器设备、投入不大、教学成本较低的专业。传统专业要转向适应地方经济社会发展需要的应用型专业，改造

① 河南进一步优化调整本科高校学科专业结构. https://www.henan.gov.cn/2020/12-02/1917338.html，2020-12-02.

困难大，周期长，而这进一步制约了新建本科高校服务地方的能力。新建本科高校既要用这些有限的财力对已有专业进行投资或配套建设，又要培育与当前产业结构调整的紧缺人才培养相关的新学科、新专业，很容易忽略那些潜在的紧缺学科和专业。与多数新建本科高校一样，黄河科技学院的办学经费主要来源于学费，政府财政投入较少，近年来随着基础建设成本上升、物价和工资上涨、招生宣传竞争压力增大等因素，学校的办学压力日益增大。同时，要响应党和政府号召、适应地方产业转型升级需求、学校加快向应用型技术大学转型发展，学校就必须加强与行业企业合作建立实习实训基地和水表配置，加大大学生科技园、创业园、科技企业孵化器以及实验室的投入，引进高技能的“双师型”教师队伍等，这必然需要投入更多的人力、物力和财力，这对学校来说办学压力进一步加大。新建本科高校在发展思路不甚明确的情况下，设置新专业又要面对生源、专业评估、学生就业等风险，往往会仿效其他高校的成熟专业。由于办学基础比较薄弱，有的新建本科高校虽然按照产业结构需求设置了相关的应用型学科和专业，但是还没有形成“群”，没能凝聚特色，缺乏竞争力。

4. 配套政策需要进一步完善

一是政府政策调整及落实不到位。从目前学科专业目录设置的适应性和灵活性来看，我国高等学校学科专业设置和调整的周期较长，根据相关规定，一级学科和本科专业目录需要稳定10年才能调整、修订一次。[①] 但由于经济转型升级的不断加快，新产业、新技术、新业态层出不穷，急需设置与之相对应的学科专业以培养适应性人才，但受学科专业调整周期的限制，这些新的学科专业需求很难在学科专业目录中得到迅速体现。与此同时，新建本科高校由于办学时间短，对社会经济发展的反映常常表现出相对的滞后性，学科专业建设往往是在市场已经对某方面人才需求“亮红灯”之后，才开始增设或撤销培养该方面人才的相关学科专业。另外，虽然近年来从国家层面到地方层面一直提出要进一步扩大高校的学科专业设置的自主权，但新建本科高校在学科专业设置方面的自主权一直未得到有效落实，这也造成新建本科高校学科专业设置的滞后性。

二是分批次的招生录取政策使新建本科高校在招生中处于劣势。分批次录取直接导致高校生源分三六九等，新建本科高校一般为本科二批招生，加之其办学

---

① 王顶明. 加快建设中国特色学科专业体系. 光明日报，2020-08-10.

条件、办学质量等的限制，很容易被社会贴上“低等次高校”标签，进一步加剧了考生和社会对新建本科高校的不信任。同时，新建本科高校中专业之间发展是不均衡的，有的重点专业、特色专业也被淹没在“后一批次”中，无法获得高质量生源。例如，在河南省的招生录取中，2017年开始将本科三批与本科二批合并录取，目前设置提前批、本科一批、本科二批等批次，近年来，黄河科技学院加大投入力度，不断深化教育教学改革，在办学实力、办学声誉等方面都实现了跨越式发展，有些学科专业甚至超过了部分一本院校，但受民办高等教育政策的限制，学校的所有专业一直在本科二批中进行录取，给学校招收优质生源带来制约。应该说省级政府部门分批次录取政策的实施对新建本科高校招生录取造成了二次伤害。

（三）产教深度合作步履维艰

当前，我国人才供需“两张皮”的矛盾依然突出。与此同时，产业结构调整、发展模式转型升级等对高素质技能人才的需求缺口日益增大。比如随着数字化时代的到来，高端复合型劳动力紧缺，但相关的数字化教育培训还处于初期阶段，远不能满足企业对数字化人才的需求。据2020年7月，人力资源和社会保障部中国就业培训技术指导中心联合阿里钉钉发布的《新职业在线学习平台发展报告》显示，未来5年，预计需要云计算工程技术人员近150万、物联网安装调试员近500万、无人机驾驶员近100万、电子竞技员近200万、电子竞技运营师近150万、农业经理人近150万、人工智能人才近500万、建筑信息模型技术员近130万、工业机器人系统操作员和运维员需求均达到125万，数字化管理师从业人员超200万，人才缺口近千万。[①] 可以说形势迫切，任务艰巨，这就需要政府加强顶层设计、调整政策导向，加强相关产业教育政策的支持和引导；新建本科高校应转变办学思路、创新发展模式，紧贴区域经济社会，发现需求，培养人才。

产教融合是化解产业教育供需失衡、就业结构性矛盾的破题良方，是转型升级的“助推器”、促进毕业生就业的“稳定器”、释放人才红利的“催化器”。深化产教融合是高等教育和职业教育应对新科技革命的关键一招，也是提升新建本科高校人才培养质量、增强服务经济社会发展能力的重要举措。近年来，从中央到地方一直非常重视和深入推进产教融合，2014年，《国务院关于加快发展现代

① 全国数字化人才缺口大，创新职业技能教育模式刻不容缓. https://www.163.com/news/article/G4II2QKU00019OH3.html，2021-03-08.

职业教育的决定》就提出“深化产教融合、特色办学”。2015年，《教育部 国家发展改革委 财政部关于引导部分地方普通本科高校向应用型转变的指导意见》提出，推动转型发展高校把办学思路真正转到服务地方经济社会发展上来，转到产教融合、校企合作上来。党的十九大报告提出，要完善职业教育和培训体系，深化产教融合、校企合作。2017年，《国务院办公厅关于深化产教融合的若干意见》提出，将产教融合上升为国家教育改革和人才开发的整体制度安排，推动产教融合迈向了新阶段。2019年，国务院印发《国家职业教育改革实施方案》，提出要深化产教融合、校企合作，育训结合，健全多元化办学格局，推动企业深度参与协同育人，随后教育部等九部门制定《职业教育提质培优行动计划（2020—2023年）》，该行动计划对深化职业教育产教融合、校企合作提出了具体的策略和路径。《中华人民共和国国民经济和社会发展第十四个五年规划和2035年远景目标纲要》同样提出了要深化产教融合、校企合作。可以说，深化产教融合是当前和今后一段时间新建本科高校与政府的重要任务。

实践性教学是检验和发展学生专业能力的必要途径，行业、企业参与教学，校企合作办学是新建本科高校应用型人才培养的根本路径。随着国家对地方高校转型发展支持政策的推行，地方政府在强调和号召企业参与高校人才培养上也出台了一系列指导性政策。校企一体化培养在新建本科高校人才培养中的重要性已经成为社会共识，但在具体操作层面上还存在很多问题。

1. 产教融合深度不够

新建本科高校大多数的校企合作形式仍旧停留在单向输送的浅表层面，主要局限于共建学生实习基地、订单式培养、顶岗实习等单向的合作，合作的方式和内容不够深入，合作范围不够广泛，合作层次有待提升。在实际的运行过程中，校企合作仅仅停留在企业为学校提供实践场所，学生进入企业实习，毕业以后进入企业工作等“结果”的层面，对于合作的“过程”，如校企双方的合作理念、合作机制、运行机制、人才培养模式等方面还存在很多模糊不清的地方，企业一方表现比较消极被动不乐意接受实习生，不愿为其提供必要的实习机会和条件等，这就使得地方高校与企业之间的合作“貌合神离”。有的新建本科高校虽然也有咨询委员会或校企联盟，但是参与的随意性较强，缺乏制度化、规范化的形式，没能发挥实质性作用。以黄河科技学院深化校企合作实践为例，近年来，在学校的积极创新和大胆探索下，先后通过与企业共建行业学院、共建实习实训季度、共同开发专业课程、共同开展人才培养评估等多种方式来推动校企合作，开始与企业建立新型合作伙伴关系，作为教育部首批“应用科技大学改革试点战略研究”单位，黄河科技学院的探索起步早、发展较快，但是从总体上看还处在初步发展阶段，无论是在校企合作数量上还是在合作深度、合作方式上，都需要进一步研究和深化，尤其是产教融合的制度化、规范化和长效性还有待进一步增强。

2. 产教融合原动力不足

新建本科高校产教融合的目标主要是通过整合政府、高校、企业的多方优势资源和力量，实现教育链、人才链与产业链、创新链的融合，这是提高应用型人才培养质量的有效途径和重要方式。但目前从实际情况来看，产教融合的原动力远远不足以支撑高校与企业主动寻求合作，主要体现在四个方面：一是理念上的认识“鸿沟”。产教深度融合涉及政府、高校、企业等多方面主体，其深度融合需要以“共识”理念为引导，各主体只有充分认识到产教融合能够提高人才培养质量，能够促进科技产业创新，能够促进经济社会发展，并在这些理念上达成共识才能共同推进产教融合的深入推进。但是现实情况是，政策落实不到位、企业参与意愿不强烈、产教融合氛围不浓厚以及校企文化的冲突等，导致产教融合理念上存在“鸿沟”。二是利益分配不均，产教合作的实质在于寻找和维持双方利益需求的“交集”。[①] 因此，必须有完善的利益分配机制来保障各方的利益，但是目前校企合作的利益分配机制严重滞后，利益分配的方式缺乏科学性，缺乏使双方利益最大化的有效途径，另外法治建设跟不上，知识产权得不到有效保护，使得校企合作难以取得应有的效果。三是新建地方本科高校资源禀赋不高。由于新建本科高校在综合实力上与“双一流”等中央部署高校差距较大，其财政投入、学科专业、师资力量、软硬件设备、声誉地位等资源占有往往处于不利地位。[②] 企业在选择产教融合的对象时，更愿意选择具有较强师资、较好科研能力、较多经费的高校。新建本科高校的资源禀赋就进一步削弱了产教融合的动力。四是制度不完善。推进制度创新是解决产教融合进程中新矛盾和新问题的有效方法，但受地方政府、高校内外部等多种因素的影响，现有产教融合制度依旧显得宽

① 刘建湘. 高职院校校企合作机制建设的思考与实践. 中国大学教学，2011（2）：69-71.

② 孙云飞，张兄武，付保川. 地方高校“产教融合”动力机制的构建研究. 教育探索，2021（1）：39-43.

泛，缺乏刚性约束，制度创新的难度和风险也较大，这同样制约了产教融合的发展动力。

3. 产教融合政策落地尚需时间

第一，地方政府对产教融合合作育人的引导和支持缺乏具体、可操作推进的实施细则。例如，很多省、市已经就积极推进产教融合有了系列的规定，比如河南省2018年出台《关于深化产教融合的实施意见》，该意见对企业主体作用的发挥、产教融合人才培养改革、产教供需双向对接、政策支持体系等都给予了比较明确的规定；2020年，河南省教育厅又印发《河南省职业教育产教融合发展行动计划》，提出到2023年要培育若干个省级产教融合试点城市和产教融合型企业，认定50所左右省级示范性产教融合型职业院校，建设10个左右基于产教融合的示范性产业学院等。目前，河南省也公布了一批产教融合型企业的名单。可以说在推进产教融合方面，河南省一直都在积极努力规划、部署，但具体实施细则尚不明确，政策的最终落地与完善尚需时日。

第二，相关政策对企业参与校企合作育人的职责、权利、义务等规定不明确及约束性不强，导致校企合作深入发展受限。河南省出台的《关于深化产教融合的实施意见》提出要强化企业的重要主体作用，但相关规定以鼓励性为主，比如“鼓励企业依法参与举办职业教育、高等教育”“鼓励以引企驻校、引校进企、校企一体等方式吸引优势企业与学校共建共享生产性实训基地”“鼓励企业完善职工继续教育体系，对参加培训提升技能等级并获得相应职业资格证书的职工予以奖励或补贴”，对于企业参与校企合作的一些职责不够明确。

第三，教育和产业统筹融合、良性互动的格局尚未根本确立。首先，一些地方发展“见物不见人”，教育资源规划布局、人才培养层次、类型与产业布局和发展需求不相适应，技工、高技能人才需求率高居不下，部分高校毕业生就业压力持续增大，人才供求结构性矛盾凸显。其次，企业参与办学的积极性不高，校企协同、实践育人的人才培养模式尚未根本形成。产教融合“学校热、企业冷”，处于浅层次、自发式、松散型、低水平状态。学校和企业不同的功能定位，造成产教融合不稳定、融合渠道不贯通、合作形式较为单一；缺乏通过校企协同加快建设高水平师资队伍和综合性、生产性的实训实习基地；课程内容与职业标准、教学过程与生产过程相对脱节，“重理论、轻实践”问题普遍存在。此外，校企合作质量评价机制的缺失也使校企合作成效和价值无法得到品质保障。当前校企合作评价主要依托签订校企合作协议的数量，而对合作深度、成效等没有明确的评价和保障制度。

二、基于科学研究维度的分析

科技创新是推动经济和社会发展的原动力，加快科技成果转移转化和打通科技与经济结合的通道，对于推进结构性改革（尤其是供给侧结构性改革）、实施创新驱动发展战略、促进大众创业万众创新、提高发展质量和效益具有重要意义。[①] 近年来，高等教育投入保持高速增长，办学条件得到根本改善，高校师资队伍持续扩大，高校承载科研能力大幅提升，高校在国家创新驱动战略中的作用日益凸显。科技部与国家统计局统计报告显示，高校科研活动呈现出以下特点。

一是高校研发（research and development，R&D）[②]人员持续增加。

2019年，高校R&D活动呈现出良好的发展势头。高校R&D人员为56.5万人，比上年增长37.5%，占全国R&D人员全时当量的11.8%，比上年增长了2.4个百分点；高校R&D机构有1.8万个，比上年增长了12.9%。高校R&D人员占比从2004年以后开始逐年下降，到2015年开始有上升趋势，但上升比较缓慢，到2019年有较大的提升（图4-3）。

从研发活动类型看，2019 年，高校投入基础研究的R&D人员为26.7万人，应用研究的R&D人员为25.8万人，试验发展的R&D人员为4.1万人。全国从事科学研究（包括基础研究和应用研究）的人员中，高等学校占52.1%，高出研究机构28.3个百分点。

二是高校R&D经费持续增长，但占全国总量仅为8.1%，基础研究经费占比保持在50%以上。

2019年，高校的R&D经费为1796.6亿元，比上一年增加了338.7亿元，增长了23.2%。全国R&D经费中，高校占8.1%，比上一年提高了0.7个百分点（图4-4）。

---

① 国务院常务会议：支持科技成果转移转化的政策措施. http://news.xinhuanet.com/fortune/2016-02/17/c_128728113.htm，2016-02-17.

② 指在科学技术领域，为增加知识总量（包括人类文化和社会知识的总量），以及运用这些知识去创造新的应用进行的系统的创造性的活动，包括基础研究、应用研究、试验发展三类活动。可译为“研究与开发”、“研究与发展”或“研究与试验性发展”。以下用R&D代表科研活动。

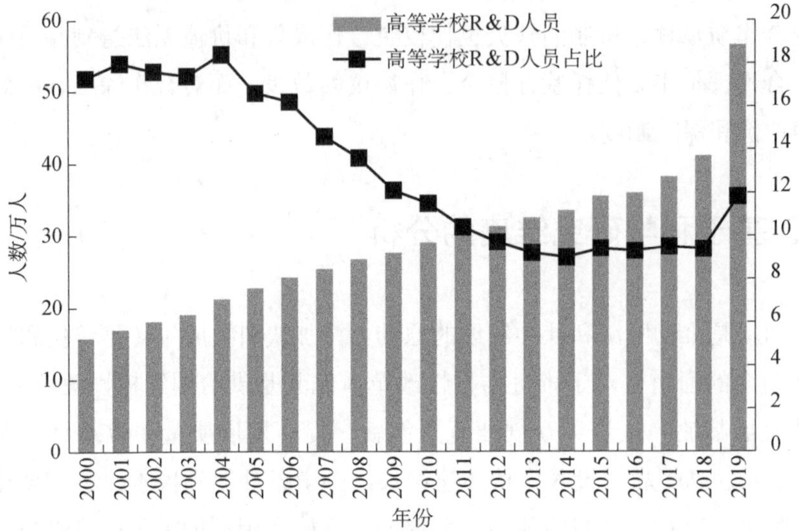

图 4-3　高等学校R&D人员及其占全国R&D人员的占比（2000—2019年）

资料来源：根据中华人民共和国科学技术部高等学校R&D活动统计分析等数据整理。
http://www.most.gov.cn/search/siteall/index.html?searchword=%u9AD8%u7B49%u5B66%u6821RD%u6D3B%u52A8%u7EDF%u8BA1%u5206%u6790&group=%u5168%u7AD9#.

高校的R&D经费中，基础研究为722.2亿元，应用研究为879.3亿元，试验发展为195.1亿元。全国基础研究经费中，高校占54.1%；应用研究经费中，高校占35.2%。全国科学研究经费中，高校占41.8%，比上一年提高了2.1个百分点。

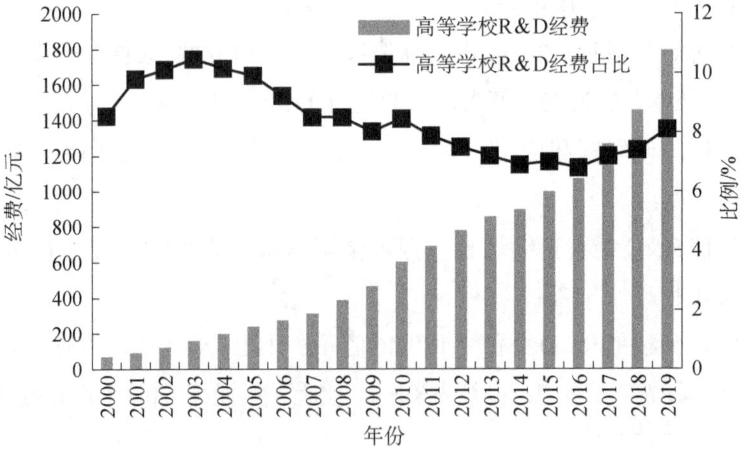

图 4-4　高等学校R&D经费及其占全国R&D经费的比重（2000—2019年）

资料来源：根据中华人民共和国科学技术部高等学校R&D活动统计分析等数据整理。
http://www.most.gov.cn/search/siteall/index.html?searchword=%u9AD8%u7B49%u5B66%u6821RD%u6D3B%u52A8%u7EDF%u8BA1%u5206%u6790&group=%u5168%u7AD9#.

三是高校R&D经费逐年增多，主要来自政府。2019年，高校R&D经费中，政府资金为1048.5亿元，企业资金为471.0亿元，国外资金和其他资金共277.1亿元，分别占高校R&D经费的58.4%、26.2%和15.4%。2005—2019年，经费中政府资金的占比一直最大，基本保持在54%以上（图4-5）。

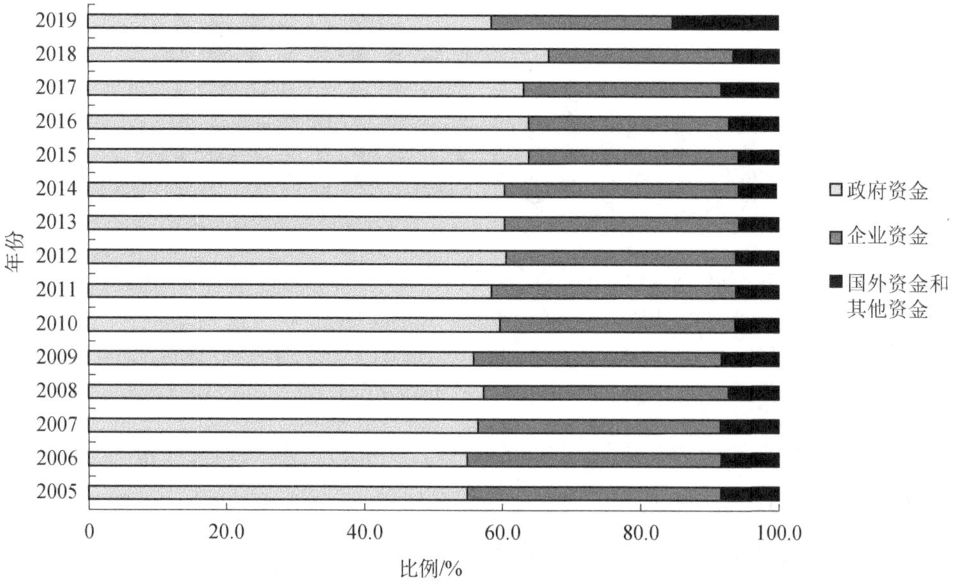

图4-5　高等学校R&D经费来源构成（2005—2019年）

资料来源：根据中华人民共和国科学技术部高等学校R&D活动统计分析等数据整理而成。http://www.most.gov.cn/search/siteall/index.html?searchword=%u9AD8%u7B49%u5B66%u6821RD%u6D3B%u52A8%u7EDF%u8BA1%u5206%u6790&group=%u5168%u7AD9#.

四是高校SCI论文数量稳步增长，发明专利申请量和授权量增长显著。2019年，高校作为第一作者署名单位发表SCI论文38.7万篇（图4-6），比上一年增长了20.9%。2006年以来，高校SCI论文占全国SCI论文的比重一直保持在80%以上，2019年该比重为85.9%，比上一年提高了0.8个百分点。

2019年，高校的专利申请量达34.1万件，比上一年增长了6.2%。其中，发明专利申请数为21.1万件，比上一年增长9.9%，发明专利申请量占高校全部专利申请量的61.9%，比上一年增加了6.3个百分点。高校发明专利申请量占全国发明专利申请量的比重为15.1%。

2019年，高校的专利授权量为21.3万件，比上年增长了10.4%。其中，发明专利授权量为9.2万件，比上一年增长了15.8%，发明专利授权量占高校全部专利

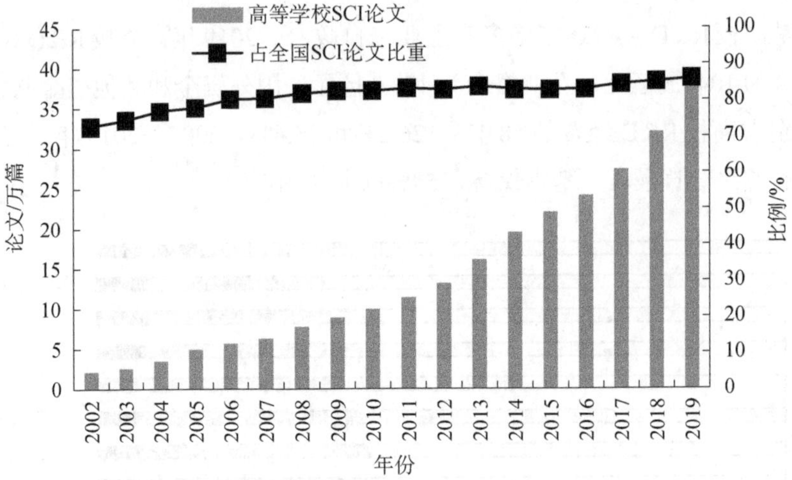

图 4-6 高校SCI论文及其占全国SCI论文的比重（2002—2019年）

资料来源：根据中华人民共和国科学技术部高等学校R&D活动统计分析等数据整理。http://www.most.gov.cn/search/siteall/index.html?searchword=%u9AD8%u7B49%u5B66%u6821RD%u6D3B%u52A8%u7EDF%u8BA1%u5206%u6790&group=%u5168%u7AD9#.

授权量的43.3%，比上一年下降了0.6个百分点。高校发明专利授权量占全国发明专利授权量的25.6%，比上一年增加了4个百分点。

以上数据表明，高校在我国创新驱动战略中发挥的作用越来越重要。与此同时，我们也发现，新建本科高校科研项目少、科研经费少、科研成果少，面向地方经济发展的科学研究功能并没有得到最大限度的发挥，这与地方政府的引导、支持和管理等有密切关系。

（一）政府导向与新建本科高校应用性科研定位不符

1. 新建本科高校应用型科研导向不强

《教育部关于“十三五”时期高等学校设置工作的意见》对应用型大学的功能定位进行了界定，提出应用型高等学校主要从事服务经济社会发展的本科以上层次应用型人才培养，并从事社会发展与科技应用等方面的研究。新建本科高校主要面向地方办学，为地方培养应用型人才，并服务于地方经济发展，这一办学定位决定其科研定位既要满足服务地方经济社会发展的需求，应加强应用性、开发性和对策性研究，又要满足应用型人才培养的要求，应积极开展应用型科研。这是我国新建本科高校科研的努力方向，也是普遍存在的短板。调查显示，我国高校取得的科研成果，有90%被束之高阁[①]，没有转化为生产力，尤其是新建本科高校在这一方面问题尤为突出。

新建本科高校与企业的联系紧密，按理来说其科研项目更多地应该面向企业的横向课题，但从实际来看，新建本科高校的科研仍旧以纵向科研为主，这一方面是由于高校教师职称评定指标体系中对纵向项目有明确规定的导向，另一方面，多数新建本科高校应用性科研力量薄弱，高校教师不了解企业重大技术研发需求，项目研究针对性不强，解决实际问题的能力有限，导致横向项目数量少、经费少，研究成果高新技术含量低、转化率低。

2. 科研评价标准趋向重质量但尚需落实

改革开放以来，我国建立了以量化为主的科技评价制度，在原有科研质量评价体系中，无论是遴选优秀科研成果还是进行大学排名，均侧重评估科研成果特定的参数，片面追求科研成果的定量指标，没能从学术价值、经济效果和社会影响三方面系统地评价科研成果。[②]例如，评价指标中往往注重SCI、EI、SSCI等权威数据库收录的，或在学术期刊发表的论文数、专利数、科研成果获奖数、论文引用等上游要素，忽视了科研成果的转化价值。此种评价标准弱化了对科研实际价值及其经济社会贡献的评价。这种以偏概全的评价体系在理论上不仅不能引导科研质量的提高，还割裂了科学研究的过程、结果与质量体系等要素之间的内在联系，使科研评价结果失去了应有的价值，对我国创新型国家建设产生了负面效应。[③]并且，它误导教师将大量的时间与精力投入追求科研指标中，令其偏离科技创新内在的价值追求，使学校和教师将科研成果束之高阁，忽视了对成果的转化，造成科技投入的极大浪费。

近年来，中央层面已经开始着手对科研评价体系进行改革，提出要破“唯论文、唯帽子、唯职称、唯学历、唯奖项”（五唯），先后发布《深化新时代教育评价改革总体方案》《教育部办公厅关于开展清理“唯论文、唯帽子、唯职称、唯学历、唯奖项”专项行动的通知》《人力资源社会保障部 教育部关于深化高等学校教师职称制度改革的指导意见》等，致力于改革现行的科研评价体系。一些地方政府与高校也在评价体系改革上进行了许多有益探索，比如江苏省发布了《关

① 王守伦，丁子信. 地方高校科研转型提升的若干思考. 山东高等教育，2015（4）：19-24.

② 曾天山. 教育科研评价体系现状与改进思路. 中国教育学刊，2009（9）：82-86.

③ 周文泳，尤建新，陈守明. 论科学研究过程的质量改进. 科学学研究，2006，24（4）：492-496.

于深化高等学校科研评价改革的指导意见》，将建立科研人员、科研项目、科研成果等的分类评价体系；南京大学实行科研成果分类评价，将文献整理、决策咨询报告、学术译著、优秀案例创作、文化艺术创作纳入成果评价体系；等等。

虽然国家、地方、学校都已经认识到高校科研重数量轻质量的弊端并且也一直在积极探索与实践，但从目前来看其成效还不够显著，特别是新建本科高校的评价还存在重论文、轻视科研应用型和科研成果转化等问题。一些机构对新建本科高校的科研能力的评价也还是体现在科研论文、科研项目、获奖成果的数量上。比如，“中国新建（应用型）本科高校科研竞争力排行榜”的评价指标依然是注入英文三大检索论文（SCI、SSCI、A&HI）、CSSCI论文、CSCD论文、国家级科研项目及成果奖、授权发明专利的量化的指标。我国高校（特别是新建本科高校）的科研评价改革依旧任重道远。

（二）科研资源配置不公平，经费管理机制不科学

无论在发达国家还是在发展中国家，技术创新和技术进步始终是经济增长与经济结构优化升级的重要源泉。对于高校来说，能不能顺利获取足够的科研经费，不仅关系到高校科学研究功能的发挥，还直接关系到高校人才培养质量的提升。

1. 政府科研资源分配不合理

R&D活动是科研活动的中心，R&D经费投入规模、强度和R&D人力投入是提高国家综合实力的重要标志。近年来，我国科学R&D活动经费不断升高，2019年，全国共投入R&D经费22143.6亿元，比上一年增加了2465.7亿元，增长了12.5%；R&D经费投入强度（与国内生产总值之比）为2.23%，比上一年提高了0.09个百分点。按R&D人员全时工作量计算的人均经费为46.1万元，比上一年增加了1.2万元。[①] 从高校来看，2019年，高校经费支出1796.6亿元，增长23.2%。但是我们也应注意到，尽管近年来国家对科技创新加大了经费投入，但同欧美及日本发达国家相比，我国政府资助的力度还远远不够。据调查显示，法国、德国、日本等高校执行的研发经费占其研发经费总量的范围为7%～23%，中

① 国家统计局. 2019年全国科技经费投入统计公报. http://www.stats.gov.cn/tjsj/zxfb/202008/t20200827_1786198.html，2020-08-27.

国高校研发经费占比最低，仅为7.41%。[①] 可以说，国家对于高校的投入的科研经费总量还不足。另外，从科研经费分配来看，也存在一些不均衡的现象。

一是政府对于不同类别高校的科研经费投入存在很大的差距。2019 年，全国普通本科高校数量1023所，全国本科高校经费拨入2020.96亿元。按照学校规格来分，“211工程”及省部共建高等学校共113所，仅占所有高校的11%，其经费投入达到1335.6亿元，占所有经费拨入的66.1%，其他本科高等学校910所，占所有高校的89%，其经费投入仅为685.4亿元，占所有经费拨入的33.9%。[②] 可以说，11%的重点高校拿走了全国教育经费的66%，可见地方高校的经费拨入与重点高校相比差距极大。

二是政府对于不同地区的经费投入情况有较大的差别。东部经济较发达地区的经费投入最高，R&D经费投入强度（与地区生产总值之比）达到或超过全国平均水平的有北京、上海、天津、江苏、广东、浙江、陕西7个省（市）。如江苏的经费支出已经达到2779.5亿元，北京的经费投入强度最大，已经达到6.31%。而中西部地区（如内蒙古、贵州、云南、青海等）的经费投入比例还不到1%（表4-3）。这就导致中西部地区的科研能力得不到提高，影响中西部地区的持续创新发展，其经济发展水平与速度与东部相比还有较大差距。

表 4-3　2019 年全国各地区 R&D 经费支出情况

区域	R&D经费支出/亿元	R&D经费投入强度/%
全　国	22 143.6	2.23
北　京	2 233.6	6.31
天　津	463.0	3.28
河　北	566.7	1.61
山　西	191.2	1.12
内蒙古	147.8	0.86
辽　宁	508.2	2.04
吉　林	148.4	1.27
黑龙江	146.6	1.08
上　海	1 524.6	4.00
江　苏	2 779.5	2.79
浙　江	1 669.8	2.68

① 全球主要国家科研投入与产出分析. https://www.sohu.com/a/440441339_468720，2020-12-25.

② 根据教育部《2019年高等学校科技统计资料汇编》整理. http://www.moe.gov.cn/s78/A16/A16_tjdc/202009/W020200918378029706686.pdf，2020-09-18.

续表

区域	R&D经费支出/亿元	R&D经费投入强度/%
安　徽	754.0	2.03
福　建	753.7	1.78
江　西	384.3	1.55
山　东	1 494.7	2.10
河　南	793.0	1.46
湖　北	957.9	2.09
湖　南	787.2	1.98
广　东	3 098.5	2.88
广　西	167.1	0.79
海　南	29.9	0.56
重　庆	469.6	1.99
四　川	871.0	1.87
贵　州	144.7	0.86
云　南	220.0	0.95
西　藏	4.3	0.26
陕　西	584.6	2.27
甘　肃	110.2	1.26
青　海	20.6	0.69
宁　夏	54.5	1.45
新　疆	64.1	0.47

资料来源：国家统计局. 2019年全国科技经费投入统计公报. http://www.stats.gov.cn/tjsj/zxfb/202008/t20200827_1786198.html，2020-08-27.

三是研发经费投入结构不合理。“十三五”期间，我国科技实力跃上新台阶，全社会研发经费支出从1.42万亿元增长到2.44万亿元，研发投入强度从2.06%增长到2.4%。2020年，技术市场合同成交额超过2.8万亿元。世界知识产权组织发布的全球创新指数显示，我国创新能力综合排名从2015年的第29位跃升至2020年的第14位，是前30位中唯一的中等收入经济体。[①] 但我国研发经费投入结构不平衡等问题还有待解决。基础研究经费占比较小的问题一直未得到有效解决。一般而言，基础研究易于形成新的学科生长点，是知识创新和科技创新的基础，基础研究不厚重，科研创新的水平无法得到长足的提高。在很多国家，大学是基础研究的主阵地，这也是大学相比于其他科研机构的最大优势。例如法

① 7%！未来我国全社会研发经费投入年均增长有了“底线”. http://www.xinhuanet.com/techpro/2021-03/29/c_1127266266.htm，2021-03-29.

国、美国、日本、德国的高校所承担的基础研究项目，分别占其本国基础研究项目的70%、60%、50%～70%、67%。[①] 从我国来看，2019年，我国基础研究经费为1335.6亿元，比上一年增长了22.5%，增速比上一年增长了10.7个百分点；基础经费占R&D经费的6.03%，比上一年提高了0.49个百分点，我国R&D经费投入强度与美国（2.83%）、日本（3.26%）等科技强国相比尚显不足，基础研究占比与发达国家普遍15%以上的水平相比差距仍较大，R&D产出多而欠优的现象亟须改善。[②]

此外，时任全国政协常委、教科文卫体委员会副主任、中科院院士程津培就曾提出，在R&D总投入中，基础研究、应用研究以及试验发展三者比较合理的比例是1∶1∶3。[③] 这一数据是综合研究了世界上主要创新型国家的发展规律得出的，而2019年我国基础研究、应用研究和试验发展经费所占比重分别为6.0%、11.3%和82.7%，由此可见，我国研发经费投入结构比例并不合理。

2. 科研经费管理机制不健全

应该说，我国科研经费的投入已有相当规模，特别是20世纪90年代以来，我国R&D经费以年均10%以上的速度持续增长。随着高等教育大众化的发展，高校在承担国家科研项目方面发挥着重要的作用，高校的科研经费数量也逐年增加，有力地推动了高校科研活动的展开及科技成果的转化。但是，由于高校的数量、层次、类别等较为不同，科研对象范围也较广，科研经费的管理也较为复杂，尽管近年来我国政府在下放权力、深化改革的过程中，积极实施“放管服”改革，对科研经费的管理提出了更为严格的要求，但目前高校科研经费管理依旧存在制度、评价及权责等层面的问题，主要体现在以下两个方面。

一是条块分割，缺乏统筹。我国科研资源分散、项目重复、资源配置效率不高等现象的原因在很大程度上归结于我国科研管理上的条块分割状况，国家层面的科技计划项目多且分属不同的部门，导致科研经费在划拨和使用上重复、雍乱。以基础研究为例，经费来源主要有自然科学基金委、中国科学院、科技部和

---

① 李文山. 高校在国家创新体系中的作用及其实现路径选择. 郑州大学学报（哲学社会科学版），2008，41（5）：83-86.

② 国家统计局解读《2019年全国科技经费投入统计公报》. http://www.gov.cn/shuju/2020-08/27/content_5537853.htm，2020-08-27.

③ 明显提高基础研究经费占比，这场会议释放科技创新发展信号. https://www.sohu.com/a/436849887_161795，2020-12-07.

教育部四个渠道，这几个部门各自制定目标，并都能直接从财政部获得独立预算。在缺乏有效统筹的情况下，多部门、多渠道、多头分配有限资源，必然导致科研经费分散使用、科研项目重复设置，造成科研人员多头申请。同一科研人员可以用同一个研究内容申报省科研项目，也可以申报教育部、科技部等多个项目，最终的科研成果同样可以用于多个项目，项目越多意味着经费越多，这就使科研成为一些研究成员获得利益的一个重要渠道，破坏了学术的纯粹性，使得一些科研人员难以潜心研究，也造成了科研资源的浪费。

二是分配不规范、不合理。目前，我国的科研经费分配模式主要是“项目申报制”，大部分科研经费通过竞争性分配模式下达，且项目和经费是捆绑在一起进行管理的。虽然这种竞争式的项目申报机制在一定程度上对于活跃科研积极性具有一定的作用，但是目前这种分配方法依旧存在弊端。①短期性问题。由于科研经费与项目捆绑管理，获得项目也就是获得了科研经费。由于科研本身具有外部性、长期性、高投入等特征，越是重大的项目，对于经费的要求也就越高。但是，一些新建本科高校往往急于求政绩，会偏好风险小、成果快的项目，这种短期逐利的行为容易造成新建本科高校重大科研项目偏少、科研能力受限。②重申报轻研究。这种立项即得经费的方式容易造成科研人员重视项目申请，而一旦拿到项目往往疏于对科研过程的管理和科研结果的评测，难以保障科研经费的产出效率。③获取经费机会不公平。特别是在新建本科高校，很多科研项目往往被少数人把持，其他人很难申请到资金支持力度较大的项目，存在“权大经费多”“跑部钱进”的现象。

（三）科技成果转化政策不完善、落地难

近年来，我国科技投入不断增加，科技创新能力快速提升，科技对经济社会发展的支撑引领作用明显增强。但是受政策、体制、机制、管理等诸多因素的制约，我国科技成果转化率依然不高，产业化步伐依然不快，科技工作还不能很好地适应经济社会发展的需要。

科技成果与实物资产相比，具有很强的时效性，如果不及时转移转化，就可能变得分文不值。我国的科技成果很多，但是转化率不高，最高也就30%，发达

国家是60%～70%。[①] 一些耗费大量人力、物力、财力研究出的科技成果，甚至被鉴定为“国内首创”“国际领先”的成果，却被“锁在深闺无人识”，成为我国科研领域最大的浪费。特别是新建本科高校，与“双一流”高校相比，其专利发明量和转让量更是少之又少。知识产权产业媒体IPRdaily与incoPat创新指数研究中心联合发布“中国高校专利转让排行榜（TOP100）”显示，截至2020年2月，专利转让量前100名中国高校主要分布在江苏、北京、浙江、陕西、上海等24个省市，在国内专利转让数量均在131件及以上。其中1000件以上的有3所高校：清华大学以1795件专利位列第一，上海交通大学以1331件专利排名第二，哈尔滨工业大学1020件专利排名第三。[②] 大多数专利转让数依旧集中在“双一流”高校，新建本科高校的专利转让数量依旧很少，可以说新建本科高校的科研成果转化率低的问题较为严重，究其原因，主要有以下几个。

1. 科技成果转化管理机制不完善

由于新建本科高校的科研成果转化涉及多个领域与行业，在具体的管理上就会出现不同科研成果转化归属于不同政府部门的情况，这就造成地方政府在高校科技管理工作中呈现多头管理、各自为政的状况。比如教育部门、科技部门、经济管理部门等从各自的管理领域涉足新建本科高校的管理工作，造成管理分散、臃杂，缺乏统一协调和沟通机制。

具体表现为，各个管理部门根据自己的科技管理职责出台相应的管理办法，这些办法只针对本部门所管辖的科技成果范围有效，而一旦科技成果涉及跨部门的合作或者项目，这些单独的管理办法就显得不适应，由于沟通机制的缺乏，多部门协调的管理办法也尚无法出台。

2. 政策配套政策不完善

党的十八大以来，我国科技成果转化进入新的加速时期，全国人大加快推进《中华人民共和国促进科技成果转化法》修订，并于2015年8月修订了该法，该法规定国务院和地方各级人民政府应当加强科技、财政、投资、税收、人才、产业、金融、政府采购、军民融合等政策协同，为科技成果转化创造良好环境。地

---

① 李毅中：中国科技成果转化率仅为30% 发达国家达60%～70%. https://finance.ifeng.com/c/81wvbWRMdt1，2020-12-05.

② 中国高校专利转让排行榜（TOP 100）. http://www.iprdaily.cn/article_24315.html，2020-04-03.

方各级人民政府根据本法规定的原则，结合本地实际，可以采取更加有利于促进科技成果转化的措施。北京、湖北、南京等省市纷纷制定出台“京校十条”“黄金十条”“科技九条”等地方性科技成果转化政策。2016年2月，国务院常务会议确定了鼓励国家设立的研究开发机构、高等院校通过转让、许可或作价投资等方式，向企业或其他组织转移科技成果的五项具体措施，如果得到彻底落实，将极大改观当前科研成果和市场需求脱离的局面。

目前，各地方政府也在积极采取多种措施优化科研转化环境，以提高新建本科高校科研成果转化率，如宁波市政府出台了《关于加快推进科技成果转化的若干意见》，加大对科技成果转化项目的政策支持力度等。但不可否认的是，地方政府的这些举措在可操作性方面常常存在难以避免的时滞性和不完善性。

从整体来看，地方政府还没有出台成果转化法的配套政策，影响了法律的实施和效果。政策如何细化、如何落地、如何具体操作，还存在一些具体的问题。

第一，经费投入少，投入分散，缺乏合理分配机制。由于财政经费资源有限，大多数省份投入到高校的科技专项经费总数有限，特别是新建本科高校的科研经费投入更少，而这些有限的经费又被分散在科技厅、发改委及教育厅等多个主管部门，导致资源不能合理规划与配置。

第二，税收政策方面，虽然《中华人民共和国促进科技成果转化法》提出“国家依照有关税收法律、行政法规规定对科技成果转化活动实行税收优惠”，但是现有税收优惠政策大多数面向企业，对于新建本科高校科技成果转化产生的税收的规定还较少或不明确，从查找的相关优惠政策来看，除《国家税务总局关于促进科技成果转化有关个人所得税问题的通知》中提到“科研机构、高等学校转化职务科技成果以股份或出资比例等股权形式给予科技人员个人奖励，经主管税务机关审核后，暂不征收个人所得税”等少数明确规定的税收优惠政策以外，其他相关高校的税收优惠政策尚不明晰，不利于鼓励高校科技人员的转化行动。

第三，在知识产权保护、科技成果转化、科技人员奖励等方面，目前政府也没有制定一揽子的、具有实操性的制度办法。一是政策提出成果转移收入全部留归单位，主要用于奖励科技人员和开展科研、成果转化等工作。这是落实单位自主权的一个好措施，能够给予科研人员更大的激励。不过，好的制度必须配套实施细则，增强操作性，才能得到有效落实。比如“主要用于奖励科技人员和开展科研、成果转化等工作”，却没有明确担任领导职务的科技人员能否从科技转化收益中获取奖励和报酬，或在企业持股；在科技成果转化过程中，还有其他一些工作的作用是很大的，要取得这些科技成果和使成果真正转化，不只是科学技术研究开发和成果转化本身，还需要所在单位、研发机构和高等学校等多方面协同支撑。二是政策提出通过转让或许可取得的净收入及作价投资获得的股份或出资比例，应提取不低于50%用于奖励，对研发和成果转化做出主要贡献人员的奖励份额不低于奖励总额的50%。但是，这个利好政策在具体操作层面仍需要进一步细化和完善。目前一些单位已开始修改相关文件，明确50%的奖励可以不需要审批就可直接公示，但对于50%以上的奖励比例，还没有具体操作办法。而对于已经存在的参股公司，也没有对专利增值的部分是按照老办法奖励还是按照新办法奖励进行相关解释。

第四，缺乏一套合理的评价体系。目前来看，在高校科研质量评价的指标体系中关注更多的是高校发表论文的数量等方面，对于已有的科研成果能否转化为产品或者转化后的社会效应问题关注得并不多，因此缺乏相对完善的科研成果转化的评价体系，导致科研管理缺乏科学性。

（四）政府缺乏对产学研协同创新的有效引导

党的十九大报告提出“加快建设创新型国家”，明确“创新是引领发展的第一动力，是建设现代化经济体系的战略支撑”，强调要建立“以企业为主体、市场为导向、产学研深度融合的技术创新体系”。其中，政府理应发挥引导和服务作用，但从目前来看，在高校、企业、科研院所的产学研协同创新实践中，政府的引导作用还没有充分发挥出来，主要表现在以下方面。

1. 产学研协同创新政策体系渐趋完善但缺乏落实

就政策法规而言，目前不管从国家层面还是从地方层面来看，关于产学研合作的相关文件的数量已经十分充足，前瞻产业研究院通过对中国政府网、科技部、教育部等网站进行检索发现，国家层面关于产学研协同创新的各种政策信息文件已经达到2000条以上，主要政策形式达到25种，包含法律、法规、意见、规划、通知、方案、纲要等。[①] 从制定主体上看，不仅有国家最高权力机构制度

① 前瞻产业研究院. 2019年中国产学研合作发展现状分析. https://www.sohu.com/a/353499573_473133，2019-11-13.

的法律，也有地方权力机构制定的地方性法规以及一系列政策、文件等。比如，《国家中长期科学与技术发展规划纲要（2006—2020年）》提出“通过建立有效机制，促进科研院所与企业和大学之间多种形式的联合，促进知识流动、人才培养和科技资源共享”。《关于实施高等学校创新能力提升计划》（即“2011计划”）也对高校开展产学研合作做出了一定的说明。但是从整体来看专门针对产学研合作的相关政策仍相对较少。就法律法规而言，《中华人民共和国促进科技成果转化法》虽然支持产学研协同创新，但是缺乏指导协同创新合作实践的规定，如在协同创新各方的权益保护、利益分配、知识产权、合作纠纷等方面缺少明确规定。国外政府大多有针对协同创新的法律，如法国政府的《创新与研究法》、美国政府的《史蒂文森-威德勒技术创新法》、韩国政府的《韩国合作研究开发振兴法》等，这些法律法规对协同创新有关的经费、人员等方面均做出了详细说明。①

2. 政府对产学研协同创新缺少系统的引导

对于我国而言，产学研协同创新是在短时间内有效促进科技成果转化、提升国家科技创新水平、建设现代化国家的重要捷径。我国目前尽管有协同创新合作计划，许多新建本科高校也相继建立或者加入了区域协同创新中心平台及计划，但是，新建本科高校的协同创新凝聚力和整合力度都还不够，在制定科技创新的任务和目标时，忽视了宏观政策的引导和具体的规定和要求，导致整体呈现一盘散沙的乱象，政府在指导协同创新方面缺乏系统、有效的指导。

3. 政府协调力度不够

政府作为协同创新活动的主体之一，是高校、企业、科研院所实现产学研协同创新的主要组织者和协调者。但由于政府部门与部门之间的协调不足、渠道不畅、沟通反馈缺乏等问题普遍存在，从目前实施成效来看，政府并没有对新建本科高校、当地企业、科研院所实施系统、有效的协调，同时，引导不够科学，扶持力度也不足，这些问题在各地均存在。就地方政府各部门而言，科技管理、经济管理、教育管理等部门难免从自身利益出发，根据各自事业发展的规划制订计划，彼此之间缺少沟通和协调，导致表面上很热闹，各方面创新要素调动起来

① 罗焰，黎明. 地方院校产学研合作模式及运行机制研究. 成都：巴蜀书社，2009：257.

了，但实际效果却不尽如人意。

三、基于社会服务维度的分析

（一）继续教育与培训在地方缺乏重视和规划引导

继续教育和成人培训是终身教育体系的重要组成部分，为建设学习型社会、实现“两个一百年”奋斗目标，继续教育肩负着重要使命。国家层面先后出台相关政策来加强社会对继续教育的重视，引导和支持继续教育持续健康发展。例如，《国家中长期教育改革和发展规划纲要（2010—2020年）》对继续教育的改革发展明确了目标任务，明确提出要加快发展继续教育，加大投入力度，广泛开展城乡社区教育，构建灵活开放的终身教育体系，搭建终身学习“立交桥”，并且对政府的职能和作用做出了明确规定，要求政府成立跨部门继续教育协调机构，负责统筹指导继续教育发展，并且要将继续教育纳入区域、行业总体发展规划。2014年，教育部等七部门联合出台《关于推进学习型城市建设的意见》，提出建设学习型社会是实现“两个一百年”奋斗目标的重要内容和有力支撑，对于实现中华民族伟大复兴中国梦具有重要历史意义，强调要构建终身教育体系、加强企事业单位职工教育培训、广泛开展城乡社区教育等，推动学习型社会和学习型城市建设。国家“十四五”规划也提出要“发挥在线教育优势，完善终身学习体系，建设学习型社会”。从国家、教育部层面来看，已经将继续教育与学习型社会建设、人力资源强国战略紧密联系在一起。我国高校继续得到发展，成人本科、专科招生数、在校生数和毕业生数都持续增长（表4-4）。

表4-4　2010—2019年我国成人本科、专科发展情况统计　（单位：万人）

比较项	2010年	2011年	2012年	2013年	2014年	2015年	2016年	2017年	2018年	2019年
成人本科招生数	85.3	89.7	98.5	103.8	110.2	101.5	96.9	102.4	140.0	150.6
成人专科招生数	123.1	128.8	145.5	152.7	155.4	135.3	114.3	115.1	133.3	151.7
成人本科在校生数	225.0	233.6	247.5	265.5	279.8	279.3	268.7	259.0	297.1	341.3
成人专科在校生数	311.0	313.9	335.6	360.9	373.3	356.6	315.7	285.2	293.9	327.2
成人本科毕业生数	80.4	75.5	80.1	81.1	89.9	96.2	102.2	109.1	99.6	101.7
成人专科毕业生数	116.9	115.1	115.3	118.7	131.3	140.0	142.3	137.9	118.2	111.5

资料来源：根据国家统计局网站年度数据统计整理而成。

但是继续教育政策在地方却没有引起足够重视，缺乏具体的配套政策体系，存在落地难的现象，新建本科高校继续教育发展结构和发展水平都存在很大的不足，主要体现在两个方面。

一方面，在新建本科高校继续教育发展的起步阶段，缺少地方政府引导、宣传、投入。受“唯GDP论英雄”政绩观的影响，一些地方政府对新建本科高校在构建学习型社会中的作用认识不足、重视不够。继续教育作为建设学习型社会的重要力量，理应在地方高等教育体系和经济社会发展中处于显著和重要的地位，然而在现实中继续教育往往处于各类教育的边缘。[①] 迄今为止，还没有制定专门论述继续教育的政策法规，继续教育发展缺乏保障。

另一方面，继续教育和终身教育在新建本科高校中不受重视，处境尴尬。新建本科高校积极性不高，缺乏明确的发展定位，忽视对继续教育发展，没有将其放在学校改革发展全局的高度来思考和设计，没有与高等教育同等重要的位置，继续教育服务地方社会人才发展的功能没有得到充分发挥。新建本科高校开展继续教育往往市场观念淡薄，对经济社会发展需求（尤其是企业需求）缺乏充分的调查研究，高校的继续教育学院与行业企业的关系联系不紧密，办学形式单一，主要以学历教育为主，开设的专业课程与实际工作相关度不高，缺乏针对性和实用性，继续教育整体发展处于“自发”状态，盲目发展、重复发展等问题比较突出，导致新建本科高校继续教育发展总体缓慢、水平较低，不能满足地方劳动人口对继续教育日益增长的需求。统计数据显示，2021年我国新增劳动力平均受教育年限达到13.8年，相当于已进入高等教育阶段，但2020年劳动年龄人口平均受教育年限为10.8年。[②] 但是，从横向比较看，我国与发达国家之间存在较大差距，其中加拿大人均受教育年限为14.6年，澳大利亚为14.4年，英国为14年，芬兰为13.5年，美国为13.4年。[③] 可见，我国劳动人口素质与发达国家还存在一定差距。随着《中国制造2025》的深入实施，产业结构升级将更多地依靠人力资源质量，地方经济社会和企业的发展都对继续教育的需求很大。

从人力资源素质提升方面来讲，需要通过继续教育和培训不断提升技术水平和职业竞争力，以适应科学技术进步及企业技术升级带来的挑战，但作为直接服

① 郭清顺，曾祥跃. 我国继续教育发展的困惑与破局. 继续教育，2015（9）：3-5.

② 我国劳动年龄人口平均受教育年限为10.8年. http://www.xinhuanet.com/fortune/2021-04/01/c_1127280402.htm，2021-04-01.

③ 袁振国. 义务教育年限适时调整可行吗？. 光明日报，2015-08-06.

务区域人力资源开发的新建本科高校，在提供继续教育和培训方面明显滞后。以农民工为例，2020年，全国农民工总量为28 560万，但农民工的学历程度依旧不高，初中文化程度占55.4%，高中文化程度占16.7%，大专及以上占12.2%。[①]可见农民工学历层次和接受技能培训的比例总体上仍然较低。虽然2016年教育部发布的《农民工学历与能力提升行动计划——“求学圆梦行动”实施方案》提出，通过继续教育的形式提升农民工学历层次、技术技能和文化素质。各地方也在积极采取措施加强农民工学历教育，但在实际发展过程中，缺少地方政府的重视和引导支持，缺乏新建本科高校与地方政府和社会的协同，新建本科高校继续教育的地位被“边缘化”，与地方庞大的人力资源需求和继续教育需求相比，还存在很大缺口。同时，社会对新建本科高校继续的认可度不高，在高等教育大众化和职业教育不断发展的形势下，新建本科高校继续教育在“夹缝”中生存发展，面临着更加艰难的环境。

（二）新建本科高校智库建设面临政策及资源瓶颈

与研究型大学和重点大学相比，地方政府对新建本科高校智库建设不够重视。2015年1月20日，中共中央办公厅、国务院办公厅印发《关于加强中国特色新型智库建设的意见》，各地方政府也相继出台智库建设意见。在实际操作中，地方政府重视研究型大学和重点大学的智库建设，却忽视了新建本科高校智库的作用，存在对新建本科高校的认识和了解少、对智库的研究成果不够信任、对智库建设的支持较少等问题。根据《全球智库报告2020》数据显示，美国以2203家的数量遥遥领先，中国智库以1413家位居第二。[②]从数量上看，中国智库的数量在全球范围内已领先，但在全球顶级智库综合榜单中，仅有中国现代国际关系研究院、中国社会科学院等8家智库入选全球百强智库榜单。因此，从国际上看，中国智库虽然总数多，但发展水平和发展质量还有待进一步提升。

从中国高校智库来看，2020年4月13日，《清华大学智库大数据报告（2019）——今日头条版》发布，清华大学选取的分析样本有1065个智库，其中

① 中华人民共和国中央人民政府.2020年农民工监测调查报告. http://www.gov.cn/xinwen/2021-04/30/content_5604232.htm，2021-04-30.

② 《全球智库报告2020》发布，中国多家智库入选全球顶级智库分类排名. http://www.china.com.cn/opinion/think/2021-02/01/content_77175930.htm，20201-02-01.

高校智库611所，占据了我国智库的半壁江山。[①]另外，从高校智库百强排名来看，根据《中国大学智库发展报告（2017）》，大学智库百强呈现出三个层次：国家高端智库，全国首批的25个国家高端智库中有6个大学智库；大学智库前30强，其中，清华大学5个，中国人民大学3个，北京大学3个，复旦大学2个，中山大学2个，浙江大学2个；大学智库百强，主要来自传统的“985工程”高校和“211工程”高校，大多数是“双一流”大学。[②]可以说，新建本科高校智库存在发展慢、数量少、资源分配不平等等问题。其中，地方政府缺位和新建本科高校的资源缺位是这些问题的部分原因。

一方面，从地方政府来看，其比较重视新建本科高校综合改革工作，但对如何依靠和利用新建本科高校的人才、智力、信息、技术和思想等方面的优势来提升与发展本地区的社会经济这一根本性问题缺乏考虑。在实践中，地方政府的一些重大经济社会决策中，新建本科高校专家、学者的意见和建议并未发挥作用。地方政府对新建本科高校智库建设财政支持不足，在资源的分配上，依靠行政配置的方式，流向新建本科高校的财政资金太少。

另一方面，从新建本科高校来说，新建本科高校智库建设没有明确的发展定位，往往简单地追随和模仿研究型大学的发展模式，在自身擅长的应用型研究、立足地方和服务地方经济社会发展等方面没有形成应有的优势，使得自身智库建设没有找准方向和形成特色，无法与研究型大学智库形成差异化、相互补充的格局，而是与研究型大学进行同质化竞争。在专家队伍建设上，由于师资、科研、经费等方面的限制，高层次人才（尤其是领军人才）匮乏。在资金来源上，智库缺乏捐赠、筹集等多元而稳定的机制，难以保障其独立运转。这些因素导致新建本科高校智库建设明显落后，发展数量、层次和水平均存在很大不足，政策影响力有待加强。

（三）地方政府在高校与社区互动中未能发挥桥梁作用

地方政府、新建本科高校、社区之间存在壁垒、缺乏沟通是当前这三者关系

---

① 《清华大学智库大数据报告（2019）——今日头条版》发布. https://www.thepaper.cn/newsDetail_forward_6955035，2020-04-30.

② 中国大学智库发展报告（2017）发布. http://www.cssn.cn/gx/xskx/201801/t20180129_3832010.shtml，2018-01-29.

的现实状态。一方面，地方政府承担着“牵线搭桥”、协调利益主体相互关系的责任，包括政府与高校的关系、高校与社会的关系等。但目前，地方政府在加强、促进新建本科高校与社区的沟通与结合方面，还没有发挥应有的职能作用。一是缺乏从政策上对新建本科高校融入社区的引导。地方政府尚未建立健全引导新建本科高校开展社区服务的政策体系，在地方经济社会发展规划中对新建本科高校参与社区建设的内容涉及较少、规划过于笼统、缺乏可操作性。二是缺乏统筹协调政府部门、新建本科高校和社区关系的组织机构及管理机制。消除新建本科高校与社区之间的隔阂，推动新建本科高校走向社区、融入社区建设，需要有专门的统筹协调机构和运行机制，但是地方政府未能有效发挥协调者的作用，无论是组织机构还是协调机制建设都处于空白状态。

另一方面，新建本科高校在办学思想和办学思路上，缺乏开放办学、主动与地方政府及社区互动沟通和加强合作的意识，开展社区服务的形式单一、深度介入不足。首先，在社区服务形式上，还停留在实习实训、志愿服务等层面。随着经济社会发展，社区规划、社区问题、社区建设等对新建本科高校提出了更多的服务需求，但是新建本科高校对地方政府的预期和社区需求的回应明显滞后于实践发展。有研究显示，在美国，平均每所社区学院有100项为当地组织（主要是企业）服务的活动，80%的社区学院直接到企业为职工开设课程，并提供教育和培训服务。[①] 1989—2009年，美国有10多万教师和管理人员设立了有效的课程服务计划，有超过2000万高校学生参与了社区服务学习计划；在2007—2008学年，美国有400多万大学生参与了服务学习和志愿活动，平均每人每周奉献5.6小时，一学年平均180小时，为推动经济社会发展创造了约71亿美元的服务价值。[②] 相比之下，我国新建本科高校在参与规模和实现社会效益方面都存在很大差距。其次，在提供社区服务、参与社会建设的深度上，新建本科高校没有取得实质性进展，与社区合作还处于初级阶段，没有与社区发展融为一体，没有真正介入社区建设的实际过程中。

---

① 冯舒芳，孙慧. 借鉴美国社区学院经验发展我国高等职业教育. 武汉职业技术学院学报，2007，6（4）：37-39.

② 沈蓓绯. 美国大学生社区志愿服务与职业生涯发展关系研究. 教育发展研究，2009（15）：122-127.

第五章　关系重构的国际模式分析

本章主要介绍德国、美国、英国等发达国家高等教育的成功经验，全面分析德国应用科技大学和“双元制”人才培养模式、美国布兰迪斯大学打造“小而精”研究型大学模式、美国威斯康星大学及“威斯康星思想”、创业型大学，总结分析其主要特点及与政府的关系，从中得出有益于我国新建本科高校重构与地方政府关系的国际经验和启示。

一、德国“双元制”人才培养模式

“双元制”人才培养模式为德国经济的发展和腾飞提供了重要的人才支撑、成就了“德国制造”。德国高等学校可分为三种类型：第一类是综合性大学（UV），包括理工大学、师范大学、全科大学等；第二类是应用科技大学（FH）；第三类是艺术类院校。德国联邦统计局统计数据显示，2017—2018冬季学期，德国在校大学生数再创新高，注册人数达284.78万。其中，在综合性大学、教育学院和神学院校注册的学生数达178.5万，占62.7%；在应用科技大学注册的学生数有98.24万，占34.5%；另有约4.3万名学生（1.5%）在行政管理学院，3.65万名学生（1.3%）在艺术院校学习。[①]发展至今，德国的应用技术型大学已成为其高等教育体系的重要组成部分，与综合性大学并称为德国高等教育的两大支柱。“双元制”人才培养模式，是企业为解决自身用人需要而主动提出与学校合作培养的。其产生的背景是企业部分岗位对人才技能有特殊要求、人口结构老龄化、整体人口下降、产业结构向技术资金密集行业转移、部分企业所在地域吸引人才

① 冯一平. 2017—2018冬季学期德国大学生人数再创新高. 世界教育信息，2018，31（1）：72-73.

困难等。

德国“双元制”人才培养模式之所以获得成功，离不开政府的引导和支持，其发展得益于政府行政权力的强大推进。政府的这种主导作用在很多情况下具有不可替代性，如教育发展中遇到的诸多矛盾和瓶颈，都需要政府来处理和协调。德国政府对职业教育发展的促进作用主要通过四个方面的措施：立法、政策引导、制度保障和科学研究。政府制定了一系列明确的法规，对职业教育相关的政府各级机构、企业、学校和个人的权利与义务进行了界定，为推动职业教育制度的发展及顺利运行提供了法律保障，充分显示了德国政府对促进发展职业教育的主导作用。

德国“双元制”是政府领导下的一种现代职业教育体制，政府更多的是通过行业协会等对“双元制”进行组织和管理，而非直接领导。政府、公共部门、社会组织和学校分工协作，国家、经济界、社会组织、学校分工协作，确保职业教育规划发展目标的实现。从筹资、教学大纲的产生和实施到颁发文凭证书，所有方面相互配合。联邦政府、州政府、企业、工会、行业协会、私立机构等共同承担“双元制”职业教育的经费。德国联邦教育与科技部下设职业教育与培训研究所（BIBB），具体负责全国职业教育的调研、咨询及发展规划的制定等技术服务性工作。德国政府采用宏观调控的方式，通过引导并激励企业参与“双元制”教育。例如，在德国，企业的职教费用可以计入生产成本，也可以计入产品价格和减免税收，并在产品售出后收回。同时，州政府还与工商联合会等部门加强合作，共同设立“跨企业培训中心”等，并设立专项资金支持产业进行职业培训。行业协会负责制定与控制职业培训标准和资格的认定。学校为年轻人的社会生活做准备，即着眼教育。企业内部接近生产实际和市场，因此企业培训的重点是使学员最终取得技能资格。社会上新的岗位或专业方向出现后，由联邦职业教育与培训中心牵头，行业协会、工会与相关企业负责制定相应的岗位或专业培养标准；学校和企业根据标准组织教学，BIBB 官员向考察团介绍德国职业教育体系，中介机构负责对学校办学实力水平的评估，行业协会组织职业资格考试并颁发证书，如医疗护理专业就由德国红十字会负责颁发职业培训证书。

德国职业教育体系是由政府机构、学校、行会、企业、学生等共同构成的。学校以应用科技大学作为主要力量，由职业学校、职业培训机构、企业共同组成，普通高校在少量专业岗位上担负补充角色。“双元制”学生中，59%的学生由应用科技大学培养，20%的学生由职业学校培养、16%由各类培训机构培养，普通高校培养的“双元制”学生仅占3%，其他途径培养的学生占2%。职业培训学校主要针对职业资格证培养学生，专业和岗位选择有很强的针对性，如医学护理岗位，学校紧联实习医院。采用“双元制”人才培养模式的主要集中在5000名员工以上规模的企业和产业发展集中的地区，80%以上企业会为签约进入“双元制”人才培养计划学习的学生提供学费资助。受制于成本和企业需求，“双元制”培养的学生每年约6万人，由约4.5万家合作企业提供实习岗位和学费资助，这类学生在整个应用技术大学学生中占比仅为10%，虽然比例不大，但这种模式代表了未来的发展方向。

根据学科与专业性质的不同，从时间角度，职业教育通常采用两种时间模式：模块式和周模式。模块式是把在校学习和企业实习按时间模块组织实施，通常为学校学习3个月、企业实践3个月交替进行；周模式通常为学生每周在学校学习3～4天、在企业实习1～2天。从学业形式角度，职业教育一般分为四种形式：综合培训双元制课程（获得本科学士学位＋具有IHK/HWK证书[①]的培训）、综合实践双元制课程（结合实践过程的本科学习）、综合职业双元制课程（兼职完成学业）、在职“双元制”课程（在职完成学业）。

“双元制”培养出的学生深受用人单位的欢迎，其主要优势在于实践动手能力强、自我管理及组织能力强、抗压力强。在德国“双元制”人才培养模式中，由企业事先根据自身发展需要制定相应的培养计划，并且在相关的网站上发布招聘需求信息，由学生结合企业要求、自身实际向企业提出申请，企业负责进行选拔，通过者在企业接受1年的岗位实习培训，然后分送到各相关学校接受教育。企业一般要求是有高考成绩的高中毕业生，企业不会录用在高中阶段有违纪行为（如旷课等）的学生。在德国的“双元制”人才培养模式中，教学采用的是项目任务式教学方式，课程安排紧凑，留出足够时间让学生参与企业实践；在企业中的实训实行学徒制，即由具有丰富经验的老员工负责带学生进行实训，训练执行的就是企业实际岗位标准。例如本特勒（Benteler）公司的机电实训车间，就在车间周围安排了20间小型教室，老师讲完理论、操作规程后，学生马上就去车间相关岗位实训，每个岗位都有专门的师傅指导学生实训。企业根据各自实际情况

① 德国工商业联合会（IHK）或手工业联合会（HWK）是德国重要的行业协会，可以负责组织和实施本行业的职业教育和职业资格考试，学员通过结业考试后获得该职业的任职资格，也就是德国的职业资格证书。

和专业岗位的紧俏程度，给予学生学费资助、实习岗位及实习工资等待遇。原则上工科类岗位会给予学费资助；对于人文社科类岗位的学生，企业一般不会给予学费资助。学生毕业时进行双向选择，学生若留在资助他的企业工作，则直接上岗；若毕业后不愿意去资助他的企业工作，则需返还资助企业资助的学费。

学生在学前就与企业签订协议，学生大部分时间在企业进行实践操作及技能培训，理论学习联系实际操作，并且学生所接受的是目的企业使用的最新设备和技术，所学内容与企业需求实现了“无缝对接”，学生在学习的同时就能获得工作经历，还可挣到实习工资。

二、布兰迪斯大学“小而精”研究型大学之路

布兰迪斯大学是一所私立大学，于1948年成立，学校位于美国马萨诸塞州波士顿市沃尔瑟姆镇的西南角，校园面积只有235英亩[①]，是美国马萨诸塞州一所小型私立大学。虽然学校的建设发展仅几十年，但是在美国的高等教育界已经占据相当的地位，被誉为“全美最年轻的主要研究型大学”，是美国排名前五十的名校当中最年轻的学校之一。在“高手如云”的波士顿地区，聚集了如哈佛大学、麻省理工学院等著名高校，布兰迪斯大学凭借自身实力跻身八大研究型大学和五大名校的行列。

布兰迪斯大学为地方提供的科研服务不是单向的活动，它已经与马萨诸塞州州政府各部门及所在社区之间形成了多方参与、相互合作、利益共享的协同模式。马萨诸塞州州政府的基本职能是通过发展高等教育事业来推动本地区经济和社会发展，地方社会经济的繁荣及需求成为布兰迪斯大学发展的基石。

马萨诸塞州州政府积极利用多种行政方式扩宽渠道，并支持设立了相应的研究机构及服务机构，为推动高校与企业的合作提供便利条件。州政府通过立法创立基金会，通过出资资助立项课题，积极促进基金会对高等院校的科研进行资助或签订合作合同。州政府还大力支持企业设立博士后流动站，政府在税收政策上给予免税50%的优惠……通过这一系列的政策引导和支持，形成了如今马萨诸塞州与布兰迪斯大学和谐共生的良好局面。

在州政府政策的引导下，布兰迪斯大学重点发展特色专业，形成了自己的优

---

① 1英亩≈4046.86平方米。

势。在创办较短的时间里，布兰迪斯大学打造了自己的品牌，主要表现为结合麻省医药、信息技术等产业特色，将计算机技术与生化、医学的研究相结合，着力于电脑与神经学的结合以及癌症的研究，在医学、生化方面的研究上长期保持很大优势。以这些优势学科为中心，布兰迪斯大学建立了基础医学研究中心、卫生政策分析和研究中心、计算机学院、就业和收入研究所、社会福利研究生院等科学研究机构；同时，布兰迪斯大学的教师和学生注重把技术和科研项目商品化，通过专利技术转化、创办公司等方式，实现其经济价值，为马萨诸塞州的社会经济发展产生了直接效益。

布兰迪斯大学树立了正确的办学定位。虽然布兰迪斯大学的规模很小，但创校之初就把自己定位为研究型大学。在校名的选择上，校方以美国最高法院第一任犹太人法官布兰迪斯（Louis Dembitz Brandeis，1856—1941年）的名字作为校名。学校建立初期，只有3位教师和107位学生。经过70多年的发展，学校依然延续了较小的办学规模，在生物化学等领域保持了美国一流的研究水准，确实成为美国最年轻的研究型大学之一。布兰迪斯大学自U.S. News世界大学排名公布以来一直保持全美前35的优秀综合排名，在2018 U.S. News美国大学综合排名中，布兰迪斯大学排名全美第34位。①

布兰迪斯大学打造雄厚的师资和专而精的学科。作为一所小型大学，布兰迪斯大学只有6个学院，分别是布兰迪斯国际商学院、计算机学院、文理研究生院、社会福利研究生院、艺术学院、教育学院。学院的专业设置十分广泛，在理科、商科等学科方面具有独特的优势地位。2017年，英国《金融时报》应届金融硕士项目排名中，布兰迪斯大学国际商学院的国际经济与金融项目（MA in International Economics and Finance，MAIEF）连续第二年排名全美第2位，其教授均由世界银行、哈佛大学、耶鲁大学等单位的资深专家担任，学院重视对学生动手实践能力的培养，其课程强度、课程质量、课程的应用性，在波士顿地区受到广泛的好评。

这所拥有世界级教授群和教学资源的大学，师生比约为1∶8，这极大地促进了师生交流。截至2013年，学校教师中，98%有博士学位或在其专业领域内受过最高的和完整的教育，其中有40多位美国科学院、国家医学院、美国文学院和文

① 2018 U.S. News美国大学综合排名完整版发布. https://gaokao.eol.cn/news/201709/t20170912_1553845.shtml，2017-09-12.

理学院的院士，还有14位美国科学促进会会员和3位麦克阿瑟基金奖得主。

作为一所研究型大学，布兰迪斯大学为学生提供了一流的教学设备资源，使其掌握将来成功的钥匙。学校十分注重鼓励创新和跨学科的学术交流，大一新生就有机会参加科研活动，这在其他大学只有高年级的学生才会有。学校每年用在每名学生身上的经费高达29 500美元。

布兰迪斯大学确立了有利于研究型人才培养的小班教学模式。在人才的培养模式上，布兰迪斯大学推行将文理学院的基础教育与综合大学的专业科研教育相结合的个性化教育。这所小型大学在教学方面的特点是崇尚小班教学，大部分课程是3个人以下在上课，教授授课的比例为98%，这样教授就可以对每个学生的特点和问题进行关注。布兰迪斯大学的课程一般分为讲座（lecture）和讨论式课程（dicussion）两种：前者一般是教授上课，并配备若干助教（20～300名）；后者一般由20人左右的研究生或博士生进行，有的时候也由教授进行讲课。

结合地方特色，重点发展优势专业。布兰迪斯大学所在的波士顿，是美国著名的文化城，市区有64所大学，除了布兰迪斯大学以外，这一地区还有哈佛大学、麻省理工学院、塔夫大学、波士顿学院等一大批著名高校，还有国家航空航天局电子研究中心等重要科学研究机构。其所在市区有多家医院，有三大医学研究中心，其中马萨诸塞医学院的医学教育在美国非常有名。而在1948年之前，布兰迪斯大学校址所在地原本是沃尔瑟姆医学院。建校之后，布兰迪斯致力于基础医学、分子生物学等领域的研究，使其迅速成为最有成就的两个研究领域，并在美国医学界具有很大影响力。尤其是布兰迪斯大学的分子生物学中，有关酵素动力学的研究在世界生化领域首屈一指。

值得一提的是，美国科研活动管理一般实行项目制，并且有一套完整的经费管理体制。在制定科研项目申请及预算之初，项目负责人会将科研活动产生的费用（如研究费用、人员费用、学术交流费用等）囊括在科研项目经费预算中，然后由科研机构统一拟定和安排。一般来说，这些费用中研究费用占整个研究经费的比例最高，超过50%；其次为人员经费（包括科研人员工资、福利、补贴、差旅费等），占总经费的33%左右。此外，监督程序贯穿科研经费使用的全过程，即从经费的申请、分配和使用到绩效评估等各个环节都会受到监督机构的检查与管理；在监督内容上，不仅要对经费的分配、使用进行监督和评价，而且要对科研人员的学术不端和学术腐败行为进行调查。

三、“威斯康星思想”与大学的社会服务

威斯康星大学的前身是一所规模很小的非教派学院，坐落于威斯康星州的麦迪逊市，创建于1848年。在2020年泰晤士高等教育世界大学排名（Times Higher Education World University Ranking）中位列第51位，其社会学、经济学、工程、计算机、工商管理等专业闻名于世。1862年，《莫雷尔法案》颁布，威斯康星大学获得威斯康星州政府的无偿土地赠送，用以支持大学开展农业教育等。从此，威斯康星大学开始进入迅速发展的快车道。在170多年的办学历程中，威斯康星大学由原先的一所不知名的地方高校，迅速发展成为全美最顶尖的3所公立大学之一，并成为美国最顶尖的10所研究型大学之一。

威斯康星大学范海斯校长于1904年提出“威斯康星思想”（Wisconsin idea），即打破大学以往封闭的办学状态，在教学、科研两种职能基础上，通过培养人才、输送知识等方式促进高等教育为所在区域服务，通过大学的贡献促进地方经济社会的发展。范海斯提出，威斯康星大学要实现“全州的人民都能与这所大学的人才和知识发生联系，使每一户人家从这种联系中得到益处”[①]。他非常注重大学与社会之间的相互联系，主张“州立大学的生命力在于她和州的紧密关系中。州立大学教师应用其学识与专长为州作出贡献，并把知识普及全州人民”[②]。1912年，在《威斯康星思想》一书中，麦卡锡率先总结出“威斯康星思想”的理念。此后，“威斯康星思想”成为由威斯康星大学首倡并在全球范围得到推广的社会服务的办学思想的总称。“威斯康星思想”使高校与社会生产、生活实际更加紧密地联系在一起，使大学的社会服务职能得到强化。

20世纪初，“州立大学应该直接有助于发展农业，建立更有效的工业和更好的政府”[③]这一理念已经在威斯康星大学及董事会中得到广泛的认同和接受，并且威斯康星大学这种教育理念也得到了时任州长拉弗莱特的大力支持。

在拉弗莱特州长和范海斯校长的努力与引导下，威斯康星大学与威斯康星州政府逐步建立了合作共赢的伙伴关系。威斯康星大学的教授积极参与本州的各项

---

① 张皓. 威斯康星思想对我国发挥地方高校社会服务职能的启示. 重庆文理学院学报（社会科学版），2006（3）：64-67.

② 张皓. 威斯康星思想对我国发挥地方高校社会服务职能的启示. 重庆文理学院学报（社会科学版），2006（3）：64-67.

③ 孙益，武美红. 美国高等教育中的“威斯康星理念”. 北京教育（高教版），2015（1）：79-80.

事务和经济社会发展，通过帮助起草改革法案、主持改革项目、担任地方政府部门顾问、到政府机构任职等方式实现与州政府的互动。例如，范海斯校长就加入州政府森林委员会、公共图书馆委员会，并担任地理、自然保护委员会主席等多个职务，为州政府直接提供服务；威斯康星州的工人赔偿制度、收入所得税制度以及最低工资保障制度等，都是在威斯康星大学教授的参与协助下，与州政府一起设计起草的。在具体实践上，为了真正实现直接为社会提供服务的目标，威斯康星大学积极派遣学校的教授、专家、研究生、本科生等深入各地区、社区、工厂，甚至走进家庭，提供相应的技术指导和培训。“威斯康星思想”还采取推广技术、知识传播、提供信息服务、咨询服务等方式，如学校建立了一个能影响全州的知识推广部，设立4个服务项目，分别为函授、学术讲座、辩论与公开研讨、提供一般信息与福利。

在世界高等教育发展史上，“威斯康星思想”是一个具有里程碑意义的理念。正是20世纪初威斯康星大学坚持服务社会的办学理念及其突出的实践成绩，标志着高校第三种职能——社会服务职能的正式形成。高等教育发展到21世纪，社会服务职能被推到更高的地位，“威斯康星思想”功不可没。

四、创业型大学的兴起与发展

当今技术创新进入大数据、云计算、物联网、移动互联网的时代，经济发展动力已驶入以颠覆性技术创新为主导的新的历史阶段。[①]科技革命推动产业变革，为发展中国家发挥“后发优势”、实现弯道超车提供了历史机遇，创新创业将成为国家未来竞争中新的高地。创业能够促进经济增长、增加就业、驱动技术革新等，而过度的资本创业会导致“创业过热”问题，使社会资源被配置到非生产性领域（尤其是供大于求的过剩行业），这时，创业活动就会阻碍经济发展，甚至使国家陷入“创业经济陷阱”。[②]知识创业是创新驱动的创业，与资本创业相比，具有成本低、效率高、活力强、颠覆性强等特点，从资本型创业迈向知识型创业已经成为世界经济发展的大趋势。因此，全球新一轮科技革命和产业变革与高等教育领域的变革形成历史性交汇。

---

① 张茉楠. 全球创新创业与经济强国的战略选择. 上海证券报，2016-01-14.

② 代明，陈景信，陈俊. 从资本创业迈向知识创业. 中国社会科学报，2017-03-29.

20世纪30年代起，麻省理工学院开始结合社会经济的需求，加强与政府、企业的合作，利用本校资源弘扬创新创业精神，解决国家现实问题，并于50年代发展成为创业型大学。20世纪50年代，斯坦福大学开办大学科技园区，引入资金创办公司，加强官产学研结合，将研究成果在科技园区进行转化，同时利用从企业、专利技术等获得的收益来促进学校的进步发展，于60年代形成了具有斯坦福特色的创业型大学。而后，英国、荷兰、瑞典、新加坡、印度、澳大利亚等国家的一些大学纷纷向创业型大学转型。此时，大学的职能已经不仅仅是培养人才、传播知识和科学研究，也不再是简单地为社会提供服务。大学的职能在这一时期再次扩展，由社会服务延伸出来的这项新使命形成了创业型大学全新的创新型教育新范式。创业型大学将过去的教学、科研、决策、咨询使命与促进经济社会发展的新使命相结合。因此，在现代社会，知识产业不再是由知识精英运作的一件次要的事情或一项可能被研究实际的领导人认为是消费性的活动，而是一项等同于重工业的伟大事业，二者对于所在的国家同样重要。

当前，世界发达国家正大力加强高校创新创业教育。联合国教科文组织赋予创业教育与学术教育、职业教育同等重要的地位，创业教育也被称为“第三本护照”[①]。欧盟于2000年确立了“里斯本战略”，提出到2013年，欧盟国家近20%接受创业教育的学生最终选择自主创业，比普通人群高3～5倍。[②]美国提出要引导大学积极参与区域经济发展，加大对大学教师、学生创新创业的支持力度，进一步深化校企合作，加速科技成果转化等。[③]日本政府从国家层面加强立法，通过了《官公需法》及《国家战略特区法》修正案，持续提高财政预算，颁布配套政策，加大对大学创新创业的支持力度[④]，从而在新一轮技术与产业革命浪潮中进一步巩固经济大国的地位。

（一）麻省理工学院

麻省理工学院（Massachusetts Institute of Technology，MIT）创建于1861年，位于美国马萨诸塞州剑桥市，是国际一流私立大学。作为一所赠地大学，建

① 张青兵，刘兴无，孙晓峰. 交给学生未来职业生涯的“第三本护照”——江苏省高港中等专业学校创业教育实践探索. 江苏教育研究，2014（24）：61-63.

② 李蹊. 让“第三本教育护照”护航创业之旅. 光明日报，2017-03-29.

③ 赵中建，卓泽林. 创新创业，美国高校这么做. 中国教育报，2015-07-08.

④ 贾文婷. 日本：让“螺丝钉”成为创业“出头鸟”. 人民日报，2015-03-20.

校初期的MIT发展并不顺利。由于资金短缺、师资薄弱，MIT一直处在艰难的发展过程中。第二次世界大战爆发后，MIT通过与政府和军方的密切合作重塑学院的功能和社会地位，加大教育改革力度，逐步发展出“大学–企业–政府”合作的三螺旋模型，经过艰难探索，在原有研究型大学的基础上创建了独具特色的新模式——创新型大学。MIT建设创业型大学的主要措施有以下几点。

1. 与企业建立紧密合作关系

MIT建校之初，首任校长罗杰斯（William Barton Rogers）就明确了学院的建立目的是提高工业阶级的实践教育。这种定位使得学校一开始就与企业紧密联系在一起，并为师生的产学研活动提供有力的支持。例如，早期MIT的教授为企业提供咨询活动、这是MIT“大学–企业”合作模式的开端。MIT于1920年建立企业合作部，于1930年制定“1/5原则”。为了规范与企业之间的关系，学院与公司签订合同建立了专门的管理机构和相应的专利制度体系。伴随着知识经济的快速发展，MIT形成了一种特有的新型产学研模式——“大学–企业–政府”三螺旋模型，让企业负责知识技术的市场化。学院还设置创业教育课程，让企业直接参与培养创新人才。这一系列措施都推动了校企合作的大规模开展，使其关系日渐成熟。

2. 与军方和政府建立合作关系

第一次世界大战时，美国政府极其重视学校对军事方面的人才培养和武器开发。MIT参与开发军用产品、培训空军人员和无线电工人等①，但所有研究工作都必须听命于军方在其内部进行，并且遵守其政策计划。直到第二次世界大战的到来，MIT通过参与管理政府实验室的合同承担研究项目，政府则通过财政拨款来支持学校的科研工作。1945年第二次世界大战结束时，MIT已经成为美国国防工程业务的最大承包商，合作经费是当时排名第二的加州理工学院和排名第三的哈佛大学的军费之和，与军方签订了75项军工合同。②随着与政府关系的密切深入，MIT对大学的职能和社会地位进行重塑，并与政府签订正式的科研合同，确立了自己的独立性。凭借着政府和军方的大力扶持和自身的办学实力，MIT进一步推进教育改革和科研成果的转化，成为世界一流高校。

---

① 张森. MIT创业型大学发展史研究. 保定：河北大学，2012.

② Leslie S W. The Cold War and American Science：The Military Industrial Academe Complex MIT and Stanford. New York：Columbia University Press，1994：14-15.

MIT制定专利许可与转让制度。随着MIT科研实力的增长和频繁的科研活动，专利权问题在MIT再一次引发争论。20世纪30年代，MIT决定重构大学与企业的关系，使大学能从自己创造的知识中获利，从而建立完整的专利制度（包括专利政策和专利委员会体系的专利管理制度），明确规定了教师的专利所有权和利益分配及学院在专利权上的划分问题。学院进行研究时给予财政支持，就可以要求拥有专利权；如果学院没有任何支持，专利权就归发明者所有；如果外部赞助者参与资助研究，专利获得的利益就需在他们之间进行合理分配。[①]专利委员会体系由专利评估委员会和专利管理委员会两部分组成，专利评估委员会的主要成员是教师，评估科研发明的创新性和研发者将获得的经济日报率。[②]专利管理委员会负责学校的专利商业化管理工作，由教师和管理者共同组成，并在教师和研究组的合同中提供关于专利供应品的建议。二者协同合作处理在学术知识的商业化过程中所遇到的阶段性问题。

3. 成立技术授权办公室

技术授权办公室（office of technology licensing，OTL）最早成立于斯坦福大学，之后《史蒂文森–怀德勒技术创新法》和《拜杜法案》陆续颁布，促使各大高校纷纷成立OTL。OTL操作步骤为：发明者首先在OTL记录备案自己的发明成果，然后交给专业的技术经理全权负责；OTL先对该成果进行知识产权的保护性、潜在的市场及商业化的可行性评估，在有企业愿意接受的情况下，OTL再开始申请专利成果。OTL的主要职能包括：为发明披露过程提供便利；资助研究和为发明人提供帮助；公共服务（推广、信息、技术）；创业和创办新公司；与产业部门的关系；知识产权保护、管理；经济发展（地区、州）；为专利、版权发放许可。但由于各高校之间定位的差异性，其功能有所差别。[③]麻省理工学院的OTL将专利和版权许可、知识产权的保护和管理以及发明披露过程服务视为最核心的工作。这种选择为OTL带来高额回报的同时，也为学校的科研带来一定的资金。例如，2009年，MIT获得已公布的美国专利153项，授权各类许可104项，

① 亨利·埃兹科维茨. 麻省理工学院与创业科学的兴起. 王孙禺，袁本涛等译. 北京：清华大学出版社，2007：95.

② 亨利·埃兹科维茨. 麻省理工学院与创业科学的兴起. 王孙禺，袁本涛等译. 北京：清华大学出版社，2007：96.

③ MIT. TLO Statistics for Fiscal Year 2009. http://web mit. edu/tlo/www/about/office statistics.html，2009-12-28.

成立了21家新公司；专利、版权许可收入达到6630万美元，专利补偿收入也达到900万美元。[①] 对于出让专利得到的收入，MIT通常会平均分配，即发明者、学院、发明者所在系各占1/3。此外，MIT不会把所有专利许可都转移给校外企业，而是鼓励学校师生利用专利许可来创办新公司并将其推向市场，每年创办的此类新公司高达20个左右。这些措施使MIT的OTL的收入持续上升。例如，2002年其收入总额约为3300万美元，2005年上升到4600万美元。由此可见，MIT在努力发展科研的基础上，技术转移工作也取得了很好的成效，走在了世界前列。

4. 创办新公司和风险投资公司

（1）鼓励创办新公司

MIT创办新公司的途径有两种：一种是在学术研究的基础上建立新公司，这种行为源于布什（Vannevar Bush）院长个人参与企业活动的实践。根据新英格兰地区的现实状况，MIT凭借自己的技术优势助力小公司走出困境，然后吸引大型公司在此开设分公司、建设新企业，最终形成新产业。另一种途径就是鼓励学院的教师和学生创办新公司。MIT的理科院系中有研究小组，由首席研究者带头管理和负责科研资金的来源，他们把研究成果作为商品吸引外部资助，扩大小组规模。各研究小组互相竞争，获胜的小组就成立正式的公司，进一步发展学院的科研活动。

（2）创立风险投资公司

随着教授个体创建新公司数量的增加，需要有专门的机构负责新公司的孵化工作，集金破、技术和商业为一体的风险投资公司——美国研究发展公司应运而生。[②] 风险投资公司的职能是找到能把专利技术市场化的人以及识别领先的、具有商业价值的产品，它为新技术公司提供风险资本以及咨询、评估和技术人才，尽可能地使风险资本合法化；并且积极吸引大型企业的入驻，鼓励创办新技术公司，全面推动大学资本的整体运作活动和新英格兰地区的经济发展。风险投资公司是MIT战略转型和创业活动的全面开始，有力地促进了MIT周围以大学科研为中心的产业带的形成。

---

① 田旻，曹兆敏. 麻省理工学院技术转移成功因素分析. 科学学与科学技术管理，2007，28（4）：25-28.

② 张森. MIT创业型大学发展史研究. 保定：河北大学，2012.

5. 设立跨学科研究机构

1930年开始，MIT就积极推进学校的跨学科教育和研究，不断改革和优化学校的学科结构。MIT早期就设立了建筑学院、工学院和理学院，理工优势凸显。1950—1952年，学校向综合型大学转变，增加了人文、社会科学学院。学校为这些学院配备一流的教学研究设施和丰富的学科内容，如外国语言文学、写作与人文学科、哲学、历史学、人类学、音乐戏剧、艺术学等，① 从与理工科结合进行跨学科研究着手改变学科的从属地位，促进自然科学和人文科学的协同发展。20世纪60年代后，学校大规模地与赞助商联合进行跨学科研究，到2004年已有71个跨学科研究中心、实验室和研究项目，如空间研究中心、癌研究中心、能源实验室等。② 学校还采用创新的人才培养模式来促进学科的交叉融合，如实验性学习小组（experimental study group，ESG），学生在教师的指导下进行跨学科项目的实验；③ 制定跨学科研究项目，打破传统学科界限进行大跨度合作研究，建立多元的跨学科计划。在此基础上设立专业化的跨学科研究管理机构，不参与科研，专门负责日常管理以及对内、对外的非学术交流。此外，MIT还引入了虚拟研发组织，这是一种组织边界模糊的无形机构，为教学和试验提供技术支持，提高资源的共享和优化程度，从而在很大程度上提高了交叉学科的研究效率。

6. 设置创业特色课程和创业辅导

MIT 创业中心为学生提供了35门关于创业的课程，打破了学科专业之间的界限，为培养具有创新创业能力的学生打下了良好的基础。这些创业课程包含五大类：①具有悠久历史的一般性创业课程；②专业性、知识性创业活动课程；③关于专业技术的创业教育课程；④体验性创业课程；⑤特殊的创业课程。④ 在学习创业课程的基础上，学校定期邀请校友来校演讲、授课，使学生有机会与顶级高管交流、学习。例如，“十字路口的公司：CEO的观点”课程，课程的演讲者来自金融、能源、娱乐、信息等行业；开设“硅谷创业研究”课程，组织学生在硅谷深度参观，深入了解硅谷的创业模式；等等。此外，MIT在教务长办公室

---

① Margaret A B. Interdisciplinary epistemology. Synthese，1990，85（2）：185-197.

② MIT Reporting Lit. http://web.MIT.edu/communications/orgchart/replist html.

③ 刘冬. 英美部分高校交叉学科建设研究及借鉴. 上海：上海交通大学，2008.

④ Katz J A. The chronology and intellectual trajectory of American entrepreneurship education. Journal of Business Venturing，2003，18（2）：283-300.

的资助下建立了创新辅导服务中心，免费为创业者提供一个由3～4位有经验的顾问组成的团队，对其进行专业辅导，将有经验的志愿者与具有潜力的创业者合理匹配起来。

7. 支持校内创新型的创业组织和社团

MIT非常支持校内的创业活动和教育，从资源链接、理论研究和平台的搭建等多方面给予支持，先后成立了多个创业组织机构。这些机构受学校教师的管理，相互配合、独立运行。此外，MIT像美国的大部分学校一样，有丰富多彩的学生社团，关于创业的社团就有10多个，这些社团的角色定位虽然比较单一，但是在创业生态系统中却有着至关重要的作用。通过社团活动，将对创业感兴趣的不同专业的学生聚集起来，交流创新思想，碰撞出新的火花，从而形成良好的创业网络。表5-1为MIT部分创业组织和团体。

表 5-1　MIT 部分创业组织和团体

序号	组织（团体）名称	角色
1	MIT创业中心 MIT Entrepreneurship Center	创业教育网络组织
2	德什潘德技术创新中心 Deshpande Center for Technological Innovation	基金资助活动整合
3	技术专业办公室 Technology Licensing Office	管理
4	产业联络计划 Industrial Liaison Program	大学产业中介
5	产品开发创新中心 Center for Innovation in Product Development	工程创新与创业
6	数字商业中心 MIT Center for Digital Business	数字商业创新创业
7	剑桥–麻省联合研究所 Cambridge-MIT Institute	网络组织
8	MIT 10 万美金创业大赛 MIT $ 100K Entrepreneurship Competition	社团
9	创业者俱乐部 MIT Entrepreneurs Club	社团
10	风险资本和私人直接投资俱乐部 MIT Venture Capital & Private Equity Club	社团

资料来源：刘林青，夏清华，周潞. 创业型大学的创业生态系统初探——以麻省理工学院为例. 高等教育研究，2009（3）：19-26.

（二）斯坦福大学

由于第二次世界大战后入学人数剧增，斯坦福大学开始开设小型企业和创业课程，提供了几十个课程和项目，教育和支持潜在的企业家。[①] 由风险投资公司红杉资本（Sequoia Capital）发起的调查报告显示，截至2011年，39.9万家活跃公司可以追溯到斯坦福大学。从调查结果推断，这些公司提供了超540万个就业机会，年度世界收入达2.7万亿美元。[②] 这些成绩与斯坦福大学多年来实施创业教育密不可分。

斯坦福大学创业教育的方法是把前沿理论和现实世界的专业知识汇集在一起。斯坦福大学教职员工通过在董事会服务来扩展他们对当地公司的指导。教师为新技术相关的公司带来领域专业知识。作为回报，这项服务让学者了解行业挑战和消费机会，这些机会常常有助于学者开展长期研究。[③] 斯坦福大学鼓励和维持其创新文化和创业精神，通过创建创造性精神的项目吸引人们进入这所有创造力和企业家精神的大学。斯坦福大学是一个创造性思维和实验的中心，包括企业创新、非营利、人文科学和创新艺术。它在吸引和留住人才以及在硅谷地区建设高技能劳动力方面发挥了重要作用。

作为硅谷科技发展的动力站，斯坦福大学承担着输出高科技人才与技术的重要责任，它一直把培养信息技术人才队伍作为自己的使命。2012年，其推行了新一轮人才培养方案改革，将培养目标确定在为学生的个人成功做好准备，让斯坦福大学的教育在其生活中有直接用处。[④] 曾担任斯坦福大学副校长、被誉为“硅谷之父”的特尔曼教授认为，“只要有优秀的教师，学校就会吸引到政府的更多教育投资”[⑤]。斯坦福大学引进外部教学资源，聘请各界成功人士进行现身说法和案例教学，通过E-Comer在线讲座项目等，感召和带动学生的创新创业精

① Eesley C E，Miller W F. Impact：Stanford University's Economic Impact via lnnovation Entrepreneurship. New York：Social Science Electronic Publishing，2013：7.

② Eesley C E，Miller W F. Impact：Stanford University's Economic Impact via Innovation and Entrepreneurship. Stanford：Stanford University，2012.

③ Eesley C E，Miller W F. Impact：Stanford University's Economic Impact via Innovation and Entrepreneurship. New York：Social Science Electronic Publishing，2013：7.

④ Stanford University. The Study of Undergraduate at Stanford University. Stanford：Stanford University，2012.

⑤ 转引自 Wesley C E，Miller W F. Impact；Stanford University's Economic Impact via Innovation and Entrepreneurship. Stanford：Stanford University，2012.

神。[①] 斯坦福大学的创业校友中，25%的技术创新者和创始人、60%的快速创业者（毕业3年内就取得风投资金的人）曾在校参加过创业课程，35%的技术创新者、40%创始人、50%的快速创业者曾在校参加过创业挑战赛、科技创业项目等。[②]

斯坦福大学创业网络在推动创业过程中起到了非常重要的作用，其成员组织包括商学院、工程学院、OTL、学生创业社团，以及来自硅谷、媒体、研究所的成员等。[③] 例如，来自商学院的创业研究中心构建了一个由企业家与世界著名的思想领袖成员组成的全球社区，为本科生和研究生开设“创新、创造和改变”“企业家精神”“技术创业”“全球创业营销”等诸多热门课程，可由不同专业的学有余力的学生任意选修并获得相应的创新创业学分，方便了各专业学生接受创新创业理论教育。[④] 斯坦福大学也为全体学生提供了“创业领袖思想讲座”“透过风险投资的创业：风险投资的过去和现在”等公共必修课程，以普及创新创业教育，使学生在课程学习中掌握创新创业的方法和技巧。[⑤] OTL迄今已运行40余年，成为技术转移（technology transfer）领域内富有创造力的领先者，使斯坦福大学成为美国创新体系中进行知识和技术创新及转移的杰出典范。特别是OTL成熟和专业化的知识产权管理模式被视为该领域的“黄金标准”，成为当代美国技术转移的标准模式。[⑥]

（三）沃里克大学

沃里克大学认为自己是一个创新型企业组织，在英国享有最优质高等教育机构的声誉。1979年以来，撒切尔夫人的保守党政府对英国高等教育制度不断施压，使其更加灵活、灵敏、商业化，对公共资金的依赖较少。对于准公立大学来说，面对动荡和富有挑战的环境，其优势在于管理变革的能力。沃里克大学在这

---

① Bliemel M J. Getting entrepreneurship education out of the classroom and into students' heads. Entrepreneurship Research Journal，2014，4（2）：237-260.

② Eesley C E，Miller W F. Impact：Stanford University's Economic Impact via Innovation and Entrepreneurship. Stanford：Stanford University，2012.

③ Stanford Technology Ventures Program Courses. http://stvp.stanford.edu/courses/，2016-06-13.

④ Carr D L，Davies T L，Lavin A M. The impact of instructor attire on college student satisfaction. College Student Journal，2010，44（1）：101-111.

⑤ Maceli K M，Fogliasso C E，Back D. Differences of students' satisfaction with college professors：The impact of student gender on satisfaction. Academy of Educational Leadership Journal，2011，15（4）：35-45.

⑥ Entrepreneurship Groups. http://sen.stanford.edu/groups，2008-05-02.

种新环境下成功运作，无论是学校还是当地工业区均实现了利益双赢。[①]

沃里克大学建校伊始，就力求在教学和科研两个方面达到卓越。正如英国原首相布莱尔所评论的："沃里克以其活力、质量和创新精神成为英国大学中的一座灯塔。"[②]经过50多年的发展，它已经发展成为英国顶尖大学，不仅远远超过同期成立的"七姊妹大学"中其他6所大学，而且直逼牛津大学、剑桥大学等著名大学，成为英国甚至是欧洲创业型大学的典范。

沃里克大学最先建立商学院，积极加强与工业界的联系，为具有冒险精神的师生提供空间和自由，成为一所创业型大学。[③]沃里克大学商学院的发展也体现了"学术与创业相结合"的特色。20世纪70年代，英国经济受到劳资纠纷的困扰，沃里克大学商学院成立了劳资关系研究所，致力于对劳资关系进行长期跨学科研究，以改进劳资关系政策制定，为政府和私人组织提供培训，并为研究人员提供职业发展机会。[④]沃里克大学要求各院系创造性地依靠自己独特的方式取得收支平衡，鼓励师生员工自力更生地实现经济创收。大学教授纷纷走出校园、走进企业担任顾问等，将科研成果积极转化为经济收入，然后反哺教学和科研；高质量的研究成果又赢得了工商业客户，让学生有更多的机会接触和进入这些行业企业，获得直接和间接的商业创业经验。[⑤]

沃里克大学还创办了沃里克科学园和艺术中心。沃里克科学园是沃里克大学和当地机构于1984年共同投资兴建的，占地面积超过3万平方米，是英国最成功的科学园之一。沃里克大学的沃里克制造业集团（Warwick Manufacturing Group，WMG）在大学与社会和企业紧密合作方面的表现尤为典型。WMG隶属沃里克大学工程学院，是欧洲规模最大的工程制造中心，涉及教学、科研、工业发展及咨询顾问。集团拥有先进的技术设备，以及兼具学术背景和工业背景的研究团队，研究项目大都致力于解决现实问题，让学生能够在解决实际问题的过程

① Palfreyman D. The Warwick way：A case study of entrepreneurship within a university context. Entrepreneurship & Regional Development，1989，1（2）：207-219.

② 杨金土. 技术本科教育的客观性问题. 职业技术教育，2012（31）：5-8.

③ Martrinelli A，Meyer M，Tunzelmann N. Becoming an entrepreneurial university? A case study of knowledge exchange relationships and faculty attitudes in a medium-sized，research-oriented university. The Journal of Technology Transfer，2008，33（3）：259-283.

④ Bain G S. University of Warwick industrial relations research. Industrial & Labor Relations Review，1975，28（4）：638-639.

⑤ 白逸仙. 创业教育与专业教育融合研究：创业型工程人才培养模式的建构. 北京：社会科学文献出版社，2015：112.

中受益。

在教学中，沃里克大学鼓励学生自主学习，学位设置灵活，学生可根据情况中途转专业，充分尊重学生的主体地位，让学生在了解所学专业基础上作出更加适合自己的选择。另外，课程模块也很灵活，能够充分满足学生的个体化需求。尤其是WMG的模块系统课程，打破了学科界限并实施跨学科教学，学生凭兴趣自主选修课程，主动搜集信息、发现问题、分析问题、解决问题。[①]这种系统而不失灵活性的课程结构对于培养学生的创新能力具有重要意义。

在教学组织上，沃里克大学等英国高校发展了四种新的组织形式：第一，由来自不同学科的教师轮流讲授跨学科的课程；第二，安排不同学科的导师与学生共同讨论课程中所学的专题；第三，由一名以上来自不同学科的导师共同主持某一专题的小组讨论课；第四，安排不同学科的学生参加同一个讨论小组。沃里克大学启动了“沃尔夫森研究交流”，为不同院系的师生学术讨论和合作研究提供平台，以培育学者形成创新社区。[②]

创新创业人才的培养绝非一朝一夕之功，也绝不能陷入单兵作战的境地，创新创业人才的培养过程是与科技创新的研发过程、新技术企业的诞生和成长过程交织在一起的。在此过程中，只有针对企业需求设置专业，开展人才培养，并大胆进行课程改革，才能使培养的学生充分满足企业的要求，也能更好地培育学生的创业精神、创业思维和创业能力。沃里克大学实践着范得莱德（David Vandelinde）校长强调的大学和社区联系的理念。[③]沃里克大学的理念是倡导率先发展学术，并与工业界加强联系，建成具有企业家精神的研究型大学。

2007年，沃里克大学发布了《2015年远景规划》，在规划中，沃里克大学结合自身情况，勾画了大学未来在科研、教学、国际化、利益相关者及创收等方面的宏伟蓝图，并努力使沃里克大学成功进入全球大学排名前50名。到2010年，沃里克大学实现了部分目标，包括设立了沃里克大学文学奖、提高了科研奖励的层次、增加了被引批次较高的学者的数量、组建了第二届沃里克大学国际金融改

---

① 白逸仙. 创业教育与专业教育融合研究：创业型工程人才培养模式的建构. 北京：社会科学文献出版社，2015：112.

② Carroll D. Fostering a community of scholars at the University of Warwick：The Wolfson research exchange. New Review of Academic Librarianship，2011，17（1）：78-95.

③ Segal Q. The Cambridge Phenomenon：The Growth of High Technology Industry in a University Town. Cambridge：Segal Quince & Wicksteed Ltd.，1985：102.

革委员会，并与波士顿大学、加州大学洛杉矶分校、莫纳什大学和尼赫鲁大学等国外大学建立了合作关系。[①]

沃里克大学作为一所最富特色的创业型大学之一，伯顿·克拉克对其转型发展经验作出如下总结："一种加强的行政才能，一种心脏地带的系参与的新的冒险事业和关系的意愿，以及一种以新的发展方向团结大学和提出一个不同于传统模式的有特色观点的、包含一切的创业精神，沃里克大学教导我们很多有关什么样的组织上的变革进入创业型大学的形式。"[②]

五、国际经验的启示

德国"双元制"人才培养模式及应用技术型大学的发展、布兰迪斯大学"小而精"的研究型大学之路、"威斯康星思想"及威斯康星大学的成功、创业型大学的兴起，虽然不同类型的大学选择的发展模式和道路不尽相同，侧重点也有较大差异，但其共同之处在于均重视并在实践中加强与政府及地方的互动联系，积极争取政府及产业界的支持，并通过自己的发展回馈和引领地方经济社会建设。具体来说，国外大学在与地方政府的互动关系中积累了以下几点有益的经验。

第一，高校、政府、企业和行业组织的联动是高等学校培养应用型人才的关键。高等教育的根本职能是培养人才、服务地方，最终靠的是人才。创造知识的人才，即教师；培养的经济建设人才，即学生。培养社会所需要的人才，必须以健全的机制加强与地方政府、企业行业等社会各阶层的良性互动。德国应用科技大学"双元制"人才培养模式，为我国新建本科院校实施校企合作一体化培养应用型人才提供了范本。斯坦福大学等注重强化实践教学，注重由创意到创新创业过程中的实践历练，在实践中强化学生的角色体验、过程体验和环境体验，注重将创业教育融入专业教育。在人才培养过程中，它们注重培养学生的创新意识，注重多学科交叉、理论与实践结合，形成了立体化、系统化的创新创业教育体系；注重构建创新创业教育课程体系，为学生提供丰富的课程资源；注重与专业教育有机结合，将其融入人才培养的过程之中，而非游离于专业教育之外。

我国新建本科高校深化创新创业教育改革，其着力点是要促进创新创业教育

① Warwick about. https://warwick.ac.uk/about/profle/.

② 伯顿·克拉克. 建立创业型大学：组织上转型的途径. 王承绪译. 北京：人民教育出版社，2003：40.

和专业教育深度融合，将培养企业家精神与创新创业实践教育深度融合，推动师资与项目深度融合、平台与资源深度融合、校内资源与社会资源深度融合；要完善跨学科的协同创新机制，立足科技发展前沿，紧密结合区域经济发展需求，加强横向研究和多学科交叉研究，注重与企业、科研院所等协同创新，形成科技研发的开放共享机制。中国高校应加强创新创业导师队伍建设，支撑校友网络作用，常态化举办创业活动，提供创业咨询、指导的一站式服务，营造宽容失败、鼓励创业的浓厚氛围。构建贯穿人才培养全过程的创新创业教育课程体系，打造“政—产—学—研—创”协同的创新创业实践体系，构建“创意—创新—创造—创业”一体化的创新创业教育体系。

第二，正确定位、打造专长、坚持质量与特色导向，是高等学校提升科技服务能力的核心。美国布兰迪斯大学虽然建校晚、办学积淀不足、科研基础薄弱，但是坚持“小而精”的办学定位，花大力气引进师资，不求规模求质量，不求全面开花，努力打造几个高精尖的专业和研究专长，这对具备后发优势的新建本科高校来说具有重要的借鉴意义。这几所国外大学的成功都在于注重与产业界密切联系，注重将科研成果转化成现实产品或生产力，为地方经济和企业服务，同时也为自身发展争取资金和研究项目。例如，斯坦福大学OTL将专利营销放在工作首位，将大学的科研成果迅速转移至企业界。

我国新建本科高校应以需求为导向，以学生为主体，鼓励专家教授组建学生科研团队，带动广大学生参与科技创新项目、创新创业实践计划等，加大对学生科研创新的奖励力度，建设一批学生创新工作室，为学生发表论文、申请专利等提供全程服务，激发学生科技创新的主观能动性，鼓励师生科研创新团队转化科研成果，实现成果转化与创新创业联动，增强成果转化与创新创业的活力。完善跨学科的协同创新机制，立足科技发展前沿，紧密结合区域经济发展需求，强化横向研究和多学科交叉研究，注重与企业、科研院所等协同创新，形成科技研发的共享机制。要建立知识成果转移机制，政府应统筹建立科技成果转化信用与交易平台，完善并促进科技成果转化的配套政策落地，高校应成立技术转移办公室，提高师生科技转化的积极性。

第三，本土为基、立足地方、主动服务，是重构高校与地方政府关系的首要条件。新建本科高校大多为地方高校，面向地方办学，为地方培养应用型人才，并服务地方经济发展。威斯康星大学主动走出“象牙塔”、教授主动走出校园和走进企业的理念，对我国新建本科院校具有重要的借鉴意义。只有认清这一现实，扎根地方，服务好地方，摆正主动服务态度，以贡献求发展，才能实现新建本科高校与地方政府的互赢互利、协调发展。新建本科高校应以解决区域经济社会发展需求为导向，以重点学科建设为指引，以应用性研究为重点，着力打造更高层次的科研平台和团队。改革和完善科研管理体制，规范科研管理与服务，建立更加合理、高效的科研激励机制，加大对教师科研的投入支持力度。加强横向科研合作，培养高层次项目和成果，加速科研成果转化与专利技术的产业化，积极融入以企业为主体的区域、行业技术创新体系，广泛开展科技服务和应用性创新活动，努力推进科教、产教融合发展。加强科研协同创新平台建设，努力建成一批促进地方经济社会发展的技术创新基地、科技服务基地，打造高层次科技创新平台、科技服务平台，提升服务区域经济提质增效升级的能力。建设一批新型高端智库，为区域经济社会发展及高校自身发展提供有价值的决策咨询服务。

第四，创新驱动、协同发展、推动政府及企业参与创建创业型大学，是重构高校与地方政府关系的发展方向。国外创业型大学注重与当地经济社会建立良好的互动关系。例如，沃里克大学与金融界、商界建立了紧密联系，成立了沃里克制造业集团，其科技园、商学院也有力地推动了当地经济的发展。斯坦福大学、麻省理工学院形成“大学-企业-政府”三螺旋模型，大学拥有新技术和知识产权，企业将大学的知识技术市场化，政府作为政策制定者和风险投资者支持企业和大学的发展，三者互动共赢，成为创业型大学的成功范例。高校、政府、企业和行业组织的联动是高等学校培养应用型人才的关键。高等教育的根本职能是培养人才，服务地方。培养社会所需要的人才就必须以健全的机制加强与地方政府、企业行业等的良性互动。各国创业型大学的人才培养模式，为我国高校实施校企合作一体化培养应用型创新人才提供了范本。我国新建本科高校应发挥区域、科研、人才等优势，主动服务地方经济发展，争取政府、企业更多的帮助，加强互利合作。同时，国外高校注重发挥工商企业界和校友企业家的作用，欧美等发达国家高校注重在创业指导与实践过程中与校友企业家建立密切联系。例如，百森商学院、斯坦福大学等高校聘请了大量企业家作为指导教师，欧洲工商管理学院以校友企业家为主体的驻校企业家能够与创业学生朝夕相处，随时为学生提供有价值的建议，提高了学生的创新创业成功率。

在创新创业教育教学改革中，我国新建本科高校应坚持引育结合，加强创新创业导师队伍建设，注重发挥校友网络作用，注重从社会知名企业家中引进创业导师，注重积累创业导师的创业实践经验，打造“双师双能型”教师队伍，建立创业导师人才库，常态化举办创业活动，提供创业咨询、指导的一站式服务，营造宽容失败、鼓励创业的浓厚氛围。推进中国特色创业型大学建设应发挥比较优势，鼓励政府、企业、高校共同参与中国特色创业型大学创建的探索。加强政府政策引导、公共服务，加大补贴及奖励力度等，激发企业参与产学研合作的热情，建立以效益为导向的财政拨款和资助机制，引导高校重视解决经济社会发展及生产生活的现实问题。

因此，新建本科高校应认清自身定位，理清办学思路，摒弃盲目追求学校发展规模、盲目向研究型大学发展的错误认识，重新认识高校与区域的关系；同时练好内功，深入了解地方经济社会发展的需求并主动融入其建设中，凝练学科特色，具备并强化输出社会所需要的知识与技术的能力与水平，培养社会用得上、留得住、下得去的应用型人才，只有这样才能在激烈的竞争中赢得一席之地。

第六章　关系重构的设计思路与模式构建

随着高校在国民经济和社会发展中发挥日益重要的作用，高校与政府之间的互动性日益增强，完全的高校自主和绝对的政府控制都是不可能的。《中华人民共和国国民经济和社会发展第十四个五年规划和2035年远景目标纲要》提出，要建设高质量教育体系，其中离不开高校、政府、社会的多维联动与协调发展。在考察现状、厘清原因的基础上，笔者拟构建“三维四元保障”互动模型来重构新建本科高校和地方政府关系，明晰新建本科高校和地方政府双方的权力，共同营造和谐的区域教育与经济互动环境，推动新建本科高校健康、快速发展，促进地方经济转型升级。

一、新建本科高校与地方政府关系重构的原则

在政府与大学的关系中，政府处于主导地位，要理顺二者之间的关系，就要从政府的职能转变、高校的自主办学落实以及双方合作协同三个方面进行全面考量。

（一）以转变政府职能为前提

首先，政府要明确新建本科高校不是隶属于政府的二级机构。作为重构二者关系中起主导作用的地方政府，应主动转变观念、转变角色、转变职能。以往地方政府常常习惯直接参与对新建本科高校的干预与管理，政府与高校的关系更多的是一种上下级的行政隶属关系。重新构建本科高校与地方政府的关系，就是要逐步改变过去地方政府与新建本科高校之间领导与被领导、上级与下属的关系，

从而推动地方政府由管控型政府向服务型政府发展。大学是独立于政府和企业之外的，是与政府并列的社会机构，大学和政府都是法人，不存在“属”的问题。新建本科高校虽然在布局区域上归属地方，但并不是隶属于政府的二级机构。

其次，政府需要明确自身角色。地方政府的角色应是“掌舵者”而非“划桨者”，是服务者而非管制者，是绩效管理者而非过程管理者，是多边合作者而非单一管理者。政府应以为新建本科高校发展服务、保证其服务地方质量作为实现对新建本科高校管理职能的主要内容，真正实现政府由直接管理、微观管理、行政管理向间接管理、宏观管理和管理服务转变。

因此，政府在重构关系中的主要任务包括：一方面，给新建本科高校一定的外在约束力，用立法、规划、拨款等手段对高校办学进行宏观调控；另一方面，保证其自主发展，多用协商、合作等方式与新建本科高校重构双方关系。只有获得必要的自主权，新建本科高校才有改革的动力，才能更好地发展，并服务地方经济社会发展。

（二）以高校实现自主办学为核心

新建本科高校全面深化改革的方向是要适应不断变化的经济发展新形势，由过度依赖政府、在发展中“等、靠、要”转变为主动响应政府号召、积极参与地方建设、依法行使办学自主权。

进一步落实和扩大高校办学自主权，是完善中国特色现代大学制度、激发高校办学活力、全面提高高等教育质量的重要基础，是教育部门加快职能转变、继续简政放权的重要体现。[①]落实和扩大高校办学自主权，要围绕《中华人民共和国高等教育法》规定的七个方面的办学自主权，以转变职能和简政放权为重点，加强部门协同，确保放权到位。具体来说，要深化考试招生制度改革，支持高校科学选拔适合需要的学生；支持高校特色办学，根据经济社会发展需求自主调整优化学科专业；支持高校自主开展教育教学，促进学生更好地成长成才；扩大高校人事管理权限，发挥各类人才的积极性、创造性；为高校自主开展科学研究、技术开发和社会服务创造更好的条件，不断提高科研水平；扩大高校管理使用财产经费权，发挥经费的最大效益；支持高校开展国际交流合作，提高国际化

① 郝平：进一步落实和扩大高校办学自主权. http://www.gov.cn/gzdt/2013-12/06/content_2543342.htm，2013-12-06.

水平。

在加大放权力度的同时，政府要探索建立新的管理体制、工作机制和管理方式，更多地运用法律法规、政策、标准、信息服务等手段，加强和改善宏观管理，确保放而不乱。相对应的是，新建本科高校要变革管理体制和完善内部治理结构，要坚持和完善党委领导下的校长负责制，加快高校章程建设，加强学术组织和教职工代表大会建设，不断健全自主权有效行使的自律机制，强化社会对高校的监督，深化校务公开，成立理事会或董事会，采用专业机构实施评估等手段，确保高校权力在阳光下运行。[①]

（三）以促进校政合作为方向

互动是构建良好关系的基础，也是新建本科高校与地方政府合作的前提。新建本科高校与地方政府关系的重构必须基于共同的目标，紧紧围绕服务地方经济发展的实际需求来重构二者的关系模式，以适应新常态下的发展。

新建本科高校应转变办学理念，主动寻求合作，必须改变封闭办学的观念和思路，要真正走出“象牙塔”，融入地方经济社会发展，加强与地方的信息和能量交流。

与此同时，地方政府也必须加大对新建本科高校的支持力度，引导和搭建合作平台，综合运用立法、拨款、评估等方式加强宏观管理，在教育体制改革、教育结构优化、师资培训、校企合作、对外交流、学科与专业建设等方面为高校搭建更广阔的发展平台。

对于双方而言，政府与学校只有加强沟通，建立良好的互动意识，通过政策立法、理顺机制、共建项目和平台，形成良好合作的生态体系，才能充分发挥新建本科高校人才培养、科学研究、社会服务的职能。

二、高校与政府“三维四元保障”互动关系模型的构建

本书认为，借鉴三螺旋模型，新建本科高校与地方政府的关系重构应加入对

---

① 郝平：进一步落实和扩大高校办学自主权. http://www.gov.cn/gzdt/2013-12/06/content_2543342.htm，2013-12-06.

企业发展、社区建设的思考，这是二者关系重构要面向的主要服务对象。以服务地方经济社会发展为目标，新建本科高校与地方政府关系的重构应以高等教育的人才培养、科学研究、社会服务三大职能为着力点，以政策引导、资金支持、平台支撑、机制保障为保障体系，形成政府引导服务、高校主动参与、双向互动合作的关系模式。在此，本书设计了“三维四元保障”互动关系模型（图 6-1）。

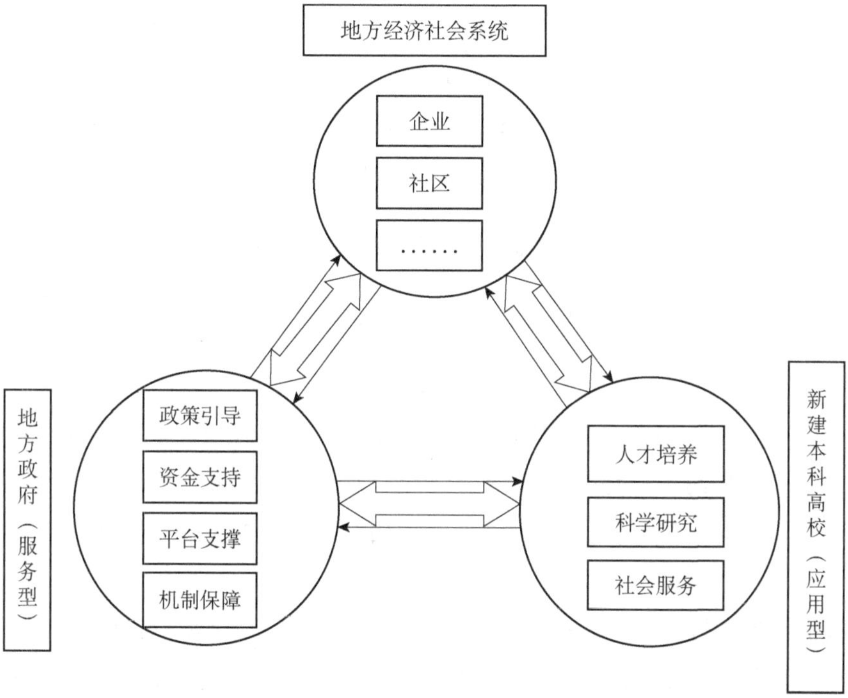

图 6-1　基于三螺旋模型的新建本科高校与地方政府“三维四元保障”互动关系模型

（一）三维互动：人才培养、科学研究与社会服务

新建本科高校与地方政府关系的重构问题是一个系统工程，涉及的子系统和相关系统不仅包括教育系统、行政系统，还包括文化系统、信息系统等。本书借鉴高等教育三大职能的分析框架，以人才培养、科学研究、社会服务作为分析和重构新建本科高校与地方政府关系的三个维度。这样既能清晰地把握新建本科高校全面深化改革的方向，又能为地方政府转变角色、更好地发挥引导和服务功能指明方向。

（二）四元保障：政策、资金、平台和机制

本书认为，新建本科高校与地方政府关系的重构应该放在“大背景”和“大系统”中进行思考和设计。“大背景”指在经济发展新时代，国家加快实施创新驱动战略和“双创”战略，引导和支撑新建本科高校向应用型技术大学发展，提升服务经济社会发展能力；“大系统”就是把地方看作一个高等教育生态系统，新建本科高校的改革和发展需要与系统中的其他要素进行信息和能量交换。基于此，从人才培养、科学研究、社会服务这三个维度重构新建本科高校与地方政府的关系就需要外部能量的输入，这些能量按照政府的功能分类，主要包括政策、资金、平台和机制，本书以此模型作为分析的基础。

（三）“三维四元保障”互动关系模型的推进策略

1. 建立地方政府与新建本科高校新型合作关系

正确处理好大学与政府的关系是建设现代大学制度需要重点解决的问题。从历史上来看，大学与政府之间的关系无论在西方国家还是在我国，都经历了政府对大学的管控与大学逐渐摆脱政府管控、自主权不断扩大的动态变化过程。时至今日，政府与高校的关系应该是一种相互分工、相互依赖与相互促进的合作关系。

从我国政府与高校的关系来说，在计划经济体制下，政府对高校拥有绝对的支配权和管理权，对高校管得过多、统得过死，高校成为政府的下级单位，使得高校办学积极性不高。在社会主义市场经济下，高等教育在市场经济中的作用凸显，其地位也需要重新设定，市场经济要求高等教育成为相对独立的活动实体，以满足市场经济背景下社会对知识、人才、技术等的多元化需求。在此情况下，原先的政府与高校之间的上级与下级关系已经难以为继，必须寻求一种更为合理的方式。

高校与政府之间在目标、价值取向、运行逻辑等方面有诸多不同，必然存在一定的矛盾，矛盾激化的结果不是高校受到损害，就是政府目标难以实现或社会发展受到影响。在高校与政府关系已密不可分的知识经济时代，由于二者之间存在越来越多的共同利益，二者有必要也能够在相互理解的基础上达成共识。因此，对任何一方来说，进行合作的意义已经远大于冲突的意义。这正如布鲁贝克

所指出的："使高等教育存在的哲学有两个：一个是认识论的，一个是政治论的，现在看来，两者都是必要的。"①

一方面，高校需要自治或自主，以确保高深学问的研究按知识发展的逻辑进行，免受社会的干扰，这是知识论的要求，因为"高等教育研究高深学问"，"既然高深学问需要超出一般的、复杂的甚至是什么的知识，那么，自然只有学者能够深刻地理解其复杂性和内在逻辑。因此。在知识问题上，应该让专家单独解决这一领域中的问题。他们应该是一个自治团体"，"为保证知识的准确和正确，学者的活动必须只服从真理，而不受任何外力和干扰，如教会、国家或经济利益的影响"。② 同时，这也是高校适应社会竞争的必然需求，因为高校的自治或自主是提高高校主动适应经济社会发展需求的能力的重要条件，干预或管控太多会降低高校的灵活性，而政府反映社会需求的信息不够灵活。70年高等教育发展的经验表明，什么时候高校办学的自主权比较大，高校办学就比较有活力和主动性，高等教育发展势头就比较好。③

另一方面，政府进行调控又是必需的，以克服高校自身和市场的局限，引导高校朝着有利于社会的方向发展，这是政治论的要求。所以，高校的自治或自主是有限度的自治或自主，不能被滥用，否则就会对社会起消极作用。从法治理论视角看，现代政府应当是"有限政府"④。基于以上认识，高校与政府就应该在深刻理解双方各自需要的基础上协调自治与控制矛盾，以便进行广泛的合作。

2. 强化对新建本科高校的政策支持及引导服务

目前及今后一个时期，转型发展对于新建本科院校来说是必然的发展趋势。政府要有明确的政策，使地方院校认识到转型的必然性、必要性，而且在转型中可以得到益处，至少在转型中不失去既得利益。⑤ 就新建本科高校而言，政府需要完善一系列政策制度，引导新建本科高校可持续发展。

第一，就高校科技创新而言，政府要进一步完善职能，制定相关的法律法规及发展战略，深化科技管理体制改革。高校科技创新法规一般指带有强制性和约

---

① 约翰·S. 布鲁贝克. 高等教育哲学. 王承绪等译. 杭州：浙江教育出版社，1998：13.

② 约翰·S. 布鲁贝克. 高等教育哲学. 王承绪等译. 杭州：浙江教育出版社，1998：32，43.

③ 别敦荣. 必须进一步扩大高校办学自主权——我国高等教育发展70年的经验. 教育发展研究，2019，39（13）：1-5，83.

④ 刘江平，刘晓瑜. 高校办学自主权：性质、困境与出路. 中国高等教育，2016（7）：46-48.

⑤ 刘振天. 地方本科院校转型发展与高等教育认识论及方法论诉求. 中国高教研究，2014（6）：11-17.

束性的法律、规章制度，如知识产权保护的立法、公共资金分配的立法等。国际上比较有名的法规是美国1980年在促进大学知识转移过程中制定的《拜杜法案》，该法案使私人部门享有联邦资助科研成果的专利权成为可能，从而产生了促进科研成果转化的强大动力。我国也制定了不少有关科技的法律法规，如《中华人民共和国技术合同法》《中华人民共和国专利法》《中华人民共和国知识产权保护法》《中华人民共和国科学技术进步法》等，特别是1996年专门制定了《中华人民共和国促进科技成果转化法》，2015年又对该法进行了修订，对科技成果转化活动中的有关问题做了比较全面的法律规定。教育部于1999年发布《高等学校知识产权保护管理规定》，为高等学校保护知识产权、获得合法权益提供了保障。2016年，教育部印发《促进高等学校科技成果转移转化行动计划》，提出要充分发挥高校在科技成果转移转化中的突出作用，提升高校科技成果转移转化水平，切实增强高校服务经济社会发展能力。

与此同时，各地方政府也针对当地科技和经济发展状况制定了相关法规，如河北省政府于2003年制定《河北省促进科技成果转化条例》，强调科技成果转化活动应当以市场为导向，鼓励产、学、研相结合，有利于提高经济效益、社会效益和保护环境与资源，促进经济建设和社会发展；2014年和2015年先后出台了《河北省促进高等学校和科研院所科技成果转化暂行办法》和《河北省促进高等学校和科研院所科技成果转化新行办法实施细则》，这些法规对高校和科研院所的科技成果转化的资产处置、利益分配等方面都做了详细的规定，为高校进行科技成果转化提供了有力的政策支撑。

虽然近几年各地方政府制定了一些针对科技发展的法规和制度，但是总体上来说针对高校的还比较少、操作性不强，还不能全面地体现地方政府的意志和需要，起不到调控教育的目的。另外，政府制定的科技法规还处于条块分割的状态，未能使科技政策、经济政策和教育衔接起来，难以促进与科技、经济、教育的一体化。因此，地方政府应加强宏观调控和管理，针对当地科技、经济、教育发展状况，制定出一套完善的、适应高校科技发展的科技法规和战略发展规划。

政府制定高校科技创新的发展战略和规划是政府对高等教育进行宏观管理的一项重要内容，规划的职责必须也只能由政府承担。从地方政府的角度来看，应在中央政府的科技创新法律法规的基础上，从所在地区教育、科技的全局及未来发展趋势出发，制定未来一段时间地方高校科技发展战略和科技创新规划。

具体来说，地方政府应构建适应于地方高校的科技法规和战略规划，一方面要与地方的创新战略、创新工程和区域经济、科技、社会发展规划相衔接，与产业企业的需求相衔接；另一方面要与地方高校的科研发展实际相适应，鼓励产学研合作，加大促进科技创新及科研成果转化的政策支持，从而使高校的科技创新工作与政府相关政策相贴合。同时，地方高校的科技发展战略与规划要将地方高校学科建设的水平及学科特色、行业特色、地区特色作为重要建设标准，加强重点学科与特色学科建设；要紧密结合国家和地方创新工程的要求，提出与增创知识、技术新优势结合的奋斗目标，在促进知识和技术的运用中多出成果，在国家的技术创新与应用上发挥重要作用，为提高我国企业的技术创新水平多做贡献。因此，为使地方高校科技创新与地区经济、社会发展相适应，地方政府就必须对发展速度、规模、层次、结构等进行总体规划，并确定一定的目标和要求。这种目标和要求单靠高校个体的工作是不能完成的，必须由政府从宏观上加以调控。

第二，建立完善的高等教育管理体制。英国学者科班提出，要使智力活动的契机不被消散，那么在取得学术成就之后，必须迅速做出制度上的反应。缺乏固定的组织，在开始时也许为自由探索提供了机会，但是经久不息和有控制的发展只有通过制度上的架构才能得到。①因此，在人才培养过程中，政府必须不断完善高等教育管理体制，做到依法、有序治教，重在激活教育潜能，着力推动教育发展。

改革高等教育管理体制首先意味着政府对于高校的作用需要发生变化。长期以来，政府对于高等教育具有绝对的管理权，然而在高等教育不断市场化的今天，政府的绝对权威正面临挑战，“大政府”开始纷纷向“小政府”转变，在小政府模式中，市场在资源配置中发挥着主导作用，政府着力解决在市场经济环境下社会服务和社会管理“越位”的问题。政府对社会事务（包括对高等教育）承担着有限的两种职能：一种是管理职能；另一种是服务职能。②政府需要调整好管理职能与服务职能的维度，在控制与放权之间寻求一个平衡点，以便能够更好地为高等教育提供支持。

首先，政府需要实现从管理型政府向服务型政府的职能转变。政府需要从原

---

① 伯顿•克拉克. 高等教育系统——学术组织的跨国研究. 王承绪等译. 杭州：杭州大学出版社，1994：4.

② 王洪斌，王丽. 控制与自治间的最佳维度选择——服务、伙伴、责任——关于国内外政府与高校关系的比较研究. 辽宁教育研究，2005（2）：18-25.

有的直接对高校进行行政管理的策略，转变为通过采取政策指导、保障公平竞争、维护市场秩序等宏观调控策略指导高等教育发展，宏观调控高等教育的方向、进程及发展的规模和速度，保证教育的质量和效益，成为服务型政府。同时，要明确政府的管理和服务职能，政府应该承担的管理职能是着眼于国家经济社会发展，通过经费投入、政策和发展规划，批准或禁止高校的设置等，以影响高等教育的布局、发展规模、发展速度等，指导高等教育举办、管理、运行、投入、招生就业、助学、教育教学改革等各个环节的工作。政府应该承担的服务职能，主要是政府依据社会主义市场经济的发展要求，结合高校的现实情况和需求，在高校之间合理分配教育资源，提高教育资源的利用率，同时对信息进行及时的反馈与改进，满足高等教育的发展需求。①

其次，完善相关政策法规，加大对地方高校的支持力度。政府要通过相关的决策与制度保证并参与地方高校的发展进程，积极建立保障地方高校有序运行的方法体系，对于地方高校相关的办学、教学改革、质量评鉴等方面给予明确的规定；通过行政立法等手段，规范地方高校人才聘用标准、质量评价标准、领导职能等；同时要加强对地方高校的经费投入，确保地方高校能够正常有序运行。

最后，建立政府与市场的多边共治格局。政府在提供各种有形和无形的资源及保障公正、民主等制度理念的过程中具有不可替代的作用，因此，要变原来政府办学的单一格局为以政府为主、社会参与的办学主体多元化的新格局，鼓励、支持社会力量和公民个人创办高等教育机构，同时还要鼓励和支持社会团体和个人以多种形式参与高等教育事业，参与人才培养和高等学校的管理。

第三，进一步扩大与落实新建本科高校办学自主权。“高等学校自主权”按照《高等教育辞典》的解释，是指高等学校独立处理自己内部事务的权力，如教什么、怎样教的权力，制定研究计划的权力，法律规定的有关权力等。它是进行创造性研究和教学活动的必要条件，是分析高等学校与政府及社会之间关系的关键点，反映了政府和社会对学校活动支持与干预的程度。②高校的办学自主权并不是无限制的，同样需要一定的规范和管理机制，即达到自主与自制之间的平衡。因此，高校办学自主权的保障落实也需要做出努力。

首先，加快大学章程建设，依法保障高校自主办学。大学章程是规范和指导

---

① 申忠健. 基于治理理论的我国政府与高校新型关系研究. 产业与科技论坛，2011（10）：20-22.

② 朱九恩，姚启和. 高等教育辞典. 武汉：湖北教育出版社，1993：136.

大学内部治理的纲领性文件，对高校起着指导性作用。高等学校可以依据章程规定与自身的需要和特色办学，政府则可以将主要精力转向宏观管理，从而强化高校的办学自主权、增强高校的办学活力。因此，加快与完善大学章程建设是高校自主办学的重要保障。当前，国家已经颁布《高等学校章程制定暂行办法》等一系列促进高校章程建设的法律法规，各学校也在积极推进各校章程建设的进程，高校在章程制定的过程中要保证制定程序的规范性及民主性、内容的全面性、实施的有效性，确保其在保障大学自主权过程中发挥基础作用。

其次，完善高校内部管理制度，处理好各权力主体之间的关系。长期以来，地方高校的权力主要集中在校级行政部门，在一定程度上造成了学术权力与行政权力失衡、上级权力与下级权力与其职责不匹配等矛盾。因此，高校管理应该贯彻适当分权的原则，推动管理重心下移，从而促进高校自主权的不断扩大。这里的管理重心下移包括两个方面，一是横向分权，二是纵向分权。横向分权即行政权力与学术权力之间的平衡，在理想状态下，高校的教授群体作为教师代表和知识代言人，具有一定的权力和威望，有权决定学校的一切事务，能够对学校内部的一切人和事施加影响。在这种学术权力的理想诉求中，行政组织作为附属组织仅充当服务员的角色。[①]当前的实际情况却是学术权力与行政权力高度重叠，行政权力对学术资源的分配具有更大的影响力。因此，必须“去行政化”，加大学术组织的建设力度，给予学术权力应有的地位，充分发挥教授治校的作用；厘清行政人员与学术人员的权力范围和职责，防止行政权力越位；规范行政权力行为，积极为学校各项工作服务，为学校的正常活动提供良好的环境。纵向分权即下放权力，推进院系两级管理体制改革。学校拥有最高的决策权，负责从整体上制定和统筹学校发展规划，进行统一管理，将更多的自主权下放到各个院系，使其有相应的人事权、财务权及资源配置权，从而为学校教学、科研和社会提供服务。

再次，建立和完善高校自主办学的校内自律和校外监督机制。由于高校的自主办学具有一定的自发性、随机性，政府的宏观调控虽然对学校的自主办学具有一定的规范性，但是教育的外部关系（他律性）制约作用只有通过教育内部结构系统的自治机制（自律性）才能起作用。[②]因此，为实施好高校的自主办学，学

① 关辉. 论大学学术权力与行政权力关系. 江苏高教，2008（6）：58-60.

② 王亚彤. 高校自律、社会监督：高校自主招生的环境研究. 南京航空航天大学学报（社会科学版），2004，6（1）：64-67.

校必须加强自律性，制定规则以规范学校各级管理组织的行为；同时要充分发挥高校学术组织、党组织的监督作用，定期对学校的教学质量、教师行为、管理组织等进行评估，及时反馈与纠正学校自主办学过程中的问题。校外学术组织对学校的监督也是保障学校自主办学的重要方面：一方面，要建立校校协调互动机制，即在各级各类高校之间建立互动、协调的组织，这一组织主要进行统筹制定高等教育的标准、协调各高校之间的行为、开展高校评估等工作；另一方面，建立学术界的质量认证监督机制，通过各个学术组织或社会团体参与高校的专业认证、质量评估等，充分发挥学术界的优势，监督高校教学质量。

最后，建立教育中介组织体系，参与高校管理与评价。高校办学自主权的落实实际上就是协调政府控制与高校自治之间矛盾的过程，但从长期来看，高校自主权的落实还比较困难，政府与高校之间的矛盾不可调和因素依然存在，需要依靠独立的第三方机构促进政府和高校之间的对话与协调。国际经验表明，第三方的教育中介组织已经成为社会力量参与高等学校管理的重要途径之一。因此，为保障高校办学自主权的顺利实施，需要建立一个完善的教育中介组织体系参与高校管理与评估，该中介组织必须具有一定的合法性基础与代表性地位，应该是政府授权批准后由社会各界行业协会及民间组织代表共同组成的，具有一定的权威性。同时，中介组织要保持中立性，以社会信用为基础，客观地反映高校的真实情况，确保高等教育评估过程免受外界因素（政府与高校等）的影响，保证评估的客观性、科学性、有效性。

3. 建立科学规范的分类评估及经费投入制度

潘懋元先生曾指出，高等教育大众化的前提是多样化，多样化的高等教育应有不同的培养目标和培养规格，也应有因地制宜的教育质量标准，因而对不同高等院校的评估也应多样化。要对高等院校进行分类评估，就要明确院校自身的办学定位及其在整个高等教育系统中的生态位。要明确新建本科高校的办学定位，就需要综合考虑高校的办学历史、办学特色、人才培养等多方面因素，对于不同定位和不同层次的院校应采用不同的评估标准。因此，对于不同的高等院校，应根据评估目的和方针设计科学、合理的实施方案，如对于不同类别的院校可以由不同的评估主体采用不同的评估标准分别实施评估，而不同类别的院校的评估模式也要根据院校实际而多样化。

对于新建地方本科高校来说，建立科学、规范的评估制度，首先要保证评估主体的多样化，需要建立由政府部门、学科评估机构、行业协会和社会团体等组成的多元化的评估主体。评估主体的多元化是保证评估科学、客观的重要因素，政府、市场、社会等的多方参与不仅能够保证教育行政部门制定的评估政策的权威性，而且有利于调动社会各界参与评估的积极性，从而提高评估的质量和效益。其次，要保障评估模式的多样化。教育评估的根本目的是促进、提高和保障教育质量，自我评估是教育质量内部保障的重要手段，国际上教育质量保障的外部评估主要有审核模式、认证模式和评估模式①，不同的评估模式具有不同的内涵和功能。如本科教学评估工作，根据《教育部关于普通高等学校本科教学评估工作的意见》的精神，所有评估客体均需建立自我评估制度，对于参加过第一轮院校评估并获得“通过”的普通高校，则采用审核模式，评估结果不分等级；对于从未参加过院校评估的新建本科院校，则采用认证模式的合格评估，将考察重点放在学校基本办学条件和基本教学质量上，评估结果分为“通过”“暂缓通过”“不通过”三种。不同的评估模式能够增强评估的有效性、客观性和科学性。

加强科研转化政策支持，完善地方高校科技创新宏观监测评价体系。地方政府需要优化职能，通过制定有关法规规章和政策，为高校科技成果转化提供政策法规支撑和支持，创造有利于科技成果转化的外部环境，通过制定财政、税收、金融政策，规划未来发展重点，引导高校研究方向，实现科技成果和社会需求的有效对接，建立科技成果转化的激励机制，提高科技成果的转化率。

完善高校科研评价体系，建立科学合理的评价制度，改变科研评价中简单僵化的评价方式和重数量、轻质量的倾向，加强学术规范管理，健全公开、公平、公正的管理机制。对科研成果的评价要淡化“数量”与“形式”，强调成果的“质量”与“影响”，注重科研成果的学术价值、社会价值和政策效益等。大力支持可能获得新发现、新概念、新思想、新理论、新方法和新技术的交叉学科项目，规范保护“非共识项目”和“风险项目”，在高校中营造积极创新的文化氛围。

完善学术评议办法，建立权威的中介评估机构，将行政性评价转变为社会性评价，健全同行评议及项目管理制度，引导学术评价、经费管理走上良性发展的道路。制定切实可行的办法，促进科研设备、数据、成果等科研资源的共享。加强科研经费管理工作中各部门的配合、协调和沟通，实现科研项目的预算信息、

① 张晓鹏. 国际高等教育评估模式的演进及我们的选择. 中国大学教学，2009（3）：90-93.

进展信息和财务信息等的互通共享；逐步建立公示制度，接受社会监督。统筹并完善国家现有的科研奖励办法，合理设置奖项，提高奖励的权威性和公正性，倡导甘于寂寞、淡泊功利、勇于创新的研究态度和学术作风。大力弘扬求真求实的科学精神，培养与时俱进的创新精神；强化敢为人先、敢冒风险、勇于探索、不畏失败的创新理念；培养互利共进、推进交流的合作创新精神；树立尊重知识、崇尚科学、鼓励创造的社会风尚；大力提倡百家争鸣、学术平等的良好风气，形成更加开放和包容的创新文化。

目前，地方高校的教育经费投入相对不足，政府拨款依然是地方高校经费的重要来源。因此，要加大政府对地方高校的财政投入就需要进一步明确政府在地方高校经费投入中的责任。具体体现在以下几个方面。

第一，建立和完善各种财政制度，从制度上保证高等教育发展所需要的稳定的财政拨款。教育投资比例（公共教育经费占国民生产总值的比例）成为衡量一个国家对教育重视程度的重要指标。2019年，国家财政性教育经费支出首次突破4万亿元，年均增长8.2%；占GDP比例为4.04%，连续八年保持在4%以上。[①] 但从国际上看，我国教育经费投入比例依然较低。据统计，在国家公共教育投入上，目前世界平均水平约为7%，其中发达国家达9%左右，经济欠发达国家投入比例约为4%。[②] 这表明，我国财政对高等教育的拨款还有待提高。因此，有必要建立健全国家财政拨款制度，完善财政拨款的分配机制、供给机制以及问责机制，保证财政拨款制度的科学性、客观性。

第二，改革高等教育财政管理手段，由主要依赖行政手段转变为主要依赖经济和法律手段，以提高财政投入的效率，保证财政使用的合法性。过去，我国高等教育财政管理主要依靠行政手段，即依靠行政力量，采用命令、指示、规定、计划等方式，对财政投入分配活动进行管理，限制了高校发展的积极性、灵活性和主动性。高等教育财政管理的经济手段主要通过对高校经济利益的调整、控制、约束和诱导高校的财政行为，以达到财政管理的目标。法律手段指通过财政立法、财政执法、财政执法监督及财政法制宣传等一系列管理活动保证财政职能的实现。[③]

---

① 国家财政性教育经费支出占GDP比例连续八年在4%以上. https://edu.sina.com.cn/l/2020-12-02/doc-iiznctke4260296.shtml，2020-12-02.

② 胡瑞文. 影响我国教育公平与质量提升的教育经费缺口分析. 教育发展研究，2007（21）：1-6.

③ 项怀诚. 中国财政管理. 北京：中国财政经济出版社，2001：477-478.

第三，注重对资金分配和运用的科学管理，即改变传统单一的成本管理方式，建立现代科学的“成本-绩效”管理模式，以保证财政投入的使用效率，提高教育经费的使用质量。

第四，积极鼓励高校自我创收。在我国高教体制改革和高等教育普及化的背景下，高校自我创收的增长空间将更加广阔，成为高校最具前景的资金来源渠道。

建立多渠道科研经费筹集制度，搭建公正的科研经费分配制度。资金是现代市场经济的“血液”，贯穿整个经济发展的全过程。产学研协同创新是促进创新驱动发展战略的重要保障，是提升高校科研能力的途径，也是促进企业转型升级的保障。目前，资金缺乏是我国产学研合作的一大障碍，为此，充分发挥政府的作用、多渠道筹集合作资金至关重要。德国科研经费的68%来自经济界的赞助，17%来自各高等院校，15%由科研院承担。在美国的科研经费中，经济界则提供了75%。在日本的科研经费中，经济界提供了72%。[①]日本的科研资助体系分三个部分：一是政府资助渠道，采用竞争性的资金制度，用申报、审批、评估等手段，保证这些资金的使用效率；二是民间资助体系，采用产学结合的方式；三是民间基金会对科研的资助，被称为助成财团或财团。这一完善的科研资助体系保证了日本科研资金的多样化和竞争力，对我国科研资助体系的完善具有重要借鉴意义。因此，要形成多方位、多层次、多渠道的经费投入方式及分配制度，实现政府经费与社会资金的结合、国家经费与地方经费的结合，以进一步促进产学研合作。

考虑到我国的实际国情，应该从以下几方面着手。

（1）政府增加研究经费投入，实行财政优惠政策

教育部及政府相关部门要继续增加科研经费投入，合理配置研究经费的比例，增加基础研究的经费投入。同时，采取多种优惠措施鼓励新建本科高校积极开展产学研合作，如可以在税收、校企合作、个人利益等方面对科研项目的立项、研发、推广实行更大的优惠，使有限的经费能更多地直接用于项目。

对于新建本科高校来说，从技术研发到产品转化的整个过程都离不开资金的支持，而从目前来看，新建本科高校本身资金短缺且自我转化的资金能力和实力较弱，又缺少资金渠道，导致自身科研能力受限；对于企业来说，由于科研成果

① 德国科研经费支出落后于日本和美国. http://tech.sina.com.cn/it/m/61785.shtml，2001-04-07.

转化具有一定的风险性，企业不愿承担全部风险，而希望政府通过有关政策（如补偿）或风险投资机构、金融机构介入，共同承担风险。因此，是否有风险投资资金顺利介入科技成果的研究开发、中试、商品化和产业化活动，是产学研协同创新能否成功的重要环节。政府应发挥主导作用，在加大政府对产学研结合支持力度的同时，进一步建立和完善风险投资机制。在路径选择上，风险投资的起步阶段政府应提供引导性和示范性的科技风险资金，各级财政可以每年拨出一定的专项资金作为科技风险基金和贴息资金。在政府的角色上，政府不仅是资金的投资者、管理者，还要作为制度的设计者和监督者，积极制定科技风险资金的相关政策，完善风险投资环境，做好风险投资监控。

地方科技管理部门可以采取产学研合作和民间筹资的方式增加科研经费渠道。积极推动中央政府、地方政府、地方高校、科研院所、企事业单位等建立产学研联盟等机构，建立促进产学研合作的专项资金，重点扶植具有发展前景的合作项目；同时鼓励产学研各方以自筹资金、自愿结合、自我发展为原则，建立科技信用社等金融机构，为产学研各方合作提供急需的资金；拓宽民间资本投资渠道，建立民间科技资本基金会等，将民间资本转化为科技资本，建立完善的民间资本投入和使用规定，保障民间资本的合理利用。对于有市场前景的科研项目，可以采用招资的形式寻求社会各界对科研项目的资金支持，实行风险共担、利益共享；对于那些风险大、周期长、资金需求多、企业投入困难的高科技项目，应提供必要的配套资金，同时也要建立相应的监督机制。①

（2）协调好经费投入，保障经费分配的公平性

2015年，国务院发布《关于深化中央财政科技计划（专项、基金等）管理改革的方案》，将部门管理的科技计划（专项、基金等）整合形成五类科技计划（专项、基金等），避免交叉重复，提高科研经费的使用效率。与此同时，在具体科研项目的经费分配上，要杜绝“官大学问大、权大经费多”的现象，去除经费分配的行政化倾向，回归科研的学术性，激发有潜力的科研人员的学术激情和创造性；引入第三方监督评价模式，对科研经费的使用和科研成果进行考核，保证经费分配的公平性。

① 宋健，陈士俊. 国外产学研政策的经验与启示. 现代管理科学，2008（7）：36-38.

（3）完善科研经费管理机制，提升科研经费的使用效益

就我国来说，要改变现有的科研经费弊端，只有加强和改进科研经费管理，建立完善的科研经费管理体制，才能切实提高科研经费的投入产出效益。要充分发挥政府在科研经费管理中的杠杆效益，从科研经费的筹措、分配、使用与监督评测入手，创新科研经费及财务管理机制，充分发挥政府科研经费的引导、示范效益，有效实现科研经费筹集方式与渠道的多元化，提高科研经费使用效益，推动科技创新的持续、快速发展。

首先，完善科研经费使用管理办法，补偿科研人力成本。科研活动是一个复杂的创新活动，不仅包括体力劳动也包括脑力劳动，而脑力劳动尤为重要。但是在现有科研经费报销制度中，较少体现脑力劳动的价值。在绝大多数发达国家中，如果科研成果获得审批，那么科研经费可以由科研人员自行掌握。科研人员可以把大量科研经费用于聘请最优秀的科学家和支付科研人员的劳动报酬。我国的自然科学基金和社会科学基金中并不包括科研人员劳动报酬的内容。这就使得科研工作人员在繁重的科研劳动工作之外，还要想办法支付科研人员的劳动报酬。因此，在科研经费的管理中可以适当增加科研活动的人力资源成本，建立和完善科研成本核算制度，确定人员经费等各项间接成本标准；调整高校教育事业费的拨款计算方式，对高校科研人力资源成本进行补偿，优化高校科研经费使用结构，可由教育部、财政部和科技部等主管部门牵头，组织有关高校测算科研成本，制定真实、可靠的标准，以更加科学、合理地测算科研成本，并结合高校现实情况制定可行的核算方法，以完整、真实、可靠地计算各项科研成本为基础，开展科研经费绩效评价，提高科研项目资金的使用效益。

目前，我国关于科研经费的管理办法出台的也较多，除《科研经费管理办法》以外，还专门制定了一些专项的经费管理办法，如《国家重点基础研究发展计划（973 计划）专项经费管理办法》《国家高技术研究发展计划（863 计划）专项经费管理办法》等。但是相关的经费管理发展尚有不完善的地方，应逐步修订完善有关科研经费管理办法，加强科研经费的统筹管理，从预算管理转变为目标管理。以人力成本为例，在科研经费管理相关规定中可以提出：人员经费不限于研究生和临时聘用人员的劳务费开支，项目负责人和课题组成员根据贡献（如工作量）大小提取一定比例的劳务酬金，可以参照美国的通行做法，按支付一定时期的工资津贴标准提取人员经费；人员经费开支比例相应提高，进一步明确各类

人员的工资津贴等标准，以提升科研人员的生活质量，提高其工作积极性；改进人员经费支付手段，防范财务监管漏洞，降低管理成本，如科研项目人员经费必须由高校财务部门采用委托银行发放方式直接转入科研人员的银行账户，不得按比例一次性预提；结余经费不再回收，鼓励将其用于后续科研工作等。

其次，加强科研经费及运行中的监督。科研效益是评测考核科研活动的最主要指标，也是科研经费管理的基本要求，要把科研经费管理的重点放在支持项目成果应用与出版发表、支持项目的后续研究上，要建立完善的科研经费跟踪问效制度，重点是要加强和改进监督工作。为此，必须建立健全的政府宏观监督、主管部门日常监督、研究机构内部控制、审计部门事后监督、各司其职、各尽其责的经费管理监督机制，提高科研经费的使用效率，保证经费使用的公正性。

一是在宏观层面上，要进一步完善科研经济监督的制度建设。一方面，要完善科研经费管理法规，对科研经费的申请、支付、管理、监督进行规范，做到有法可依、违法必究；另一方面，要健全监督的组织体系，既要避免职能重叠，又要防止出现监管漏洞。

二是在经费使用的内部控制上，要把经费支配权完全交给项目负责人，把事权与人权也交给项目负责人，为项目负责人提供发挥作用的空间；同时，应根据经费使用数额的大小确定审批权限，通常由单位主要领导或分管领导审批，数额较大时经单位会议讨论，防范项目负责人在没有监督管理的情况下超范围开支。要对资金流向进行严格规定，有条件的要建立专门账户，以清楚地反映科研经费去向。

三是建立与效益挂钩的经费拨付机制。根据科研活动的实际进展情况，分批次拨付经费，改变只要项目立项经费就到位的现象。操作上可把科研活动按立项、实施、验收等步骤划分为若干阶段，在每一个阶段按比例拨付一定数额的经费，项目验收或投入应用后再拨付全部经费。

四是建立由出资人成立的监事会，对科研经费进行全过程的监督，科研单位或项目组定期向监事会报告科研情况的经费管理情况。

五是进一步完善审计制度。目前，政府对国有资金实施审计，审计大多是面对面进行。今后，要扩大审计范围，不论资金来源，只要是政府科研机构使用的科研经费都要进行审计；同时，将“面对面”审计改为“背靠背”审计，减少审计人员与被审计人员的不正当接触。

4. 引导支持新建本科高校提升服务地方经济社会发展的能力

伴随着我国社会主义市场经济体制的日益完善，高等教育的内外部发展环境正在发生大变革，高等教育的大众化、国际化和市场化也成为必然趋势。在经济转型时期，政府对高等教育的发展一直承担着重要责任。虽然本书所谈到的政府职能是以治理理论为基础的，但并不代表政府在高校社会服务过程中的无所不为，而是承担高校社会服务过程中的"应有职责"，这既是政府有效性的前提，也是政府德性的基础定位。在治理理论下的公共治理中，有两种基本的治理模式：一是多层治理，也就是不同层次的治理主体之间的交叉网络关系；二是伙伴关系治理，也就是同一层次不同类型的治理主体之间的交叉网络关系。从整个社会治理过程来看，多层治理与伙伴关系治理两种模式的结合恰恰构成了社会治理的网络。在这一治理网络中，政府是中心，必须承担领导责任，它不仅是网络的一个节点，还是把众多治理主体结合起来的联结者。政府的主要责任和任务是确定目标和政策，并动员多方进行参与、协商和合作，从而达成共同目标。

（1）改革高等教育管理体制，完善高校服务社会的运行机制

当前，我国高校社会服务的发展过程中出现了一些问题，如高校社会服务经济效益差、高校办学资助权对高校社会服务活动限制、法律制度环境建设亟须完善等。在我国政府长期主导高等教育的背景下，这些问题的解决都需要政府的主动作为，通过高等教育管理体制和制度的变革，为高校服务社会创建良好的制度环境。

当前我国正处在社会转型发展时期，政府和高校的职责也在发生着变化。如何平衡政府与高校之间的关系成为现阶段的首要问题。我国高校长期以来都是以政府主办为主，其他社会力量只起到辅助作用，参与度较低。关键是高校如何从"象牙塔"走出来，更好地履行社会服务职能。因此，调整政府和高校之间的关系、找准各自的定位、制定符合各方利益的法律政策、科学地设计政府与高校之间的互动和运行规则，成为完善高校和地方政府关系的前提。要重构高校与地方政府之间的关系，就必须重新对政府进行角色定位，并完善高校服务社会的运行机制。

（2）明确政府的角色定位

在计划经济体制下，政府在高校中所扮演的角色是多样的，政府既是高校的举办者，也是高校的管理者，更是高校的实际办学者。市场经济体制下，高校的

举办者是指依法举办高校的政府、社会组织和个人，这种情况下政府的角色定位是：首先，政府是公立高校的举办者，不是所有高校的举办者。随着中外合作办学形式的出现和公立高校的转制，政府不再是唯一的公立高校的举办者。其次，政府是所有高校的行政管理者。最后，政府不再是高校的办学者，其中包括公立高校和社会力量举办的高校。[①] 政府进行角色定位时，第一种角色出现了分化，已不再是全部高校的举办者；第三种角色则蜕变得最为彻底。由此可见，政府角色出现了分离，即高校举办者与办学者两种角色的分离，政府不再是唯一的高校举办者，同时将办学权还给学校；然而要真正赋予高等学校办学实体地位，需要扩大高等学校的办学自主权。高校的办学权也就是所谓的经营权，是高等学校按照相关法律规定，对其所经营管理下的财产、设施和资金享有的占有、使用及依法处置的权力，以及依据法律章程对教学、科研、人事、行政和生产享有的组织、决策和指挥的权力。公办高校的资产所有权归属国家，政府代表国家运用法律、拨款、政策、信息、评估等手段对国有资产进行宏观管理；高校享有法人财产权，依法自主管理和经营举办者提供的资产，依法自主开展教学、科研和社会服务，是真正的法人实体，并依法享有民事权利和承担民事责任。《中华人民共和国高等教育法》中规定，高校的办学自主权包括招生权、专业设置权、科学研究权、教学权、对外交往权、校内机构设置和人事权、资产权。[②] 政府不得随意侵犯这些权力，而且落实这些自主权也是政府应该承担的重要任务。政府的角色定位随着高等教育的改革发展发生了变化，剥离一些政府不应该承担的或承担不好的功能、明确政府的应有角色、突出高校的自主办学权利和法律地位，对于进一步调整政府与地方高校之间的关系、更好地发挥地方高校社会服务功能具有一定的积极意义。

（3）完善政府宏观调控机制

喻岳青认为，“政府对高等教育宏观管理的职能在于调控和服务，其作用具体体现在五个方面：一是定教育标准；二是保证教育质量；三是促进教育发展；四是规范教育活动的行为；五是做好教育服务工作”[③]。周川从另一个侧面进行了阐述：“政府对高校的管理职能，不应该在学校内部的环节和日常事务上，政

① 张华. 教学设计研究：百年回顾与前瞻. 教育科学，2000（4）：25-29.

② 中华人民共和国高等教育法. 中华人民共和国全国人民代表大会常务委员会公报，1998（4）：315-324.

③ 喻岳青. 政府对高等教育宏观管理的职能调控与服务. 辽宁高等教育研究，1995（6）：17-19.

府应该将其管理放相高校系统内外部的宏观关系和高教事业的质量与标准上，具体而言就是政府对于高校的管理职能应该体现在以下几个方面：一是立法与规划；二是拨款与筹款；三是评估与监督；四是指定各类高校的设置基本和审批新建高校；五是指定高校干部任免标准。”①

因此，我们可以将高校的宏观调控大致分为以下几个方面。

一是加强教育立法。进一步明确高校的权责关系与范围，理顺政府与高校的关系，转变政府职能，扩大高校办学自主权，拓宽高校社会服务职能，必须通过立法来保证，发达国家的教育改革实践充分地说明了这一点。既要做到充分放权，又要确立真正有效的高等教育法律控制机制，从法律上保障高校的权力、责任与利益，使集中管理与合理分权协调一致。政府要依法治教，必须制定《中华人民共和国高等教育法》的配套法律法规，重新定位政府、高校、社会在高等教育领域的责任和义务，以及相互的责、权、利关系，其中最为重要的是，高校与政府之间的责权关系及各自的职责范围最终能够以法律形式将高校的社会服务职权真正落实下来。因此，要保障新建本科高校在开展各类社会服务活动中的权益，必须以成文的法律法规进行调控，以保护新建本科高校教师的知识产权、新建本科高校的科学技术专利、师生专利入股的利益分配、新建本科高校与社会合作中的合法地位等。相关法律法规的出台将有利于弥补市场准入所带来的某些缺陷。

二是合理使用教育拨款。如果没有有效、合理的拨款制度和机制，政府要充分、有效地履行宏观调控的职能就很困难。拨款是政府管理高校的有效手段，应改变现有的按学校规模大小、学生人数或教师人数拨款的方式，引进绩效预算的管理运行机制，将财政性拨款与高校的若干社会服务绩效及各类资源的有效利用率挂钩，如服务周边社区人数、每年做志愿者人数、组织培训次数等。这样，既不需要直接干涉学校社会服务的具体过程，又能有效地引起高校对社会正当需求的高度重视，促使高校主动服务地方。

三是完善高校服务社会的引导机制。新建本科高校开展社会服务，必须坚持促进地方区域发展的同时促进自身的全面发展。新建本科高校服务地方社会，不能建立在舍弃自身长远利益的基础之上，应思考新建本科高校如何服务社会，以什么样的方式来服务社会，以什么样的内容来服务社会，遵循什么样的原则，怎样

---

① 周川. 高校与政府关系的几点思考. 高等教育研究，1995（1）：73-77.

服务才有利于高校自身的发展，怎样服务才能最大效度地促进地方社会的发展等。

针对这一系列问题，需要建立指标体系，即需要通过科学的评价来引导地方的社会服务。①评价体系的建设要反映高校社会服务的多样性。由于不同类型的高校的社会服务形式不尽相同，高校社会服务内容具有多样性，社会对高校的服务需求具有多样性，不同社会实体对高校的人才和技术需求也不尽相同。因此，评价体系要能反映多样化的标准，从而指导不同类型的高校发挥各自优势，更好地服务社会。②评价体系的建设要反映高校社会服务的实效性。新建本科高校服务地方社会的实效性体现在地方社会对高校服务需求的满足度上，其中包括新建本科高校人才供给的满足度、科技供给的满足度、资源共享的满足度、信息服务的满足度等。通过社会满足度调查可以获得客观的评价指标，形成广泛的他评体系。③评价体系的建设要反映高校自评机制的完善性。评价的目的在于促进改善，评价新建本科高校社会服务是否成功，要考虑新建本科高校自觉、自省能力是否提高。只有当新建本科高校自觉地形成一套有理有据、能指导社会服务工作有序进行的社会服务评价标准，评价体系的建设才有意义。政府将社会服务绩效纳入对高校的评价体系指标中，有利于社会服务的科学化、合理化和制度化。社会服务的评价指标可从以下几个方面来制定评估标准：教学社会服务，包括高端技能人才培养、成人教育、非学历的社会技能培训和岗位培训等；科研社会服务，包括开展社会需求的技术研究、向社会提供咨询与决策服务等；物质资源社会服务，包括图书馆、体育场等硬件设施的有偿或无偿开放，实训基地等方面。

（4）完善高校服务社会的运行机制

通过机制的构建与运行来营造良好的社会服务环境是政府的一项重要高等教育职责。政府是高校社会服务活动的重要参与者，发挥着组织、拉动、协调的功效。它可以以与其主体相平等的身份来参与具体活动，以弥补市场作用的缺陷。由此可见，为营造良好的社会服务环境，政府在创新平台中首先要通过目标引导的方式，完成三个机制的建造与监督运行，即规范机制运行（发现和确立新型的、更加有效和高效的机制）、协调机制运行（消除矛盾、达成共识、创造合作机会）、参与机制运行（平等参与并弥补市场作用缺陷）。

高校社会服务活动不仅需要短期的扶持政策，更需要长期稳定的政策环境。政府在市场中属于拥有特别权力的主体，具有其他市场主体所不具备的优势，政府可以利用自己特有的身份，作为特殊中介来帮助其他主体消除矛盾，对其行为进行宏观协调，从而创造合作机会。在高校社会服务议程中，政府作用作为高校服务社会的“推力”和市场寻求技术创新的“拉力”，共同作用，促进创新的产生、扩散和应用。高校社会服务职能的发展受企业、高校、研究机构各自表现的影响，其相互之间的作用也决定了高校社会服务职能发展的好坏。

政府要扫除合作和网络协作的障碍，促进高校、公共研究机构和企业之间的合作，应加强以下两方面的工作。一方面，加强公有部门内部的协调。政府机构要更多地了解影响高校社会服务发展的因素以及自身在高校社会服务过程中的作用；总结政府机构中的成功经验并在其他机构进行推广；利用已有或新建的论坛等媒体，在各级政府之间、不同政府机构之间以及工业界、学术界之间协调高校发展社会服务职能的共性问题。另一方面，加强高校与政府的协调。明确政府部门与高校之间在高校社会服务过程中存在着事实上的伙伴关系和共同利益，增强政府与高校之间的互补性。

（5）完善高校社会服务的激励机制

促进新建本科高校社会服务的开展，需要建立一套有效的激励机制，提高新建地方本科高校为社会服务的动力，为此，需要考虑以下几个问题。

首先，激励主体与激励客体的划定。地方政府、地方社会、新建本科高校三者之间，地方政府为激励主体，地方社会、新建本科高校是政府的激励客体，同时，新建本科高校与地方社会又互为激励主客体。地方政府通过奖励手段调动新建本科高校服务社会的积极性和激活地方社会的高校服务需求，新建本科高校与地方社会之间可以通过相互满足需要来保证双方获益。

其次，激励因素的提取。调动新建本科高校服务地方社会的积极性要调查新建本科高校服务社会的动机。新建本科高校服务社会的动机可能存在随意性和短期性，挖掘动机的同时需要指导良性动机的形成。期待提高新建本科高校教学与科研水平，优化新建本科高校校园环境，提高新建本科高校师生待遇等，都可以被视为新建本科高校服务地方社会的动因。地方政府应从政策上给予肯定，从措施上给予保障。地方社会也应对新建本科高校的服务给予合理回报。对于地方是否选择由新建本科高校提供人才培训或科技服务、是否选择与新建本科高校合作等，其考虑的因素涉及面很广，不免出现裹足不前的状况。为解除社会的诸多顾虑，地方政府应当宣传成功的范例，提供科学的核算，出台相关的保障政策等，以解除不当的保守行为，开辟发展的新道路。面对地方迟钝的高校服务需求反应，新建本科高校要站得高、望得远，提前感应社会的需求，引导社会的需求方向。

最后，激励效果的产生。要使地方政府对新建本科高校与地方社会的激励效果有效、有力，使新建本科高校与地方社会之间相互包容、相互促进，就需要建立一套严密的制度予以支撑。要保证新建本科高校和地方社会的需求得到满足，使需求合乎规范、合乎情理，就需要建立相应的保障及导向制度，同时要保持新建本科高校与地方社会受激励作用的长久性。新建本科高校、地方社会、地方政府应定期出台目标、计划，形成目标激励制度。在新建本科高校服务社会的过程中，高校与社会为满足自身需求而产生的违规行为必须被限制，这就需要建立相应的制度进行规范。[①]

（6）搭建社会信息交流平台，打通高校、地方的横向链接

当前新建本科高校与地方社会之间尚未建立有效的横向联系，彼此不能够快速、便捷地获取对方的信息。在新时期，如何挖掘地方社会的内在发展潜能成为地方发展的一个重要抉择。新建本科高校拥有地方先进的知识库，是地方社会人才培养的摇篮，是支撑地方长远发展的智力支柱。政府应当为新建本科高校与地方之间搭建沟通桥梁，建立起人才、科技需求与供给之间的信息沟通交流平台。政府、高校和地方三者共同搭建社会服务的信息平台，形成高校与地方经济发展的畅通渠道。将地方政府、科研机构、地方企业、文化事业单位等培训需求、技术开发需求等信息，以及高校的教育教学资源、科研资源等信息进行收集、归类和建档，纳入社会服务信息库，以新建本科高校为中心，构建服务网络，将各种社会服务需求与供给信息提供给学校和企业，便于双方联系沟通、加强合作，更好地服务地方社会发展。政府宏观引导、鼓励社会各界参与信息平台的搭建，在高校与地方之间建立起透明的市场体系，全面拉动地方对于人才、科技和信息等需求，展示新建本科高校的人才、科研和专利等成果。

（7）加强社会中介组织建设

伴随着我国社会主义市场经济体制的完善，我国政府的行政管理职能正在发生转变，政府逐渐从具体的事务管理中脱身，将目光投向宏观调控。在高等教育管理领域，政府正在进行从集权走向分权的改革。一方面，政府逐渐放权给高校，扩大高校的办学自主权；另一方面，政府则将一些高等教育管理的权力委托

---

① 刘哲. 广西高校社会服务职能研究. 长沙：湖南师范大学，2009.

给正在不断发展壮大的各种教育中介组织。

教育行政主管部门依据教育行政管理工作的需要，以已有的法律、法规或规章为依据，将一部分教育行政职权委托给非行政机关的组织，即教育中介组织。从法理上看，教育中介组织受教育行政机关委托行使一定的职权，这种委托行为并不代表教育行政职权和职责的同时转移。教育中介组织只是在一定的委托范围内行使教育管理权，且必须以接受教育行政机关委托的形式来执行。因此，教育中介组织并不是政府所属机构，也不是政府的附属组织，更不是政府与高校之间的行政管理层次，而是按照一定的法律法规，遵循独立、公开、公平、公正的原则，参与教育事务管理与决策的社会组织。教育中介组织所承担的是原本政府部门并不应该承担的那部分责任，也就是过去由政府全权管理的那些本不应当管理的事情，如教育评估、教育咨询等。[①]

当前高等教育服务出现“政府失灵”和“市场失灵”现象，教育中介组织如果能够有效介入高等教育服务中，将大大减少失灵现象的发生。我国高等教育在传统的“国家–社会”二分模式下，社会中介组织的生存空间、发展环境、作用有限，目前我国正尝试发展教育社会中介组织。在西方一些国家，尤其是发达国家，教育中介组织的发展相当完善，基本上成为高等教育治理中的重要一级。国外教育中介组织根据其独立程度可以分为：①以政府为侧重的教育中介组织，如日本的中央教育议会和英国的高等教育基金会等；②以高校为侧重的教育中介组织，如意大利的教授委员会等；③处于中间状态的教育中介组织，如美国的卡耐基高等教育委员会等。这些教育中介组织在高校与政府沟通中扮演着重要角色。

从我国的国情出发，我国要吸取发达国家的一些先进经验，加强教育中介组织的建设，可以从以下几步入手。首先是要加速政府职能转变。政府只有摆脱“全包”的管理模式，从直接管理转变为间接管理，将本应由教育中介组织承担的职能归还，才能真正地调动教育中介组织的积极性，更好地发挥中介组织的沟通桥梁作用。其次是要加快相关法治建设。法律法规是教育中介组织职能得以发挥的保障，政府应逐步制定有关教育中介组织的法律法规，并依法建立相关监督机构和执法机构，教育中介组织才能真正做到有法可依、有法必依，才能在制度规定的范围内行使职能。最后是要制定教育中介组织的整体发展规划。政府应依据社会经济和高等教育发展的实际需要，做好教育中介组织发展的战略规划和部

① 李春玲. 论政府教育行政有限职能观. 重庆大学学报（社会科学版），2001，7（2）：95-97.

署，从实际出发，对已有的教育中介组织进行优化、改造，优先发展与高等教育关系密切的教育中介组织。

（8）加强应用型科研，充分发挥智力支撑作用

目前，我国高等教育正处在内涵式发展、转型提升的关键时期，经济发展也处于转型升级的历史阶段，地方转变经济发展方式和推进区域创新对新建本科高校提出了新的、更高的要求。新建本科高校只有积极适应区域产业转型升级需求、优化科研布局、围绕学科建设和专业发展开展应用研究，形成特色和比较优势，才能在区域创新驱动发展中有所作为，并支撑应用型人才培养目标的实现，提升学校的办学实力和水平。

首先，明确新建本科高校的应用性科研定位。新建本科高校的办学定位决定了其科学研究的出发点和功能，因此从新建本科高校的科研功能来看，其外部功能的重点应该集中在促进区域经济发展和为产业企业提供技术支持方面，其内部功能的重点应该为推动教育教学改革，以提高应用型人才的培养质量。基于此，新建本科高校的科研定位要根据创新发展驱动战略的实际和转型发展的总体要求，从地方经济社会发展的实际需求出发，更加突出实践性、区域性和应用性。联合国教科文组织在1978年明确提出，高等教育的新任务是“养成有利于社区发展的态度，要根据对人力需求的预测和各种不同资格的要求来培养专业发展的人才；要利用科学理论上的研究和应用科学的实际探讨为社会服务……”[①]。同时，与重点高校相比，新建本科高校的科研实力还不够，在高、精、尖领域的研发能力不足，因此，在技术研发过程中，可以将关注点放在应用研究、开发研究、技术转移、技术服务等科研长链的中下游，在服务企业技术创新项目中寻找科研生长点。

其次，新建本科高校的布局要紧密结合地方科技文化建设与资源开发情况。由于独特的区位布局，新建本科高校具有研究地方问题的天然优势，能够从现有地方资源出发，进一步挖掘和丰富地方文化资源，传播地方科学文化知识。因此，新建本科高校的人文、社会科学的相关研究要深入地方特有文化，充分利用具有鲜明地方特色的文化资源，深入做好具有地域性和实际性的研发工作，为地方政府和地方经济社会文化发展提供智力支撑；在自然科学研究和科技创新上，要加强对地方特有资源的研究与开发，根据地方特色资源发展新的研究方向，做到物尽其用，形成独特的科研优势。

① 邬大光，潘懋元. 我国发展地区性高等教育的理论探讨. 教育研究，1990（3）：23-27，70.

最后，新建本科高校的科研要注重将新技术成果向实际成果与教学内容转化。为达到高校科研成果的最大价值，一方面，新建本科高校必须将科研成果用于地方经济发展，以解决地方问题、实现地方社会发展，政府要采取多种措施促进高校科研成果转化；另一方面，新建本科高校要开展以提高教学质量为目标的人才培养模式改革、教学模式改革、教学方法创新等相关研究，以科研促进教学，从而达到既能产出大量服务地方经济社会发展的适用性成果、又能提高教师的科研能力和教学能力、还能培养大量应用型人才的“三赢”目的。

第七章　地方政府在关系重构中的角色与对策

地方政府在与新建本科高校的关系中处于主导地位，政府的角色和作用具有不可替代性，特别是在引导新建本科高校向应用技术型大学转型发展时，为深化产教融合、校企合作牵线搭桥，在提供政策保障、资金支持、公共服务等方面，地方政府具有权威优势。新时期，“四个全面”战略布局和“放管服”改革的深入推进，为地方政府转变职能、促进治理体系和治理能力现代化指明了方向，也对其提出了更高的要求。在重构新建本科高校与地方政府的关系中，地方政府应以“五大发展理念”为指导，深入贯彻落实党的十九大精神和习近平新时代中国特色社会主义思想，准确认识新建本科高校在助力地方经济社会转型升级中的重要作用，加强与新建本科高校的互动联系，特别是加大对新建本科高校的政策支持力度和资金支持力度，为新建本科高校转型发展及深化创新创业教育改革提供公共服务。本章结合黄河科技学院与河南省政府、郑州市政府在互动发展中的实践经验，分析地方政府在关系重构中的角色、职能及治理举措。

一、地方政府与新建本科高校关系重构的案例

自党的十八届三中全会以来，尤其是创新创业工作开展以来，由于教育教学工作成绩突出，黄河科技学院赢得了各级政府的广泛关注和支持，并已深深体会到政府职能的转变。自学校启动创新创业工作以来，特别是与二七区政府共建“U创港”创新创业综合体以来，河南省政府、郑州市政府、二七区政府多次来校

考察指导工作，科技厅、科技局、人力资源和社会保障厅（简称“人社厅”）、人力资源和社会保障局（简称“人社局”）等多个部门领导参与学校创新创业工作的规划修订，人力资源和社会保障、税务、工商等相关部门主动上门服务，帮助大学生创业者解决现实困难，在政策、人员、资金、服务等多个方面给予大力支持，充分体现了地方政府转变职能的显著成效。由此可见，地方政府主动作为、转变职能、履行职责、完善法律法规，对于新建本科高校的事业发展而言，是一股强大的推动力。

（一）给予完善的创新创业政策支持

黄河科技学院卓有成效的创新创业工作离不开政府的大力支持，尤其是优惠政策带来的资金支持、服务支持。

一是学校获得政府大量的创新创业资金扶持。近年来，黄河科技学院先后获得首批“全国创新创业典型经验高校”、首批“全国深化创新创业教育改革示范高校”、首批“国家级众创空间”、首批“全国大学生创业示范园”“国家级科技企业孵化器”“2018中国100家特色空间”、首批“河南省双创示范基地”等。“十三五”期间，园区已累计帮助71家企业申请各类创业扶持资金543.6万元；协助企业和团队获得投融资15 753万元；推荐9个项目入选“智汇郑州·1125聚才计划”，获得政府产业化引导扶持资金1800万元；各孵化载体累计获得政府奖补资金2256.73万元。其中，河南嘉禾智慧农业科技有限公司获得政府创业扶持资金35万元，河南先度网络科技有限公司3次获得扶持资金27万元，郑州飞轮威尔实业有限公司2次分别获批政府创业扶持资金15万元、13万元，河南茂美广告有限公司2次获批15万元。

2016年6月，黄河科技学院大学科技园两个项目获得郑州市2015年度首批“智汇郑州·1125聚才计划”400万元的项目产业化扶持资金。黄河科技学院大学科技园入驻企业河南五丰新能源科技有限公司董事长李保谦带领的创业团队获批二七区唯一“创业领军团队”，新药研发中心吕志俭获批“创新领军人才”，分别获得郑州市300万元和100万元的项目产业化扶持资金。

二是政府为创业者提供完善的公共服务。在政府出台的一系列利好政策的引导和推动下，黄河科技学院与郑州市二七区政府共建“U创港”创新创业综合体，由二七区政府主导共建公共服务平台，为学生提供工商、财务、税务等一站式服务。同时，在郑州市科技局、郑州市人社局的大力指导下，学校成立创业服务中心，为学生提供项目论证、政策咨询，为入驻园区的公司提供财务代理、法律咨询、专利代理、物业管理等服务。学校在政府奖补资金的基础上，设立创业种子基金300万元作为学生创业的启动资金，并积极对接众筹网、顺势创投、天鹰资本、秉鸿资本等创业投资服务机构，为学生创业提供金融服务和资金支持。

三是学校受到上级政府的高度肯定。2015年10月，学校被河南省教育厅评为大学生创业示范基地；2015年12月，被河南省教育厅、河南省人社厅、河南省财政厅、河南省工业和信息化委员会、河南省商务厅、共青团河南省委员会评定为首届中国“互联网＋”大学生创新创业大赛河南省高校优秀组织奖；2016年5月，被河南省人社厅、河南省教育厅评为2015年度河南省普通大中专毕业生就业创业工作先进单位。“十三五”期间，学校获得创新创业教育相关的国家级荣誉7项，省级荣誉18项。

近年来，河南省政府按照“全国找坐标、中部求超越、河南挑大梁”的理念，实施开放创新双驱动战略，“大众创业万众创新”氛围日益浓厚，特别是《河南省人民政府关于发展众创空间推进大众创新创业的实施意见》发布以来，创新创业成效不断显现，有力地引导和服务了区域内新建本科高校。河南省出台多项措施鼓励“大众创业万众创新”，如打造更多创客空间，大学生休学创业可保留3年学籍，事业单位科研人员可兼职当创客，设立科技创新风投基金扶持培育优秀科技企业。[①]大学生创业可申请5000元开业补贴，大中专学生创业费用年补贴最高1万元，“互联网＋”省级优秀项目最高可获15万元资助，“创业担保贷款”最高可贷款10万元，就业见习、留用率过半的单位每人每月补贴1000元，“就业失业登记证”将变身“就业创业证”等措施。[②]

2014年8月，河南省人力资源和社会保障厅、河南省财政厅联合下发《关于进一步加大大学生创业扶持力度的通知》，指出对大学生自主创办企业或从事个体经营的，分别给予2万～15万元的资金扶持；对毕业2年内高校毕业或毕业学年高校毕业生初始创业者，取得工商、税务登记和有固定经营场所并进行稳定创

---

① 河南出台一系列创客扶持优惠政策 激发创新创业活力. http://www.wenming.cn/syjj/dfcz/hn/201512/t20151211_3014684.shtml，2015-12-11.

② 河南省出台27条措施激励“大众创业万众创新”. https://www.sohu.com/a/33282320_114812，2015-09-25.

业经营活动的，将给予一次性5000元的创业补贴。①

2015年5月，《河南省人民政府关于发展众创空间推进大众创新创业的实施意见》发布，规定在校大学生（研究生）到各类孵化载体休学创办小微企业，可向学校申请保留学籍两年，并可根据创业绩效给予一定学分奖励。②

2015年7月，《中共河南省委河南省人民政府关于深化科技体制改革推进创新驱动发展若干实施意见》发布，规定对省级以上科技企业孵化器、大学科技园，根据其新增孵化面积、新增在孵企业数量等因素给予运行费补助；对省级科技企业孵化器投入的种子基金按不高于20%给予配套支持；采用政府购买服务方式，对众创空间提供的宽带网络、公共软件服务费用，按照50%的比例给予补贴；郑州市支持面向产业创新的公共技术服务平台建设（包括以企业主体建设），经评审认定，可给予不超过50%的建设成本（不包含基建）资助；统筹省科技专项资金1亿元，对高等学校、科研院所利用闲置楼宇构建众创空间，按其改造费用50%比例（最高不超过200万元）给予补贴。③

2015年7月，郑州市人民政府、河南省教育厅、河南省科学技术厅、河南省人力资源和社会保障厅发布《关于印发鼓励科技人才和大学生在郑创新创业的若干政策措施的通知》，指出实施大学生创新创业资助计划，对通过遴选和评审的大学生优秀创新创业项目给予5万～15万元资金支持；对入驻创新创业综合体、注册满1年且运行良好的大学生创办企业，经认定符合条件的，给予创新创业团队2万元资金奖补；全面落实大学生创业担保贷款政策。④

2016年3月，《郑州市人民政府关于进一步做好新形势下就业创业工作的实施意见》发布，规定入驻市级创业孵化基地创业的毕业两年内大中专生等八类人员在享受郑州市规定的各项优惠政策的基础上，享受场地、房租补贴，大中专学生自主创业、贷款额度不超过30万元的，财政给予贴息。⑤

---

① 河南加大大学生创业扶持力度 最高可获15万资助. https://henan.qq.com/a/20140825/013674.htm，2014-08-25.

② 河南省人民政府关于发展众创空间推进大众创新创业的实施意见. https://www.henan.gov.cn/2015/06-01/239215.html?wscckey=e7e7a7f8745c15bc_1593221998，2015-05-16.

③ 中共河南省委河南省人民政府关于深化科技体制改革推进创新驱动发展若干实施意见. http://www.gov.cn/zhengce/2016-03/28/content_5059120.htm，2016-03-28.

④ 关于印发鼓励科技人才和大学生在郑创新创业的若干政策措施的通知. http://zzkj.zhengzhou.gov.cn/tzgg/2458729.jhtml，2015-07-14.

⑤ 郑州市人民政府关于进一步做好新形势下就业创业工作的实施意见. http://fgw.zhengzhou.gov.cn/work/708172.jhtml，2016-03-14.

2016年5月，《河南省人民政府关于大力推进大众创业万众创新的实施意见》出台，提出扩大高校和科研院所自主权，赋予科技人才更大创新创业空间；鼓励高校、科研院所支持科研人员离岗创业；鼓励高校、科研院所支持科研人员转化成果创业；深化高校创新创业教育改革；探索将高校毕业生创业情况列为高校生均拨款核定因素；在普通高校、职业院校、技工院校等全面推进创新创业教育等措施。①

2016年7月，河南省教育厅、河南省发展和改革委员会、河南省财政厅印发《关于引导部分本科高校向应用型转变的实施意见》，提出坚持统筹规划原则、坚持分类推进原则、坚持示范带动原则，力争用5年左右的时间，形成一批转型发展典型成果，总体就业创业质量显著提高，服务重点产业转型升级能力明显增强，人才培养立交桥更趋畅通，并提出10项任务和6项保障措施，为新建本科高校转型发展提供了强有力的政策支持和引导。②

2017年2月，河南省人民政府办公厅出台《关于支持大众创业万众创新基地建设的实施意见》，提出要充分挖掘高校、科研院所的人才和创新资源优势，深化教育、科技体制改革，促进科技成果加速转移转化，建成以创新型人才培养、科技成果转移转化、创新型人才创新创业为支撑的双创基地。③在其公布的首批河南省双创基地名单中，高校科研院所双创基地共有12个，包括黄河科技学院等多个新建本科高校。

2017年7月，河南省教育厅印发《河南省教育厅深化高等学校创新创业教育改革实施方案》，提出打通协同育人通道，强化高校与政府部门、行业企业和社会机构的对接；并提出加强创新创业教育工作组织领导，建立完善河南省高校创新创业教育专家指导委员会，开展高校创新创业教育的研究、咨询、指导和服务；把创新创业教育相关情况列入教学质量年度报告和毕业生就业质量年度报告重点内容，接受社会监督。④

---

① 河南省人民政府关于大力推进大众创业万众创新的实施意见. https://www.henan.gov.cn/2016/06-01/239484.html，2016-06-01.

② 关于引导部分本科高校向应用型转变的实施意见. http://jyt.henan.gov.cn/2016/08-16/1603363.html，2016-08-16.

③ 关于支持大众创业万众创新基地建设的实施意见. https://www.henan.gov.cn/2017/02-27/248793.html，2017-02-27.

④ 关于印发深化高等学校创新创业教育改革实施方案的通知. http://jyt.henan.gov.cn/2017/07-11/1603894.html，2017-07-11.

2018年2 月，河南省政府出台《关于强化实施创新驱动发展战略进一步推进大众创业万众创新深入发展的实施意见》，提出支持高等院校建立大学生创新创业实践平台；鼓励高等院校将科研成果用于大学生创业项目；促进高等院校、科研院所创新创业资源共享；推动创业投资企业与高等院校加强合作，共建创业投资实训基地，培养专业技术和管理人才；完善高等院校和科研院所人才激励机制等具体措施，引导支持高校深化改革。[①]

（二）给予改革发展有力的资金支持

1. 政府资金扶持黄河科技学院在校生创新创业

2013年，河南省教育厅经过广泛调研、高校推荐、专家评审、实地考察等环节，最终在全省高校中评审出43个创业项目，给予专项资金扶持，黄河科技学院音乐学院高勇创办的河南常歌文化传媒有限公司、新闻传播学院李笑创办的河南先度网络科技有限公司和国际学院马妮娜创办的河南本土风情文化传播有限公司3个大学生创业项目通过评审获得扶持。[②]2014年，黄河科技学院大学生创业（孵化）园在孵企业郑州三恩科技有限公司、郑州先度网络科技有限公司、郑州梳女馆商贸有限公司、河南茂美广告有限公司等7家企业荣获河南省大学生创业扶持项目，分别获得2万～15万元的河南省大学生创业资金扶持。黄河科技学院学生创业项目获得资助数量位列全省第二名。[③]2015年，由黄河科技学院学生主导的创业项目——河南嘉禾智慧农业科技有限公司、郑州诚照电子科技有限公司、郑州奇宇科贸有限公司获得总额度为23万元的河南省大学生创业体系建设引导专项资金扶持，这是黄河科技学院连续3年荣获该项资金扶持。[④]2019年，学校共有20项课题获批2019年国家级大学生创新创业训练计划项目。

---

① 关于强化实施创新驱动发展战略进一步推进大众创业万众创新深入发展的实施意见. https://www.henan.gov.cn/2018/03-09/239878.html，2018-03-09.

② 王国彬. 3个创业项目获得省教育厅大学生创业体系建设引导专项资金扶持. https://www.hhstu.edu.cn/news/contents/79/12092.html，2013-12-04.

③ 黄河科技学院创业（孵化）园7个项目获省大学生创业扶持项目. http://jyt.henan.gov.cn/2014/12-30/1605941.html，2014-12-30.

④ 朱含. 我校大学生创业项目连续3年获省教育厅专项资金扶持. https://www.hhstu.edu.cn/news/contents/78/19336.html，2015-10-28.

2. 政府大力支持黄河科技学院创新创业载体建设

2014年，河南省政府印发的《河南省科技企业孵化器发展三年行动计划（2015—2017年）》规定，对新认定的国家级孵化器、省级及以上大学科技园，省财政给予一次性300万元奖补；对新认定的省级孵化器，给予一次性100万元的奖补。[①] 黄河科技学院先后获批省级科技企业孵化器和国家级科技企业孵化器，按规定能够获得奖补资金400万元。

2014年11月，经地市推荐、专家评审、现场考察等程序，河南省科技厅发布《关于认定和组建河南省科技企业孵化器的通知》，批准黄河科技学院大学科技园孵化器组建河南省科技企业孵化器。2016年3月，科技部下发《关于公布2015年度国家级科技企业孵化器的通知》，黄河科技学院大学科技园被认定为国家级科技企业孵化器。这是学校继黄河众创空间获批国家首批众创空间以及大学科技园获批河南省大学科技园、河南省科技企业孵化器后，获得的又一项突破性成果。获批国家级科技企业孵化器，有助于黄河科技学院大学科技园高起点、高水平、高标准地建设科技园区，更好地整合科技人才资源，集聚创新创业要素，创新运行和服务机制；有助于学校建成布局合理、科技支撑有力、保障体系齐全、生态环境优良、产业集群优势明显的，专业化、规模化、国际化、有影响力的科技园区，助力河南省创新驱动发展和供给侧结构性改革。[②] 2019年，为促进科技企业孵化器高质量发展，科技部火炬中心开展了2019年度1173家国家级科技企业孵化器的评价工作。通过网上填报、统计计算、专家打分等严格程序，共有235家国家级孵化器被评为优秀（A类），其中河南省有11家，黄河科技学院大学科技园孵化器通过层层审核被评为优秀等级（A类）国家级孵化器。

3. 政府大力支持黄河科技学院深化教育教学改革

黄河科技学院收购了一家企业，在此基础上成立了河南华中星科技电子有限公司，从事超级电容器等产品的研发生产，2012年校企合作项目获得河南省发展和改革委员会工业结构调整项目资金316万元。[③] 2012年，黄河科技学院通信工

① 河南省科技企业孵化器发展三年行动计划（2015—2017年）. https://www.henan.gov.cn/2015/01-08/246712.html，2014-12-22.

② 李海霞，周丽华. 我校“黄河众创空间”获批全国首批众创空间 大学科技园被认定为国家级科技企业孵化器. https://www.hhstu.edu.cn/news/contents/78/17234.html，2016-03-03.

③ 高馨. 《河南日报》刊发校长杨雪梅在河南高等教育高峰论坛上的发言. https://www.hhstu.edu.cn/news/contents/78/13818.html，2015-05-16.

程专业获得河南省民办教育发展引导奖励专项经费120万元。[①] 2015年6月，河南省财政厅、教育厅奖励学校120万元民办教育发展奖补资金，专项用于奖励近年来投资规模较大的民办学校，支持民办高等学校品牌专业建设。[②] 学校与宇通重工等企业共建实习基地30余个，推动技术成果转化，其中与郑州宇通重工联合共建的人才培养、资源共享两个项目获得河南省首批校区合作奖励资金300万元。该资金由河南省教育厅、人社厅、财政厅联合划拨，黄河科技学院是河南省高校中获得该项资金最多的高校。2019年，河南省教育厅公布2019年民办普通高等学校品牌专业建设点名单，黄河科技学院入选3个专业，所获资助资金为300万元。[③] 2020年，河南省教育厅确定将黄河科技学院材料成型及控制工程、临床医学专业纳入河南省2020年民办普通高等学校学科专业建设资助项目，并已经下达相关资助经费。[④]

4. 政府奖补资金支持黄河科技学院转型发展

黄河科技学院2013年被教育部批准为全国首批“应用科技大学改革试点战略研究单位”。2015年11月，学校被确定为全省首批示范性应用技术类型本科院校，也是河南省唯一的试点民办高校。在近几年的转型发展中，学校得到各级政府的大力支持，在办学模式、教学和科研平台建设、人才培养模式、师资队伍建设等方面取得了较为突出的成绩。[⑤]

（三）搭建经验交流和品牌建设平台

黄河科技学院在办学模式创新、教育教学改革、创新创业工作、社会服务等方面开展了一系列扎实的工作，形成的特色化改革经验和突出成果等受到各级政府的高度重视和认可。政府和教育、科技等主管部门搭建了形式多样的交流和宣

---

① 高馨. 我校一品牌专业获百万专项经费奖励. https://www.hhstu.edu.cn/news/contents/78/8101.html，2012-10-18.

② 董黎丽. 我校获得省财政厅、教育厅120万元发展奖补资金. https://www.hhstu.edu.cn/news/contents/78/17559.html，2015-06-05.

③ 河南25所民办高校品牌专业建设点出炉 将获4900万元经费资助. https://www.henan100.com/finance/2019/869303.shtml，2019-08-02.

④ 河南省教育厅确定资助25所民办高校的57个专业. https://www.sohu.com/a/413199115_259415，2020-08-14.

⑤ 董黎丽. 我校成为全省首批示范性应用技术类型本科院校. https://www.hhstu.edu.cn/news/contents/78/19829.html，2015-11-24.

传平台，充分发挥学校在区域高等教育内的示范作用和辐射效应，进一步提升了学校品牌形象。

1. 政府搭台，黄河科技学院受邀做主题汇报

为推动大学生就业创业指导服务工作，加强国际合作与交流，2015年10月，由教育部全国高等学校学生信息咨询与就业指导中心主办的“2015年大学生就业创业指导服务国际学术研讨会”在北京召开，教育部高校学生司副司长荆德纲出席会议。河南省教育厅推荐黄河科技学院参会并做主题报告，学校校政企联动，构建创新创业型人才培养体系的特色和经验受到了国内外专家的一致好评。①

2015年，全国民办教育协会工作交流会在安徽合肥召开，来自全国21个省（区、市）民办教育协会的领导同志，以及安徽、海南、甘肃、宁夏等省、自治区教育厅民办教育管理职能部门的负责同志出席了会议。经河南省教育厅和河南省民办教育协会推荐，黄河科技学院作为唯一主题报告单位，在会上深入分析了新常态下国家实施创新驱动战略、深化高等教育综合改革、民办高校外部生存环境变化对民办高校改革与发展所形成的综合影响，并结合黄河科技学院办学实践，介绍了学校从创办科技集团的创举到人才培养模式的深入推进、从创新创业教育平台的搭建到“众创空间”的开启、从产学研一体化机制的良性运行到全校性创新创业的顶层设计与协同推进再到全校创新创业高潮的“新常态”的系统性改革，这些都为学校发展提供了可持续动力。会后，湖北省教育厅、中国民办教育协会高等教育专业委员会等政府部门和协会组织纷纷组团到黄河科技学院进行现场考察，省内外高校到黄河科技学院考察学习的也络绎不绝。②2016年，教育部召开首批全国创新创业典型经验高校座谈会，北京大学、南京理工大学、黄河科技学院、深圳职业技术学院4所高校代表首批获得50强的高校做了典型发言。学校校长杨雪梅作了题为“以培养高素质人才为己任 营造全链条创新创业生态体系”的典型经验发言。③

近年来，在河南省内各类创新创业工作推进会、就业创业工作会议等重大会

① 朱含. 校长杨雪梅受邀参加2015大学生就业创业指导服务国际学术研讨会. http://hhstuxb.cuepa.cn/show_more.php?bkey&doc_id=1365483&tkey，2015-10-26.

② 2015年全国民办教育协会工作交流会议在安徽举办. http://education.news.cn/2015-06/25/c_127950824.htm，2015-06-25.

③ 高馨. 教育部首批创新创业50强表彰会 校长杨雪梅作大会典型发言. https://www.hhstu.edu.cn/news/contents/78/24075.html，2016-09-30.

议上，黄河科技学院也总是被河南省政府、郑州市政府、河南省教育厅等推荐作为典型发言单位作主题汇报。如2015年12月21日，由河南省政府主办的河南省创新创业工作推进会上，副省长徐济超，省科技厅、省教育厅、省财政厅、省人社厅、郑州市、洛阳市的相关负责领导，郑州大学、河南大学、黄河科技学院等高校主要负责人，以及省直有关单位、省级以上高新区管委会、省级以上大学科技园、国家级科技企业孵化器、国家级众创空间、部分大型企业、科研院所、创投机构等的主要负责人参加会议，黄河科技学院作为省内高校代表发言。[①] 2016年5月，河南省2016年高校毕业生就业创业工作会议上，黄河科技学院以“深化创新创业教育改革，全面提升人才培养质量”为题作典型经验发言。[②] 2017年，在河南省高校教学工作会议上，学校与郑州大学等共8所高校负责人作典型发言，校长的“以培养高素质‘双创’人才为己任 打造黄河科技学院育人品牌”发言广受好评。[③]

2. 政府牵线，黄河科技学院承办区域重要会议和重大活动

郑州市政府、河南省教育厅、河南省科技厅、河南省人社厅等在组织重大教育改革研讨、创新创业经验交流会议或活动等时，经常将黄河科技学院作为承办方或会议召开地点，组织参与单位到黄河科技学院进行全面考察，与黄河科技学院展开深入交流。[④]

2015年11月，河南省高等学校创新创业教育改革座谈会在黄河科技学院召开，教育部门和高校代表齐聚一堂，为创新创业教育改革建言献策。会上，黄河科技学院介绍了发展基本情况及创新创业工作的做法，并从创新办学体制、提供创新创业动力，创新培养模式、奠定创新创业基础，加大专项投入、打造创新创业载体，集聚社会资源、激发创新创业活力，强化科技支撑、促进创新创业可持续发展五个方面的学校创新创业工作同与会代表分享了学校经验。[⑤]

---

① 赵效锋. 全省创新创业工作推进会隆重召开校长杨雪梅做典型发言. https://www.hhstu.edu.cn/news/contents/78/20345.html，2015-12-22.

② 朱含. 河南省2016年高校毕业生就业创业工作会议召开. https://www.hhstu.edu.cn/news/contents/78/22271.html，2016-05-06.

③ 董黎丽. 2017年省高校教学工作会议召开. http://hhstuxb.cuepa.cn/show_more.php?bkey&doc_id=2224822&tkey，2017-04-15.

④ 周丽华. 郑州市创新创业综合体观摩培训会在我校举行. http://hhstuxb.cuepa.cn/show_more.php?doc_id=2281451，2017-05-31.

⑤ 李春霞. 河南省高等学校创新创业教育改革座谈会在我校召开. https://www.hhstu.edu.cn/news/contents/78/19948.html，2015-12-02.

2015年11月，河南省科技厅、河南省教育厅、郑州市委市政府等组织驻郑高校院所创新创业现场观摩暨经验交流会，河南省科技厅厅长张震宇，河南省教育厅厅长朱清孟，郑州市领导胡荃、王哲、王跃华等出席会议，并率领80多个驻郑州高校到黄河科技学院观摩学校的创新创业工作。黄河科技学院还与郑州市高新区签订了战略合作协议，决定共同成立创新创业研究院。①

2017年，由郑州市科技局组织的全市创新创业综合体观摩培训会在学校举行。二七区副区长李雅，科技局副局长缑云峰、副调研员刘先卿，各开发区、县（市）区科技局领导，创新创业综合体建设运营负责人以及全市科技企业孵化器、众创空间主要负责人200余人参加培训。

2018年，第四届中原创新发展论坛在黄河科技学院举行，论坛以坚持新发展理念实现高质量发展为主题，坚持新发展理念，围绕实现高质量发展的根本要求建言献策，为开启新时代河南全面建设社会主义现代化新征程提供理论支持。②

此外，黄河科技学院还相继承办了2014年郑州市创新创业服务进校园活动、2016年河南省创新创业服务进校园活动、2017年全省高校创新创业师资队伍培训班、2018年中国创新创业教育师资高级研修班等重大活动。

通过黄河科技学院的案例可以发现，上至国务院、教育部，下到省、市、区政府，各级政府机构主动作为、转变职能、建章立制、完善法规，有效地激励了高校的事业发展，为新建本科高校分担了诸多压力，大学生创新创业工作就是最有力的证明。这也告诉新建本科高校，自身发展必须坚持重点突破，善于发现国家经济社会建设的重大战略与高校自身发展的结合点，如创新创业，要努力争取政府的支持，只有政校联动和构建良好的互动关系，才能实现地方政府与新建本科高校的互助共赢。

从历史角度来看，政府职能转变是一个过程，在不同时期有不同的内容和特点。当前，我国正处于经济转型的关键期，适应时代的发展、转变政府职能不仅是经济发展方式转变的关键所在，也是构建和谐社会的必然要求，进一步推进政府职能的转变是新一轮行政体制改革的核心内容。③

---

① 驻郑高校院所创新创业现场观摩暨经验交流会隆重举行. http://edu.dahe.cn/2015/11-30/106077874.html，2015-11-30.

② 董黎丽. 第四届中原创新发展论坛在黄河科技学院隆重举行. https://www.hhstu.edu.cn/news/contents/78/28727.html，2018-03-26.

③ 赵大宇. 权利与责任——政府与高校关系之研究. 哈尔滨：黑龙江人民出版社，2003：119.

传统地方政府对新建本科高校的管理，更多地表现为政府本位，直接参与对新建本科高校的干预与管理，是新建本科高校运行的主要决策者。地方政府与新建本科高校的关系更多的是一种上下级的行政隶属关系，而且在对新建本科高校的政策或财政支持上远远无法与其他类型的高校相比。

从治理角度来看，大学的外部治理亟须政府明确大学的性质、定位、社会责任范围、投资体系、资源配置模式等，使大学在一种规范的政府管理和社会环境下行使其独立法人权力。[①] 在制度层面上，政府应健全和完善高等教育法律法规建设，注重对高校管理和教学科研质量的监督和评价机制，并合理运用财政力量和经济杠杆进行宏观调控。

笔者认为，在新的历史时期，地方政府应以管（管理）办（办学）评（评价）分离为契机，切实转变政府职能，尝试构建地方政府与新建本科高校的新型关系，从政策和经费支持、搭建平台等方面重新对新建本科高校的角色定位。

二、以管办评分离为契机，切实转变政府职能

改革开放以来，特别是近10年，我国以前所未有的力度推进行政审批制度改革，政府职能转变和简政放权取得新进展，为实现教育管办评分离创造了良好条件。但同时也要看到，政府管理教育还存在越位、缺位、错位的现象，学校自主发展、自我约束机制尚不健全，社会参与教育治理和评价还不充分；要想从根本上解决这些问题，必须加快推进教育管办评分离、促进政府职能转变，厘清政府、学校、社会之间的权责关系构建三者之间的良性互动机制。[②]

（一）转变政府职能，是地方政府重构与新建本科高校关系的第一要务

加快推进教育治理体系和治理能力现代化，是基本实现教育现代化的必然要求，为此，必须加快推进政府职能转变和简政放权，进一步理顺政府、学校和社

---

① 杨纳名. 大学治理的必要与可能：治理理论的大学实践. 河南师范大学学报（哲学社会科学版），2009，36（6）：239-241.

② 教育部就《关于深入推进教育管办评分离 促进政府职能转变的若干意见》答问. http://www.gov.cn/xinwen/2015-05/08/content_2859143.htm，2015-05-08.

会的关系，实现教育管办评分离，形成政府依法管理、学校依法自主办学、社会广泛参与的格局。对此，党和政府的一系列重大文件都作出了部署。

2010年，《国家中长期教育改革和发展规划纲要（2010—2020年）》提出政校分开、管办分离，要促进管办评分离，形成政事分开、权责明确、统筹协调、规范有序的教育管理体制，要建设现代学校制度、落实和扩大学校办学自主权、深化办学体制的改革思路。

2012年，党的十八大报告首次提出“管办评分离”，即处理好政府、学校、社会之间的关系，建成政府适度管教育、学校规范办教育、社会科学评教育的和谐健康发展新环境。2013年，《中共中央关于全面深化改革若干重大问题的决定》明确指出，深入推进管办评分离，扩大省级政府教育统筹权和学校办学自主权。

2013年11月，党的十八届三中全会提出，深化行政体制改革，加快转变政府职能，对于使市场在资源配置中起决定性作用、更好发挥政府作用、进一步提高政府治理水平、激发经济社会发展活力意义重大，要深入推进管办评分离，扩大省级政府的教育统筹权和学校的办学自主权，完善学校内部治理结构。①党的十八届四中全会对深入推进依法行政、加快建设法治政府作出了一系列制度安排，为深入推进教育管办评分离、促进政府职能转变指明了方向。

2015年5月，《教育部关于深入推进教育管办评分离 促进政府职能转变的若干意见》颁布。第一，该意见强调了推进教育管办评分离、促进政府职能转变的重要意义，明确了推进教育管办评分离、促进政府职能转变的指导思想和基本原则；第二，针对政府的管理问题，该意见围绕推进依法行政，对形成政事分开、权责明确、统筹协调、规范有序的教育管理体制提出了具体要求；第三，针对政府的办学问题，该意见围绕推进政校分开，对建设依法办学、自主管理、民主监督、社会参与的现代学校制度提出了具体要求；第四，针对政府主导的学校教育评价问题，围绕推进依法评价，对建立科学、规范、公正的教育评价制度提出了具体要求；第五，对该意见如何贯彻落实提出了要求。

2017年1月，国务院印发《国家教育事业发展“十三五”规划》，提出到2020年基本实现管办评分离，形成政府依法管理、学校依法自主办学、社会各界依法参与和监督的格局，教育治理体系和治理能力现代化水平明显提升。

---

① 中共中央关于全面深化改革若干重大问题的决定. http://cpc.people.com.cn/n/2013/1115/c64094-23559163.html，2013-11-15.

笔者认为，接下来，地方政府应抓住重构与新建本科高校关系的重大机遇，重点抓落实、促落地。就贯彻落实该意见，地方政府需要重点做好以下几点。

一是要高度重视该意见的精神、内容和要求，通过多种方式宣传文件内容，解读文件精神，进一步统一思想、凝聚共识，以多种切实有效的形式（如通过召开现场会的方式）宣传、推动相关工作。

二是要鼓励各级政府部门进行制度层面的创新。地方政府要根据该意见制定推进工作方案和配套的实施细则，在制定过程中注意多听取辖区内学校的意见和建议，根据当地经济发展水平和教育水平，因地制宜地落实各项改革任务。

三是要在辖区内开展改革试点。鼓励有相关基础的地方政府积极开展改革试点，充分调动各级政府部门及相关高校的积极性，为全国范围内的改革积累经验。

四是要加强跟踪指导。各级政府部门要对各地落实情况进行监督和指导，协调重大改革在国家层面的突破，并及时总结推广各地的成功做法和经验。

（二）履行主导职责，完善法律法规

第一，地方政府要履行对新建本科高校发展的主导职责。近年来，地方政府对新建本科高校的发展给予了许多政策支持，使学校在破解发展难题、融入地方建设上有了更便利的条件。这种支持主要表现为履行其主导职责，主导不是包揽包办一切，而是规划方向、制定政策、督导质量。教育、发改委、财政、人社等职能部门应根据新建本科高校办学定位与社会需求的符合度，人才培养、科学研究和社会服务对办学定位的支撑度，人才培养目标、人才培养方案、教学运行、质量及质量监控之间的吻合度，教学资源对教学水平的保障度，学生、社会对教学质量的满意度，即“五个度”，制定高校的长期发展规划，制定政策调动学校、企业和社会各界参与的积极性、主动性，建立绩效考核与评价制度，发挥行业企业、用人单位在评估中的作用，建立第三方机构质量评价与认证的制度与机制，将评价结果作为政策支持和经费投入的主要依据，推动学校落实各项改革措施，确保新建本科高校教育质量和育人质量的提高。

第二，地方政府应完善产教融合相关法律法规，明确政府、企业和学校各自的权、利、责，使合作有法可依，健全合作组织内部的规章制度；建立政府主导、以地方高校和企业为主体、以行业协会为中介的校企合作发展新机制。一是

结合区域经济发展和产业结构调整，统筹区域内相关企业和地方高校建立校企合作平台。由省（市）政府牵头，省（市）国有资产监督委员会、经济委员会、中小企业管理局、教育行政部门参加，成立省、市两级校企合作工作委员会，建立校企合作工作平台，负责统筹校企资源，建立具体的合作目标体系及实施细则，进行有效的过程监控和绩效评估。二是制定鼓励行业、企业与高校进行产学合作的优惠政策，人社部门为接收大学生实习的企业落实政策规定的试用期补贴，税务部门为接受顶岗实习学生的企业落实有关享受优惠政策。国家税务总局发布的《企业支付实习生报酬税前扣除管理办法》明确规定，企业支付在本企业实习学生的报酬，可以在计算缴纳企业所得税时扣除，即企业在向主管税务机关申报时自行计算扣除。三是为校企共建“双师型”教师队伍建设提供切实服务与保障。

第三，地方政府要把支持新建本科高校发展纳入地方政府发展规划。把支持新建本科高校发展作为推动地方产业转型升级和城镇化科学进程最重要的战略资源，进一步深化校地合作的深度、扩大合作的广度。一是要支持高校转型改革，把学校转型规划纳入地方政府事业发展规划，切实帮助解决高校转型的实际困难。二是要发挥政府牵线搭桥的作用，主动搭建校企合作、校校合作的平台，共建共享人才、技术、文化资源，加大政策和资金支持力度，使地方的人才、技术和社会发展需求与高校的教学、科研和社会服务无缝对接，促进地方产业和高校“双转”以及经济社会和教育发展双赢。

第四，建设人才需求大数据平台。地方政府可以组织力量编制重点发展产业人才开发规划，对规划的支柱产业和重点发展的新型产业人才需求前景，特别是适合大学生就业的岗位变化趋势进行预测；强化人才需求预测工作的社会动员机制，激励各方面有关专家参与人才需求预测工作。相关部门定期开展人才需求调研，检测行业和区域的就业状况、产业发展状况、失业率和失业周期的变化状况，作出准确、快捷的评估，适时发出预警、预报，形成人才需求预测机制，为新建本科高校调整专业布局、招生计划、人才培养目标等提供参考依据。

（三）适当下放办学自主权

地方政府要扩大新建本科高校的专业设置权，以地方经济发展为导向，根据地方主导产业和技术领域需求，在现行本科专业目录的基础上，自主设置专业目录外专业，建立专业动态调整和适时响应机制。

改革高校招生录取管理，扩大新建本科高校招生自主权，改革招生考试选拔制度。从对学生的单一方式考核与单一来源向多种方式考核与多渠道来源转变，探索建立多元招生，单独招收中高职学校毕业生；免试招收国家级技能大赛获奖选手；试点试行中高职校长推荐；单独招收企业在职人员等；鼓励行业、企业与新建本科高校合作招生、合作育人、合作就业。

建立健全学科专业根据产业发展需求动态调整的机制，优化专业设置。要准确把握产业结构对学科专业结构、规模的需求情况。要科学分析产业需求状况、就业率等情况，合理协调专业设置数量，根据区域内产业的发展情况合理定位专业范围和服务行业，引导新建本科高校错位竞争、办出特色。

（四）实施教学质量第三方评价

实施第三方评价①是公众参与教育管理的重要途径，也是国际教育评价工作的通行惯例，有助于科学、客观、公正、公平地评价和监测当地各级各类教育的发展现状。同时，第三方评价也是政府“管办评分离”转变职能的重要内容。

按照《国家中长期教育改革和发展规划纲要（2010—2020年）》的要求，建立科学、规范的评估制度，积极推进教学质量第三方评价工作。同时，为贯彻《教育部关于深入推进教育管办评分离 促进政府职能转变的若干意见》重要精神，2015年5月17日，河南省教育评估中心成立大会暨揭牌仪式举行。实施第三方评价是教育改革的重要举措，这标志着河南省教育管办评分离迈出重要一步。②

河南省教育评估中心是河南省首个省级第三方教育评估机构，由河南省教育厅主管，以专家委员会为学术核心，接受政府、学校和社会多方委托，承担各级各类教育评估、研究和咨询服务职能。该评估中心的主要职责包括：承担公务，高质量地完成委托方委托的各项评价任务；服务公众，高标准地满足人民群众对教育事业的关切；坚持公正，高要求地做到评价工作过程规范结论准确；树立公信，高水平打造河南省第三方教育评估机构品牌。③

黄河科技学院历来重视教学质量评价，创新了第三方参与的教学质量评价机

① 评估、评价只是表述不同，本书未做强行统一。

② 河南省举行教育评估中心成立大会暨揭牌仪式. https://m.henan.gov.cn/2014/05-18/339736.html，2014-05-18.

③ 河南省举行教育评估中心成立大会暨揭牌仪式. https://m.henan.gov.cn/2014/05-18/339736.html，2014-05-18.

制。学校实施了教学质量标准与评价工程，探索和实施由学校和教师之外的第三方参与学校教学质量评价，出台了《黄河科技学院关于开展“第三方评价”的原则意见》，形成了行之有效的教学质量第三方评价机制。2009年秋季学期以来，学校累计被测试课程达248门次，涵盖47个本科专业，学生达11 254人次；每一届毕业设计（论文）中都抽取20%送企事业单位和兄弟高校进行外审；2010年以来，学校先后引入56个工种的职业技能鉴定和60余种行业组织的标准化职业资格考试；河南森源电气股份有限公司、白鸽集团、河南省建筑设计研究院及郑州大学第五附属医院等50多家省内知名企事业单位对学校45个专业的本科生进行了综合素质和专业能力等方面的测试，测试学生3689名。“第三方质量评价机制”在河南省第八届教学督导工作会上进行交流，受到兄弟高校的高度评价。

笔者认为，地方政府已经认识到第三方评价的重要意义和基本内容及要求，但还需要落实具体配套的实施细则，只有这样才能促进相关政策落地和评估工作的科学开展。对于如何做好人才培养质量评估，地方政府应该重点做好以下几个方面。

1. 评估主体多元化

多元化的评估主体是评估科学、规范的重要保证，评估主体不仅要包含政府和学校，也应该有行业协会等社会组织。这些评估主体在政府政策的调控和引导下，根据不同的定位和标准，对新建本科高校的学科专业水平、教育教学质量、人才培养方案、课程体系等进行客观的评估并提出反馈意见，帮助新建本科高校不断提升办学质量。评估主体的多元化不仅能够保证教育部门制定评估政策的权威性和科学性，而且有利于调动社会各界参与评估的积极性，保证评估的质量。

2. 引入第三方评价机构

重视并充分发挥民间中介评价组织的作用。发达国家科研评价机构的发展进程，大致是从政府部门机构评价为主向中介机构评价为主转变的。中介评价组织具有独立性和专业性，可以增强评价方法的合理性、评价标准的客观性、评价程序的规范性。地方政府应加强对中介机构的培育，逐步建立专业化的评价机构，委托其对高校的科研进行定期评价。政府主要确立评价的基本方针，抓住宏观评价指标，而在微观指标、具体操作事宜上则由中介独立操作。另外，评价人员应该具有广泛性，即评价人员来自不同的机构，如来自教育界、企业、政府和工商界等，多角度、全方位地对高校科研进行评价，克服“人情关”，保证公平。

3. 开展分类评估

对区域内高校进行分类评估，首先要明确高校自身的办学定位及其在整个高等教育系统中的生态位置。新建本科高校与研究型高校、职业高校的办学定位是不同的，因此在评估的指标体系上也应该有区分、有侧重。比如在科研水平上，由于不同高校的学术水平不同，在研究型高校，这一指标的权重应该多关注基础研究，新建本科高校则注重应用性，在科学研究上要更加注重应用型科研的指标。

因此，政府应该出台符合应用型人才培养和新建本科高校特点的评价体系和评估制度，针对不同高校的定位，设定不同的分类评估标准和体系，以适应多样化的高等教育需求，通过分类评估引导新建本科高校改革发展。

三、为提升学校科研能力提供更多的资源支持

由于新建本科高校办学时间短，整体科研实力目前还不能与“双一流”高校相比，因此，地方政策更应该增加经费投入，促使新建本科高校改善办学条件，为提高科学研究水平创造条件。

（一）完善科研经费管理体制，提高资金使用效益

在科研经费管理体制上，地方政府要充分发挥宏观调控作用，在科研经费的筹措、分配、使用和监督上加强政府的管理职能，保证经费合理分配与使用。地方政府应进一步完善科研经费使用管理办法，补偿科研人力成本。在科研经费的管理中可以适当增加科研活动的人力资源成本，建立和完善科研成本核算制度，确定人员经费等各项间接成本标准；调整高校教育事业经费的拨款计算方式，对高校科研人力资源成本进行补偿，优化高校科研经费使用结构。地方政府可组织有关高校测算科研成本，制定真实、可靠的标准，以便更加科学、合理地测算科研成本，并结合高校现实情况制定可行的核算方法；以完整、真实、可靠地计算各项科研成本为基础，开展科研经费绩效评价，提高科研项目资金的使用效益。

（二）多渠道筹集科研经费，保障分配公平

在科研经费的来源上，要强调多方位、多渠道、多元化的经费筹措方式，不仅要有国家财政投入，也要有地方财政投入；不仅要有政府资金投入，也要有社会资金的汇入。具体来说：

一是政府增加研究经费投入，实行财政优惠政策，加大对新建本科高校科研的支持力度。教育部及政府相关部门要继续增加科研经费投入，合理配置研究经费的比例，增加基础研究的经费投入；同时采取多种优惠措施鼓励新建本科高校积极开展产学研合作，如可以在税收、校企合作、个人利益等方面对科研项目的立项、研发、推广实行更大的优惠，使有限的经费更多地直接用于项目。

二是地方政府要建立和完善风险投资机制。在建立风险投资机制的起步阶段，地方政府应建立科技风险资金，为投资者提供一定的保障；要加强风险投资的管理和监督，资金的使用必须在政府的宏观指导下，保证投资取向充分体现政府资金的政策性；要充分遵循市场规律，与商业性风险投资形成互补和合作的关系，保证资金的效益性、安全性和流动性，体现资源配置的有效性和合理性，满足社会服务职能的需求。

三是增加社会资本的投入。目前，我国高校的科研经费以政府投入为主，企业等社会团队的科研经费投入不足。因此，政府要积极推动高校与企业之间通过建立产学研联盟的方式，将企业经济效益与高校的社会效益紧密连接起来，鼓励企业参与科研经费的投资与管理；鼓励民间资本参与高校的科研，通过建立完善的民间资本投入和收益机制，保证民间资本的合理利用；通过科研项目的方式吸引其他社会资本对其进行投资，建立相应的风险和监督机制。

四是进一步完善科研经费管理体制。“坚持创新在我国现代化建设全局中的核心地位，针对科研人员，突出关切，大力破除不符合科研规律的经费管理规定，解决好‘最后一公里’的问题，更好激励科研人员潜心钻研。”[①] 要提高科研项目间接费用比例和科研项目经费中用于“人”的费用，给予科研人员更大经费管理自主权。进一步增强经费的落地实施性，加快经费拨付的进度，创新经费支

① 李克强：大力破除不符合科研规律的经费管理规定. http://www.gov.cn/xinwen/2021-07/29/content_5628251.htm，2021-07-29.

持方式，配备财务助理等，多角度、全方位地打造保障科研活动顺利进行的系统和体系，以科技创新提高生产力，为经济高质量发展增添新动力。

另外，地方政府应开展战略性投资，设立竞争性专项拨款，把对新建本科高校的投资与地方未来的发展目标结合起来。专项项目建设和财政支持是引导新建本科高校优化继续教育结构、提升教育教学质量的方向标，对新建本科高校明确继续教育改革发展方向以及促进高校之间实现竞争发展和特色发展具有积极的宏观调控作用。因此，地方政府可采取划拨地方继续教育专款的方式，资助新建本科高校为企业职工、失业工人等提供继续教育和职业技能培训，推动新建本科高校改革，加强其继续教育职能。

（三）支持高校智库建设，加大资助力度

智库作为大国崛起和国际竞争的特殊角色，是国家软实力的重要标志。2020年，美国宾夕法尼亚大学“智库研究项目”发布的《全球智库报告2019》显示，全球共有8248家智库，其中美国有1871家，是智库机构最多的国家。为地方决策、经济社会发展提供咨询服务和信息服务，是高校社会服务最基本的形式。因此，地方政府应制定智库建设方案，明确新建本科高校智库建设的方向。地方政府应制定和发布专门文件，进一步提高对“智库”建设工作重要性的认识。2015年1月，《关于加强中国特色新型智库建设的意见》出台，截至2021年4月，共有30家机构入选国家高端智库建设试点单位，其中，依托高校的有8家。总体来看，中国特色新型智库建设从谋划到实施、从开局起步到初见成效，在党和国家事业中的作用日益彰显。[①]根据《关于加强中国特色新型智库建设的意见》来制定地方的智库建设方案，尤其是要在智库建设指导意见、发展规划和方案中，强化新建本科高校在为地方经济社会发展提供智力支撑方面的地位作用。

建立公平的高校智库建设财政支持制度，促进新建本科高校发挥自身特长和优势。新建本科高校与研究型大学、“双一流”高校等虽然在承担的人才培养、科学研究、社会服务等功能上存在差异，但并不存在身份高低、能力强弱之分。新建本科高校在“应用性”“地方性”方面具有优势，这也是地方智库建设的发展方向。地方政府推动智库建设，需要制定分类发展规划，以支持不同类型高校

① 宋争辉. 以新型智库建设推动河南高质量发展. 河南日报，2021-04-29.

的智库实现差异化发展和特色发展。

加强引导和协调，构建地方智库联合研究和沟通平台。对新建本科高校智库建设应加强引导，通过创新哲学社会科学成果奖、科技进步奖的评选办法，设置面向决策咨询的专项奖，从而激发高校教师面向地方重大问题开展政策研究和决策咨询的积极性。在新建本科高校设立一批地方决策研究基地，引导青年人才、专家等开展针对性强、可落地的决策咨询研究工作。引导和支持新建本科高校学者参与地方重大战略和规划的制定，在政策决策部门与新建本科高校智库之间搭建畅通、高效的信息沟通渠道，打破信息壁垒，解决信息不对称的问题。整合政府智库、高校智库和民间智库等资源，加强横向合作和多边资源共享，形成高校智库与其他智库合作发展、协同服务的格局。

以河南省为例，近年来，河南智库建设发展迅速，取得了明显成效，为服务决策和服务大局做出了积极贡献，特别是积极推进了高校智库建设。2019年，河南省成立高校智库联盟，首批共64个高校智库被纳入，致力于积极整合优质资源，做好顶层设计和统筹协调，为党委政府提供高质量、高效益的决策咨询服务。[①] 2020年，《中共河南省委高校工委 河南省教育厅关于加强河南省高校智库建设的意见》发布，提出要推进高校智库与党政部门、企业、媒体之间的深度协作，构建定位明晰、特色鲜明、规模适度、布局合理的高校智库体系，提升智库服务决策能力，建设一批在全省乃至全国具有一定影响力的智库。[②]

以黄河科技学院为例，为把“双创”推向更高层次以及更好地服务河南经济社会发展，学校建立了一批高端智库。学校成立了中国（河南）创新发展研究院新型智库和人工智能研究所、现代农业工程研究院、民办教育研究院等20余个研究机构，连续出版《河南民办教育发展报告》《河南创新创业发展报告》等，为政府制定创新创业政策提供参考。

四、支持高校建立地区学习中心，推动高校融入社区

新建本科高校最直接地面向地方，在获取地方资源、打造地方特色方面有着

---

① 河南省高校智库联盟成立 首批成员单位64家. http://hn.ifeng.com/a/20190122/7178832_0.shtml，2019-01-22.

② 中共河南省委高校工委 河南省教育厅关于加强河南省高校智库建设的意见. http://sk.haedu.gov.cn/2021/01/04/1609726392728.html，2021-01-04.

得天独厚的优势。主动融入地方和社区是新建本科高校的生命线，新建本科高校只有顺应区域发展大潮，才能赢得更多红利。近年来，黄河科技学院通过顺应国家和当地政府政策号召，打造地区学习中心和主动走入社区、融入社区，多措并举地服务好地方，产生了积极而广泛的社会影响。

（一）政府应支持高校建立地区学习中心

为适应新时期继续教育的新要求，在上级领导部门的支持下，黄河科技学院创办了远程继续教育学院，从学校办学的实际出发，结合我国现代远程教育试点学校的先进办学经验，提出了以网络教育手段改造函授教育的思路，并进行了大胆尝试，即采取录制网络精讲课件（每门课程30讲、每讲30分钟），并将课件刻录成光盘，发给每位成人教育学生，学生拿到光盘，可以实现任何人、在任何时间、任何地点、选学任何课程、任何章节（“五任何”）的自主学习模式。[①]学校还引进了专业的课件录制系统，建设了两个多功能录播室，并且组成了专业的技术人员队伍。制作完成的光盘精讲课件融知识性、应用性与趣味性为一体，将现代信息技术充分融入教学。这些做法有效地解决了成人高等教育一直以来面临的工学矛盾和办学成本高的问题，同学们深深地被这种新颖的教学模式吸引，对学习、考试及各项管理制度给予好评。近年来，通过继续教育、培训等多种形式，黄河科技学院为社会培养、培训了数万名应用型人才。

新建本科高校继续教育的优势在于地方性，地方有广泛的继续教育和成人培训需求。因此，在推动新建本科高校继续教育的发展中，必须突出地方性、实用性。以地方政府引导支持与新建本科高校深化改革两个方面为着力点，全面提升新建本科高校的继续教育功能和教育效益，使其发展成为地区学习中心、高技能劳动者的培训中心和工商界的合作伙伴，发展成为地方决策咨询中心和社区建设服务中心。

地方政府要积极发挥引导作用，制定和完善继续教育及培训相关的政策法规。地方政府应转变思想观念，重视新建本科高校继续教育在提升地区人力资源质量、助力产业转型升级中的作用。根据《教育法》《高等教育法》等法律法规和政策方针以及区域经济社会发展趋势及需求，结合本地区产业发展的特点和未

① 院长答考生问. https://www2.hhstu.edu.cn/crxy/contents/124/46871.html，2014-07-14

来产业结构调整的方向，制定和完善《专业技术人员继续教育实施意见》等政策体系，并出台配套政策实施细则，设置新建本科高校继续教育机构最低建设标准，建立继续教育市场准入机制，促进国家继续教育政策落地，为新建本科高校开展继续教育创造良好的政策环境。

适应“互联网＋”和“慕课”发展趋势，地方政府应加大对新建本科高校的财政支持，建立“政-校-企”联动机制，构建区域继续教育平台体系，特别是要顺应大数据、信息技术的发展，整合新建本科高校、企业、社区资源，引导和支持多元主体协同建设，为新建本科院校和企业牵线搭桥。

（二）政府应推动高校走入社区、融入社区

长期以来，黄河科技学院紧密结合并全面实施学校发展目标，以学生为重点，以社会志愿服务为载体，贴近实际、贴近生活、贴近师生，积极创新内容、创新形式、创新手段，广泛开展大学生社会实践活动和社会志愿服务活动，引导广大师生员工努力成为具有新时代雷锋精神的传播者、弘扬者和践行者。经郑州市政府、新郑市政府牵线搭桥，学校积极组织师生连续18年参加黄帝故里拜祖大典，得到上级有关部门的充分肯定。

在共青团中央、团省委、团市委的号召下，学校先后组织师生到延安、井冈山、红旗渠、竹沟、兰考等地开展社会实践活动，接受革命传统教育，并在甘肃东乡以及河南林州、荥阳、延津、义马建立了社会实践基地；学校主动与郑州市教育局协商，积极组织青年志愿者到郑州市金河学校、大学路小学等农民工子弟比较集中的学校，定期开展义务支教活动。

多年来，学校一直举行“三下乡”社会实践活动，深入农村基层、城市社区等，开展义务支教、农机电器维修、科普宣传、医疗服务、社会调查、文艺演出等志愿服务活动，得到当地政府在服务信息、服务渠道、服务规范等方面的指导和协助，这一系列活动取得了良好成效，受到当地群众赞誉；扎实的工作获得上级领导部门的高度肯定，多个团队获全国暑期“三下乡”优秀团队。学校青年志愿者协会先后荣获“河南省优秀学生社团”“河南省十佳志愿服务优秀集体”“中国青年志愿者优秀组织奖”等荣誉称号。

学校与河南省妇联、郑州市妇联常年保持密切合作，长期坚持扶弱助困，从

1998年开始连续13年免费为下岗女工再就业进行技能培训，受惠人数逾万；免费培训下岗女工、女大学生村干部、乡村妇女干部，被全国妇联确定为“妇女创业就业培训基地”“女大学生创业实践基地”。

学校不但与政府加强合作，而且与社会媒体开展了多次合作，不断加强对社区服务的辐射力和影响力。学校与《郑州晚报》联手举办“手拉手——关注空巢老人”活动以来，共开展志愿服务活动300余人次，服务老人近100户，志愿者利用课余时间、周末等，利用自己的专业特长为老人表演节目、进行健康指导、提供心理帮助、为老人读报、陪老人聊天等，为空巢老人家庭提供精神慰藉和力所能及的医疗服务。[①]

通过黄河科技学院与政府合作的案例可以看出，新建本科高校有能力更多地走入社区，更好地融入社区，开展更多形式的社区服务，从而更全面地发挥社会服务职能。新建本科高校作为城市（以及部分县镇）社区的重要成员，在人才培养、智力服务、文化传播方面具有明显的优势，是推动社区建设的重要资源和力量。可以说，融入地方发展、服务社区建设、解决现实问题是教育、科技和经济综合发展的新趋势。在知识与经济结合更加紧密的时代，大学的人才、技术、信息和创新成为推动经济发展最重要的因素。

加强社区服务体系建设，是保障和改善民生、提高居民生活水平和生活质量的民心工程，是面向21世纪我国城市现代化建设的重要组成部分。切实加强城市社区建设、加强社区服务体系的建设，对于促进经济和社会协调发展、提高人民的生活水平和生活质量、扩大基层民主、维护社会稳定、推动城市改革与发展，具有十分重要的意义。

2016年，民政部等16部门联合印发《城乡社区服务体系建设规划（2016—2020年）》，明确提出要推进城乡社区综合服务设施建设，力争到2020年，实现城市社区综合服务设施全覆盖，农村社区综合服务设施覆盖率达到50%。城市社区平均拥有不少于10个社区社会组织，农村社区平均拥有不少于5个社区社会组织。2021年，民政部、国家发改委联合编制的《“十四五”民政事业发展规划》正式印发，提出要建立村（社区）—街道（乡镇）—区（县）三级社会工作服务体系；完善城乡社区、社会组织、社会工作“三社联动”机制，发挥好社区志愿

---

① 黄科院20万专项资金救助地震灾区学生. https://learning.sohu.com/20090511/n263903924.shtml，2009-05-11.

者、公益慈善资源协同作用，促进社会工作专业力量参与社会治理等。

地方政府应支持和推动新建本科高校积极开展合作交流，开拓经费来源渠道，拓展新建本科高校的教学和研究领域，营造良好的外部发展环境，强化为新建本科高校融入社区“牵线搭桥”的服务型政府意识。一方面，社区在教育、培训、咨询等方面对新建本科高校有强烈而广泛的需求；另一方面，新建本科高校有社会服务的职能，有深化校地合作、向应用技术型高校发展的愿望，但是在社区和新建本科高校之间却缺少一个“联姻”的“红娘”，在合作信息、合作渠道、合作规范等方面存在瓶颈。因此，地方政府应加强主动服务意识，为社区和新建本科高校提供合作信息服务、制度规范、统筹协调等，在二者之间搭建起一座沟通合作的桥梁。应设立社区建设和问题解决项目，引导新建本科高校参与社区发展。地方政府和新建本科高校可以借鉴国外大学的经验做法，以项目为抓手，针对地方社区发展的实际问题和现实需要，找准社区服务需求，通过政府引导，在新建本科高校设立相应的公共服务项目、校地合作项目等。以河南省为例，针对河南省粮食生产大省的实际情况，根据地方农业发展需求，可建立农业实验站，推广农业生产、销售等方面的知识培训，提供技术咨询、技术支持、教育培训与指导服务，来实现社会服务。应针对社区健康需要，设立与营养和家庭健康管理有关的指导项目、引导青少年健康发展的“青少年项目”等，满足社区建设和发展不同方面的需求，增强新建本科高校服务社区的针对性和有效性。

加强社区服务组织体系建设，构建系统完备的社会服务网络。发挥地方政府的引导作用、新建本科高校的服务功能、产业发展的市场导向功能，建立行政、教育、科技、产业相结合的地方科技创新和公共服务体系。在地方政府、新建本科高校中设立专门的社区服务组织，构建包括地方政府、新建本科高校、社区在内的社会服务网络，将三方力量和资源进行有效整合，统筹协调发展。新建本科高校应建立“高校社区合作中心”，作为对接地方政府、社区发展的组织机构，管理和协调各类实验室、工作站、服务项目的支撑平台，密切同地方和社区的关系。同时，应大力支持和发展中介组织，为高校提供信息、沟通方面的服务，如介绍地方政府政策、企业及社区需求，在高校与企业、社区之间牵线搭桥，签订合作合同，共同促进社区建设和社区发展。

第八章　新建本科高校在关系重构中的角色与对策

新建本科高校作为办学主体，在学校改革和发展过程中，应更好地发挥自觉性和主动性，更新办学理念，增强科学规划能力，完善现代大学制度，推进高校内部治理体系和治理能力现代化，深化教育教学改革，推动产学研深度合作，切实提高服务社会能力。

一、以先进的办学理念为引领

办学理念贯穿办学的整个过程，是引领高校改革与推动转型发展的灵魂，统领着学校战略规划的制定及其他实际工作的开展，直接影响并决定着教育教学、科学研究、社会服务等大学功能的实现。对于新建本科院校来说，具有符合时代特点、鲜明而有特色的办学理念是学校改革发展的顶层设计和先导因素。目前，新建本科高校有的沿袭原有办学理念，有的模仿老牌本科高校办学理念，有的正在新形势下凝练和探索新的办学理念。新建本科院校面临发展机遇，也面临不少挑战，有必要进一步明确办学理念，指导办学行为，以确保可持续发展。

（一）坚持服务地方的理念，主动融入地方经济发展

新建本科高校面向地方办学，因此在遵循普通本科高校的办学规律的同时，要形成为地方发展提供智力支持的办学理念，对区域经济社会发展产生积极的引导作用。新建本科高校在本地区的可持续发展中具有举足轻重的作用，与所在地

区的关系也越来越密切；同时，高校所在地区的区域文化和社会经济发展情况对办学理念的形成也产生重要影响。因此，新建本科院校要始终根植地方、服务地方、依靠地方，找到学校发展与地方现实需要的结合点，合理定位，始终坚持以地方经济建设和社会发展作为主要服务方向，在服务地方中获得发展的空间和资源，在服务地方实践中传承并创新本地区文化，积极为地方政治经济和文化发展服务。只有如此，学校才能得到地方政府和当地人民的更多支持。

1. 坚定应用型办学定位，积极落实政府转型发展政策

黄河科技学院组织各级干部及全体教师集中学习上级文件、政策、法规，解放思想，提升认识，开展学习调研、专题研讨和教育思想观念大讨论，提出了“服务地方、产教融合、走应用技术大学发展道路、建设高水平应用技术大学”的办学指导思想。《黄河科技学院章程》提出，“把学校建成培养创新型、应用型人才的高水平应用技术大学”；《黄河科技学院2016—2020年事业发展规划》提出，“把示范性应用技术大学建设作为‘十三五’时期学校创新发展的着力点，加快高水平应用技术大学建设步伐”。学校制定了《示范性应用技术大学建设方案（2015—2019年）》，即“18922计划”，明确了学校这五年的建设目标和任务。此外，学校成立了示范校建设领导小组，校长、党委书记担任组长，教学、科研、对外合作、人力资源、财务、后勤集团等部门有关负责人为成员；修订了《关于深入推进校企合作创新办学模式的意见》《关于教师到企业挂职锻炼的管理办法》《横向科学研究项目管理办法》《科研成果转化管理办法》《科技企业孵化器入孵企业管理办法》《创新创业学分转换实施办法》等各类制度，全力保障应用技术大学建设。

2. 服务地方经济社会发展，推动专业结构优化和专业集群建设

学校紧密结合区域经济社会发展对人才的需求，建设以工科为主、多学科协调发展的学科专业体系。一是以应用型专业建设为主导调整优化专业结构。新增纳米材料与技术、数据科学与大数据技术、智能科学与技术等应用型紧缺专业，专业设置突出前瞻性，建立了以工科为主的学科专业体系；制定了《学科与专业建设发展规划（2016—2020年）》，加强专业建设，增强专业竞争力。二是对接产业结构转型升级建立专业动态调整机制。学校主动融入行业和区域经济发展，修订了《黄河科技学院专业设置与调整管理办法》，建立专业设置及人才需求调研

制度，设立“人才培养目标与定位”专项教学研究项目，深入调研行业企业岗位需求、毕业生就业状况等，提高专业设置、人才培养与社会需求的适应度；建立专业退出与改进机制，对不能适应区域发展与社会需求的专业暂停或撤销招生，如停招信息与计算科学专业、撤销英语专业（教育方向）等。三是对接区端产业链加强专业集群建设。融入河南省“三区一群”国家发展战略，重点建设电子信息与计算机类、机械与材料类、生物医药类、经济与管理类文化创意类5个特色专业集群，紧跟区域产业结构调整和转型升级，实现专业群与区域产业链的紧密对接，专业综合影响力显著提升。学校设立人工智能、材料、机械、自动化、文化创意等一批优势学科专业，凸显了对区域及河南省经济转型、产业升级的支撑作用；重点打造信息工程、文化创意等6个特色专业集群和8个现代产业学院；现有省级重点学科5个，河南省特色专业6个，河南省一流本科专业6个，学校拥有的省级重点学科、特色品牌专业数量居全省民办高校首位。

3. 构建终身教育平台，打造区域学习中心

黄河科技学院位于郑州市南三环的校区是实施本专科教育的主校区，其附近有佛岗、南刘庄、十八里河等多个社区为学校实施社区成人教育提供可能。黄河科技学院根据时代发展的需要创办了远程与继续教育学院，调动教师、教室、设备等资源开展社区教育服务，其中包括文化知识传递、法律知识普及、职业技能培训等。为了更好地发挥远程教育无地域、无时间限制的优越性，学校在计算机网络技能培训上狠下功夫，培训社区人员学会利用网络学习相关课程、下载相关学习资料，通过网络方便日常生活、了解世界及社会发展动向。成人教育人数的增多也促使学校在远程教育设备调试更换、课程设置等方面不断改进。

4. 开展多元社会培训，促进公民技能专业化

黄河科技学院始从改革、发展、稳定的大局出发，充分发挥服务社会职能和优势，学校开设专门的培训中心，想方设法帮助周边居民尤其是下岗职工，为其铺架起通往再就业彼岸的希望之桥。培训中心立足学校，面向社会，以市场为导向，以质量求生存，以“高、严、细、实、新”的工作标准全力打造培训市场名牌，精心开展培训工作。多年来，黄河科技学院本着为国分忧、为民解愁的办学理念，积极开展关爱下岗职工、关心务工子女、公益服务进社区以及暑假“三下乡”等社会实践活动。1998年，在国企改革不断深入的形势下，全国出现了下岗

潮，学校顺势而动，利用学校具备的教育资源主动要求为下岗女职工进行免费培训。这一举动得到河南省郑州市妇联的大力支持，1998年4月，黄河科技学院与郑州市妇联联合创办“郑州市下岗女工再就业培训基地”，免费培训下岗女工。截至2014年，学校先后举办了20期培训班，每期40天，有6000多名下岗女工参加学习，经考试合格获得了郑州市劳动局和黄河科技学院共同颁发的毕业证书；同时，黄河科技学院成立了“省会外来务工妹培训基地”，开办“打工妹之家”，为打工妹提供短期培训、法律咨询、图书阅览、心理指导、就业指导等服务。①

为了响应国家推进社会主义新农村建设的号召，提高农村劳动者的基本素质和劳动技能，2006年，黄河科技学院与郑州市妇联联合举办了“郑州市新农村建设百村示范村妇女骨干素质教育培训班”，来自10个示范村的近800名妇女参加了培训。2010年5月，举办了内乡县第一期女干部能力建设培训班，共有来自16个乡镇的妇联主席和部分优秀村女干部140人参加学习。② 同年10月，联合郑州市委组织部、郑州市民政局、郑州市妇联举办郑州市女大学生村干部培训班，培训妇女干部200多人，培训班针对村干部的岗位职责、工作需要和发展需要进行系统培训，为她们解决在实际工作中遇到新的障碍和实际困难。学校获批成立的国家职业技能鉴定所以来，为校内外培训20 000余人次，为企业培训员工超过4000余人。同时，学校高度重视并组织学生参加各类社会实践活动，一方面可以增强学生的社会责任意识；另一方面也能够发挥学生的力量为社会服务。学校通过各个社团协会为群众提供身体健康检测、法律咨询、电子维修等服务。

5. 坚持需求导向，着力提升社会服务能力

学校紧密围绕区域经济社会发展和产业结构转型升级的需要，以应用型科研为主导，开展与中科院软件所、中关村软件园、华为、惠普等单位的紧密合作；建有省市级应用型科研创新团队7个，省级科技创新平台8个，地厅级科技创新平台27个，校级科研平台29个；在河南省民办高校中首个获批省级重点实验室和省级国际联合实验室，推动产学研深度融合，促进科技成果转化。截至目前，共承担国家自然科学基金等国家级项目15项，省部级项目353项；获河南省科技

① 王琳玮. 黄河科技学院：发挥民办高校特色优势 服务地方经济社会发展. 中国教育报，2014-05-24.

② 河南省妇联宣传部. 献身教育的黄河女——记全国十大女杰黄河科技学院党委书记、院长胡大白. 中国妇运，2001（5）：42-43.

进步奖、河南省政府发展研究奖等省部级奖励126项；发表学术论文11 072篇，其中SCI收录209篇，最高影响因子为27.398；获专利4411项，连续4年在全省高校专利授权量上名列第二，入选“河南省高校知识产权综合能力提升专项行动十强十快高校”。

近年来，学校社会服务能力不断提升，一是建设高端智库为河南经济社会发展建言献策，成立了中国（河南）创新发展研究院、河南新经济研究院、中华文化传承发展研究院、生态文化研究中心、势科学与信息动力学研究中心、台湾文化研究中心等多个社科创新平台。中国（河南）创新发展研究院紧紧围绕河南经济社会发展，先后举办“郑州建设国家中心城市研讨会”等研讨会20余场，被主流媒体广泛传播，其中，被《河南新闻联播》先后播出8次。学校完成的丛书“区域经济研究”荣获河南省政府发展研究奖一等奖；承担国家发改委两项重点研究课题；受河南省发改委委托，参与河南双创发展基地调研和评审工作，承担河南自贸区量化研究等重大应用课题，有关咨询建议得到时任河南省委书记谢伏瞻的批示和肯定；完成的《新常态下河南稳增长像态势促发展基本情况及提升对策的研究报告》获河南省社会科学优秀成果奖二等奖；完成了偃师市、南乐县、商水县等地区“十三五”规划编制咨询服务项目。

二是科研成果直接服务企业发展。近年来，学校获批河南省纳米复合材料与应用重点实验室、河南省全媒体科普传播中心创作基地、郑州市药用资源研究重点实验室、郑州市医药创新科技服务平台、郑州市高校专利产业化服务平台等。“无避让式一位两车立体停放装置”等9件专利转让给河南智达机电设备有限公司、河南华中星科技电子有限公司，转让费达101万元；“纳米与新材料科学数据共享平台的开发”连续5年成功转让给北京万方数据股份有限公司。“微波高温烧结铬铁矿新型工艺装备的研制及应用”被湖南有色金属股份有限公司等应用，获得经费95万元。

三是教育资源全方位多渠道服务社会。面向社会举办高级创业咨询师培训等大型培训，年均培训高技能人才3000人次、培训社会人员 2000人次。纳米功能材料研究所大型科学研究仪器设备纳入“河南省大型科研仪器协作公用网”，提供测试服务次数达800余次，服务高校院所企业40余家。2016年11月，学校成功入选民政部首批“全国社会组织教育培训基地”，是目前河南省唯一入选单位。音乐学院连续多年参加黄帝故里拜祖大典的演出，在海内外众多媒体和嘉宾观众的面前展示了河南师生良好的精神面貌和专业水平，获得导演组和大典组委会的充分肯定。

6. 积极参与社区活动，志愿服务全方位开展

学校积极开展志愿服务，不断拓展道德实践活动。学校制订了具体的社会实践活动计划，确定专人负责社会实践工作，并在甘肃东乡以及河南林州、荥阳、延津、义马建立了社会实践基地，实践活动多次受到团中央网站、大河网等媒体的关注。学校定期组织师生到延安、井冈山、红旗渠、竹沟、兰考等地开展社会实践活动，接受革命传统教育。针对进城务工的农村青年越来越多、子女学习状况不佳的情况，学校积极组织青年志愿者利用周末在郑州市金河学校与大学路小学两个农民工子弟比较集中的学校定期开展义务支教活动，除教授制定的课程外，还免费在学生中开展舞蹈、声乐、朗诵、英语等特长班，受到了共青团河南省委、共青团郑州市委和社会、学生家长的一致好评。

学校依托学科优势，建设附属医院，服务社区群众。黄河科技学院附属医院定位为集临床医疗、科研教学、健康管理、康复保健为一体的现代化三级综合性医院，也是河南省第一所由民办高校全额投资创办的非营利性直属附属医院。目前已建成的医疗区一期工程有门诊医技楼、住院楼，建筑面积7万平方米，设计床位数761张，开放床位500张，通过4个“三年计划”和10年左右的发展，黄河科技学院附属医院将建设成为同类医院排名前列、国内知名的现代化教学医院，成为临床医学服务和科教协同发展的创新型亮点和模式之一，助力提高医学教育和医疗服务在全国的影响力，与黄河科技学院医学院相得益彰，带动临床相关新产业的发展。

（二）坚持开放办学的理念，政校企联动集聚优势资源

大学是一个开放系统，只有与外界进行能量的交换，才能有生机和活力，才会得到发展和提高。[①] 面临激烈的高等教育市场竞争，新建地方本科高校要实现可持续发展，闯出一条特色道路，就必须走开放办学之路，集聚多方优势资源，共同为高校的教育教学改革凝聚合力。

具体而言，新建本科高校要不断创新体制，主动向政府开放、向行业企业开

① 张卫良. 变革中的大学发展之道. 现代大学教育，2003（4）：12-14.

放、向社会开放，同时也要向国外开放，善于学习、借鉴国内外高等教育的先进理论和可行性经验。新建本科高校要利用人才、智力优势，与所在地市和地市下属区县建立校地共建项目，并实质性推动项目进展；要牢固树立以人为本的办学理念，深化教育教学改革，与行业、企业开展产教合作，建立开放的、有自身特色的个性化人才培养体系，促进专业链对接产业链、教育教学过程对接生产实践过程；要通过开放吸引政府政策资源、经费资源、行业人才资源、企业实训平台、技术攻关项目资源、国际教育理念、课程资源等的聚集，不断提升办学实力和科技创新能力，推进教育教学改革。

1. 校企深度融合，建设行业学院

校企通力合作，互惠双赢。目前，建立行业学院已成为高校实现转型发展的路径之一。行业学院是具有区域行业背景的、由企业投入经费建设综合研发平台或实践实训基地（校企共用）、以企业名称冠名的教学实体。建设行业学院主要是要打破原有院系和教研室体制，以产业需求为导向，积极引入行业协会、相关企业单位，共同建设，通过整合学校与企业师资、课程、设施、管理等资源，共同培养高素质技术人才。比如，黄河科技学院与世界 500强企业、中国通信领军企业华为技术有限公司（以下简称“华为公司”）开展深度合作，以成立“华为信息与网络技术学院”为契机，进一步开展更深度的合作，为华为公司也为社会输送更多高水平的人才，共同推进科技创新，为国家和地区创新驱动战略贡献力量。华为信息与网络技术行业学院探索新的学生认证培训模式，2018年10月，通信专业 2014 级学生周敬涛成功获得华为认证互联网专家（Huawei Certified Internetwork Expert，HCIE）高级认证，全球排名8318。智慧建筑行业学院获批土木工程省实验教学示范中心，学生团队在 2019 年建筑信息模型（building information modeling，BIM）应用毕业设计大赛中获全国总决赛一等奖，第一批13名学生直接被河南一建集团公司录取就业。西吉动漫行业学院加强实体项目合作培训和带薪实习，17名学生被公司高薪聘用。截至2020年底，学校与地方政府、行业企业等多主体共建、共管、共享，着力建设新一代智能制造产业学院、生物医药产业学院等8个现代产业学院，打造集产、学、研、转、创、用于一体的实体性人才培养创新平台，为高水平应用技术大学建设和专业集群建设提供人才培养、科学研究、技术创新、企业服务、学生创业等提供了强力支撑。

2. 政校企联动，构建创新创业生态体系

黄河科技学院高度重视创新创业，将创新创业教育融入人才培养全过程，与当地政府共建各级各类创新创业载体，整合和集聚国内外创新资源，营造良好的创新创业生态环境，突出创新与创业相结合、教育与产业相结合、理论培养与创业实践相结合，显著提升了学生的创新创业能力和学校的创新发展能力。国务院“双创”专题督查调研组、创新创业专题调研组和国务院大督查创新驱动组均对此给予了高度评价。

2014年2月，为深化学校管理体制改革，黄河科技学院成立“对外合作办公室”，负责全校对外（国内）交流与合作工作，统筹、规划、调研、指导、协调、组织实施和评估全校校企、校会（行业协会）、校际、校所、校地合作、大学生创新创业等工作。2015年5月8日，学校举行创新创业工作领导小组办公室和众创空间揭牌仪式，标志着学校创新创业工作的全面展开。全校一体，校长亲自挂帅，各学院及职能部门迅速行动，通过组织开展五次全校性创新创业观摩活动，取得了显著成效。

（1）筑牢基础、构建四平台创新创业教育体系

黄河科技学院构建的创新创业教育体系，由创新创业普及教育平台、创新创业专业教育平台、创业辅导平台、微创业培育平台四大平台组成（图8-1）。

创新创业普及教育平台包括创业大讲堂、企业文化、创业学、创新思维等理论教学以及创意大赛、职业发展规划、创业调研、校友企业访谈等实践训练。创新创业专业教育平台包括学科前沿专题、创新创业选修课程、高年级研讨课等理论教学以及科技创新竞赛、创新创业实践训练项目、创业综合实训等实践训练。创业辅导平台包括创业了解企业（know about business，KAB）培训、创业政策咨询周、创业论坛、创业社团等理论培训以及“挑战杯”创业计划竞赛、职业规划设计大赛、发明创造与专利申请、学生创新创业作品制作等实战型辅导。微创业培育平台包括创业项目“1+1”辅导、创业“创办和改善你的企业”（start & improve your business，SIYB）培训、创业训练营、创业沙龙等针对性理论辅导以及创业项目路演、创业项目展示会、创业格子铺、创业一条街等微创业实践。

（2）建设载体，建成全链条创新创业孵化平台

创新创业载体建设不仅能够为创新创业教育提供实践场所，更是高校整个创新创业生态发展不可缺少的重要保障。目前，学校的创客工作室、创业苗圃、孵化器、加速器、产业园已形成全链条式创新创业孵化载体（图8-2）。

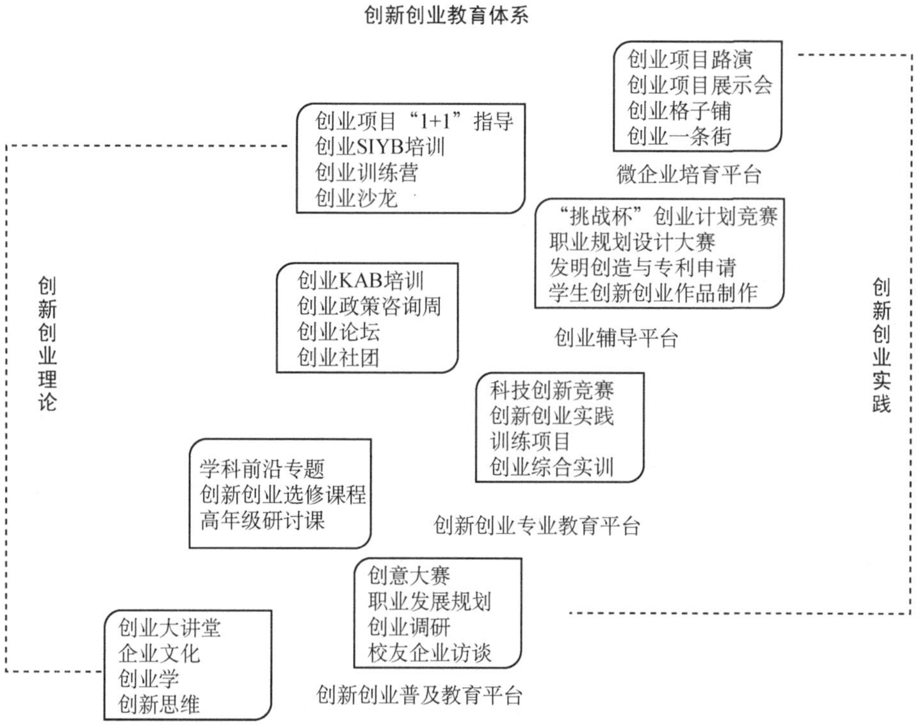

图 8-1　黄河科技学院创新创业教育体系的梯形模型

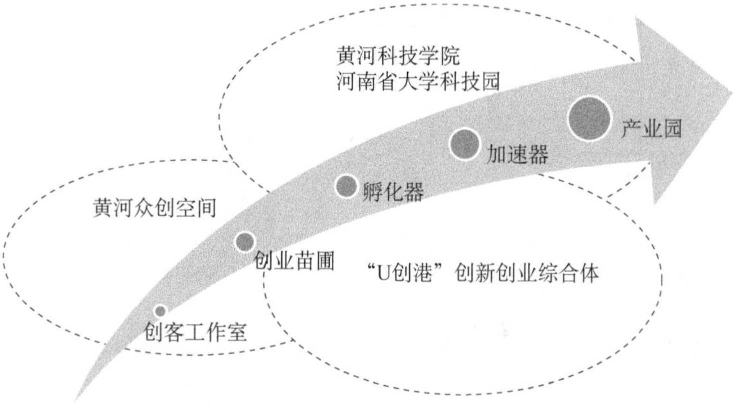

图 8-2　黄河科技学院创新创业生态体系

学校于2012年开始建设大学科技园，依托科技园建设，将高校、企业与地方政府的优势资源整合起来。黄河科技学院大学科技园已建成总面积达6万平方米，园区入驻企业和团队130余个，其中高新技术企业3个，年产值500万元以上科技型企业20余个。

学校于2014年率先在国内建立众创空间。2015年，《国务院办公厅关于发展众创空间推进大众创新创业的指导意见》印发，要求加快支持发展众创空间等创业服务平台。在此基础上，河南省政府也发布了《关于发展众创空间推进大众创新创业的实施意见》，提出河南省政府支持高校、科研机构大企业等各类投资主体充分利用闲置厂房或楼宇等自身资源构建众创空间。这些政策的出台为高校建立和发展众创空间提供了更多的政策支持。黄河众创空间于2015年5月作为全国首批众创空间获得科技部授牌（全国首批共25个），并被纳入国家级科技企业孵化器管理与服务体系，获得541万元政府奖补资金。黄河众创空间面向海内外大学生创业者开放，学校免费提供孵化场地，并配置办公桌椅，创业者还可共享创业指导中心、报告厅、会议室等，配套系统的创业指导和创业服务。

学校与地方政府共建创新创业基地。在河南省政府创新创业政策的支持下，许多地方高校也积极转型发展，开展创新创业教育，营造创新创业文化，参与和推动高校与地方的互动。黄河科技学院与郑州市二七区政府合作，集聚学校科技、人才、载体资源，发挥政府公共服务和政策支持其建“U创港”创新创业综合体（图8-3）。该综合体总面积10万平方米，已建成投入使用面积57 560平方米，黄河众创空间、“U创”孵化器、“U创”加速器、配套公寓及服务设施互为支撑，搭建专业技术发撑平台、科技金融服务平台、综合公共服务平台和创新创业教育平台四大平台，形成了完备的服务体系。

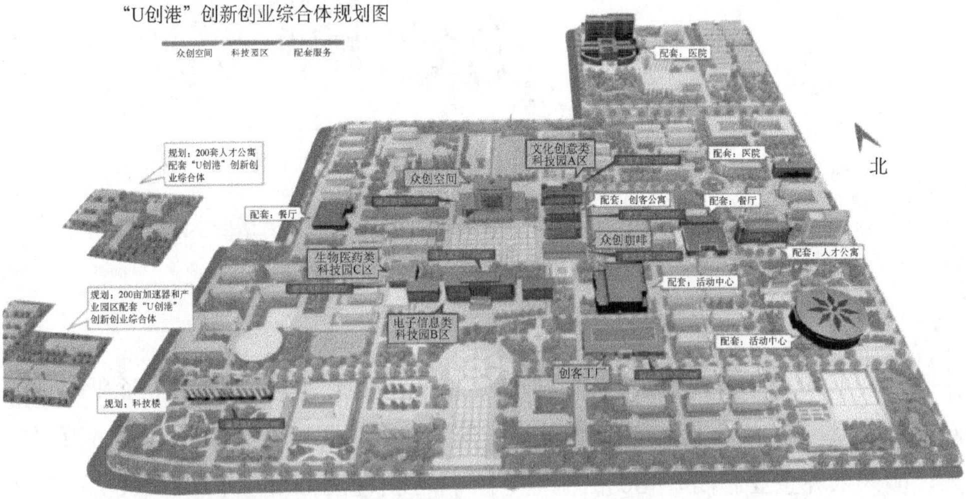

图8-3 “U创港”创新创业综合体规划

（3）集聚资源，搭建一体化创新创业服务体系

校政合作，实现公共服务便利化。郑州市知识产权局在园区设立“知识产权服务站”，为创新创业项目和企业提供知识产权服务。二七区政府在校内设立中小微企业服务中心，通过网上申报、一站式服务、多证联办等措施保证创业者快捷、便利办理工商税务等手续。市、区人社部门协助发布创业项目招募；省、市大学生创业指导中心参与项目入园评审。

科技支撑，实现创新创业相结合。学校的河南省院士工作站、河南省博士后研发基地、河南省重点实验室、省级工程技术研究中心、高层次研发中心等科研平台对创新创业项目和企业全面开放，提供仪器设备共享、技术咨询和研发合作。新药研发中心链接国际资源，美国默克公司高级研发人员加入团队、连续承办了两届（河南）国际新药研发交流与技术转移对接会，设立300万元研发基金，为全省新药研发提供支持。学校助力毕业生李威创办了郑州飞轮威尔实业有限公司，共建了智能硬件研发平台；信息工程研究所助力校友企业大广电子成长为国家高新技术企业。金融助力，实现创新创业低门槛。科技园设立300万元种子资金，并吸引上百个国内知名投融资机构、河南省小微商会等外部力量入驻科技园，与中关村软件园、中国大学生创业网等紧密合作，以黄河众创咖啡为载体，天鹰资本、中国风投、众筹网等机构和一大批活跃的投资人助阵金融服务。此外，截至2017年，黄河科技学院河南校友企业联合会校友资金池已达2000万元。[①] 2015年，园区企业和团队先后获得各类融资达2300万元。

开放共享，实现创业资源强集聚。学校有丰富的企业家校友资源，毕业生中成功创业者日益增多，多反哺母校、回报社会，为区域经济转型和产业转型升级做出了贡献；建成创客训练营，为创业项目和企业提供导师指导、运营推广、融资辅导等；聘任众筹网合伙人张栋伟、上市企业酒仙网董事长郝鸿峰等160多名著名企业家定期参加创客训练营活动。经国家人力资源和社会保障部批准，河南省职业技能鉴定中心授权黄河科技学院为河南省唯一高级创业咨询师培训基地。2015年，学校与欧美同学会委员会签署了战略协议，李开复、徐小平、杨澜等数十位知名企业家和社会活动家已受邀担任创业导师。

---

① 河南黄河科技学院致力于创新创业教育 让“双创”融入学生血脉. http://www.xinhuanet.com/politics/2017-10/26/c_1121857393.htm，2017-10-26.

（4）涌现出一批优秀创业学生

2014年，学校荣获“河南省大学生创业教育示范学校”荣誉称号。毕业生刘鹏成功创办“北京量子伟业时代信息技术公司”，毛胜辉成功创办“郑州美林装饰工程设计有限公司”，取得了良好的经济效益和社会效益。截止到2019年，学生参与创业人数达713人，2014年和2015年学生创业团队获得各类创业扶持资金近300万元。2014届毕业生赵杰考取哈佛大学，休学创业并获得真格基金投资1300万元。2011届毕业生李威企业的产品“智能平衡车”远销全球50多个国家和地区，产值近亿元。

3. 深化中外合作办学，共享国际优质教育资源

自20世纪90年代初期，我国开始进行中外合作办学的尝试，随后，教育部于1995年颁发《中外合作办学暂行规定》，我国的中外合作办学事业随之进入了迅速发展的时期。①

对于政府而言，中外合作办学是教育的国际化的重要途径，能够促进不同的教育理念与教育模式的交流，能够切实提升我国高等教育的国际化水平。中外合作办学填补了我国高等教育某些教学领域的空白，增加了教育供给，促进了薄弱学科的建设，在满足公众求学需求的同时，促进了人才培养模式的多样化和教学条件的改善，使高等教育供给更具多样性和选择性。② 中外合作办学使学生在国内就能享受到国外一流的优秀教育资源，与出国留学相比，节省了大量成本，优化了中国的教育课程和教育方法，为国家培养了大批具有国际视野的人才。

以黄河科技学院为例，学校历来高度重视国际合作与交流，以交流促友谊，以合作促发展，先后与美国、加拿大、英国、德国、法国、澳大利亚、俄罗斯、白俄罗斯、韩国、日本等国的一些著名高校建立友好合作关系。2004年，学校与美国肖特学院合作办学，成立国际学院；2009年，与爱尔兰垂利理工学院合作办学；2014年，与美国佐治亚州立大学合作办学。凭借丰富的国际化办学经验和鲜明的中西方有机结合的人才培养特色，黄河科技学院赢得了社会各界的众多赞誉。

到2020年，国际学院承担黄河科技学院与美国佐治亚州立大学、肖特大学本科合作办学项目以及与爱尔兰垂利理工学院专科合作办学机构的教学管理工作，

① 邵丽霞. 中外合作办学政策分析. 扬州：扬州大学，2009.

② 金之亮，黄桂荣，长江. 中外合作办学的基本现状与对策研究. 中国高等教育，2006（1）：57-58.

开设18个本科、专科专业，在校生达4800余人。先后与美国、英国、爱尔兰、韩国等11个国家近百所世界名校建立了友好关系，拓宽了学生出国留学的渠道，先后有百余名国外高校学生到校交流学习，200多名学生到美国佛罗里达大学、美国佐治亚州立大学、加拿大滑铁卢大学、澳大利亚皇家墨尔本理工大学、英国莱斯特大学、韩国西江大学等世界名校留学深造。学校形成了由来自国外大学35名优秀外籍专家、20余名海归硕博士以及具备双语教学能力的近40名教授组成的高素质专业化的师资队伍。

黄河科技学院在合作办学过程中，高度重视优质教育资源的引进及应用。一是引进国外人才培养方案。引进爱尔兰垂利理工学院、美国肖特大学、美国佐治亚州立大学最新的人才培养方案、教学计划和人才培养规格，培养具有国际视野的应用型人才。二是引进外方课程、教材等教学资源。引进2015年重新确定双方认定的核心课程，指定全英文授课课程，原版英文教材和中译本教材相结合，通过教材引进促进课程内容与国际接轨，并结合地区发展实际，开发和建设新的符合国际规范的教材及教学资源。三是引进优秀师资。通过引进合作外方高校的专业教师，针对全英文教学核心课程进行集中授课或学期阶段授课，建立全英文课程助教制度，培养青年教师的教学能力和英语语言应用能力，优化了师资结构。

国际学院本着对学生负责任的宗旨，围绕学生成人成才开展教育教学。实施“学历教育+职业技能+国际化视野”三位一体的人才培养模式，引进国外优秀课程和英文原版教材，通过小班制、分层次互动式教学、强化实践实训等，培养具有国际化视野的高素质应用型人才。教育教学工作突出学生自我发展能力培养，强化专业能力和外语能力提升。充分利用外籍教师资源，举办免费雅思培训班；加强英语课程学习，每周英语课时提升至8学时；改革英语教学方法，试行户外英语教学，侧重听、说、读、写综合能力的培养和训练。学生英语水平不断提升，出国留学、专升本、考研、资格考证、公务员考试的通过率和录取率大幅提高。在国内高校中率先举办“家长论坛”活动，充分整合家长与学校资源，拓展了学生成人成才的培养思路，并结合当今互联网的迅猛发展趋势，实践探索“学校、家长、社会、互联网”四位一体的教育管理模式。

（三）坚持特色发展的理念，走集团化办学道路

任何一所高校的办学理念都离不开自己的历史和现状。正如曾任剑桥大学校

长的英国著名教育家阿什比所说，任何类型的大学都是遗传和环境的产物。新建本科高校普遍办学历史较短，不能追求大而全，特别是处在改革的跨越期，新建本科高校办学要体现其自身的特殊性和差异性，同时要着力打造和凝练特色来彰显社会影响力。因此，新建本科高校必须有所为有所不为，要充分发掘、利用地方特有的办学资源，客观反映所在地经济与社会发展对人才的特殊需求，找出自己的比较优势，形成办学特色。

1. 向应用科技大学转型

当前，政府在引导新建本科高校向应用科技大学转型，为新建本科高校特色发展指明了发展方向，即在政府的支持下培养高素质应用型人才，满足政府及社会对人才的需求。新建本科高校在一些比较成熟的学科、专业上无法与老牌大学竞争，可以重点发展一些历史不长但有着巨大发展空间的新兴学科和专业，也可以结合区域经济转型方向和战略产业，调整学科布局和专业设置，在应用型专业空白点或交叉点上寻找建设方向，或者根据城市建设和发展中亟待解决的问题“查漏补缺”，寻求切入点、重点突破，为区域经济发展提供所需的科技与人才支撑。

建设应用技术大学是在政府主导、行业企业积极参与、学校主动转型发展中实现的，学校的转型发展工作得到了各级地方政府的大力支持，河南省委省政府和郑州市委市政府的领导先后多次来校指导转型发展工作。政府的大力支持帮助学校克服了困难，为今后的发展奠定了基础。

2000年升本初期，黄河科技学院也曾走过一小段照搬模仿省内外名牌高校办学模式的弯路，但很快就意识到学术型本科之路行不通。经过多次深入调研和思想大讨论，黄河科技学院转型发展战略最终确定了十六字的办学方向，即“面向产业、服务地方、创新模式、校企合作”，人才培养模式着力点放在“本科学历教育与职业技能培养相结合”方面，以此推动办学模式及教育教学的根本性变革。2008年，教育部本科教学工作水平评估专家组对黄河科技学院的新型人才培养模式给予充分肯定。本科评估之后，学校深化这种人才培养模式改革实践，取得了显著成效。2013年5月，经河南省政府批准，学校在济源市建立应用技术学院，使学校向应用技术大学转型迈出了坚实的第一步。应用技术学院立足济源，辐射中原，济源当地政府部门、河南省和济源市支柱产业有关专业人员参与学院专业设置论证和教育教学改革，共同把学院建设成为一所与济源市及周边地区产业结构和经济社会发展相适应、服务于当地经济社会转型升级需要、支撑地区竞争力提升的应用技术学院。

学校在人才培养模式改革方面所进行的探索受到了教育部和河南省教育厅的充分肯定。2013年1月，学校获批教育部首批“应用技术大学改革试点战略研究单位”（全国首批仅35所），成为河南省唯一获批的民办高校。2014年，学校教学改革成果《民办高校应用型人才培养模式创新与实践》荣获国家教学成果奖二等奖。2015年，学校成为河南省“十三五”规划的首批“示范性应用技术类型本科院校”（河南省首批仅4所）。2019年，学校以优异的成绩通过河南省首批示范性应用技术类型本科院校建设考评。

2. 构建教育集团和科技集团

2015年7月，《教育部关于深入推进职业教育集团化办学的意见》发布，这既是立足于职业教育集团化办学的历史发展和现实需要，又是贯彻落实全国职业教育工作会议精神和《国务院关于加快发展现代职业教育的决定》的配套文件，对职业教育集团化办学的重要意义、实现形式、服务能力、保障机制等方面给予了宏观指导和政策支持。

该意见明确了集团化办学的重要地位，从国家战略的高度，将深入推进集团化办学作为加快发展现代职业教育的重要方向。集团化办学定位的确立坚定了集团化办学的发展方向。该意见制定了集团化办学的发展目标：到2020年，职业院校集团化办学参与率进一步提高，规模以上企业参与集团化办学达到一定比例，初步建成300个具有示范引领作用的骨干职业教育集团，建设一批中央企业、行业龙头企业牵头组建的职业教育集团，教育链与产业链融合的局面基本形成。

近年来，黄河科技学院确立了走集团化办学的特色发展道路。为打破校企深度合作瓶颈，学校创新办学体制，在横向层面上探索建设以学校为核心、由教育集团、科技集团组成的职业教育集团，实现校企一体化办学，使学校从半封闭办学转变成全方位开放办学（图8-4）。教育集团以黄河科技学院为主体，包括职业教育学院、继续教育学院、高端培训机构等。科技集团包括研发中心、大学科技园、科技企业孵化器、校办企业等。这种新型的职业教育集团实现了教育、科技、产业实体一体化，学校、行业、企业参与教育教学全过程，初步实现了产教深度融合。

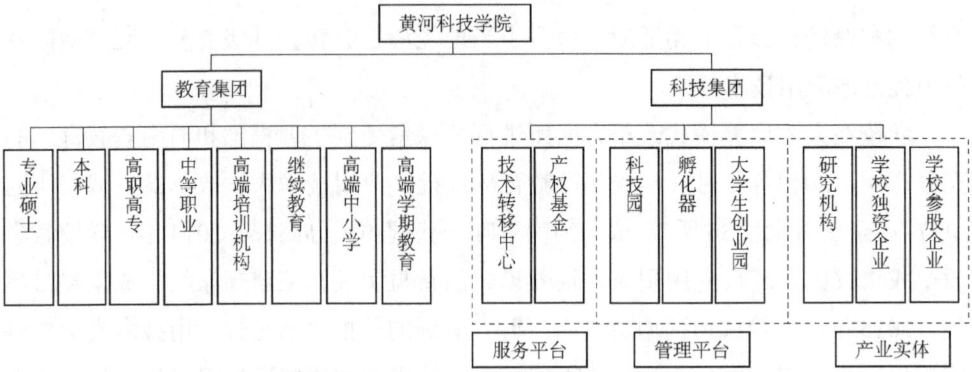

图 8-4 黄河科技学院“教育集团＋科技集团”建设

目前，学校正进一步探索打破原有的院系设置和专业界限，按照相关产业方向、专业方向整合研究机构、产业实体、学科专业、行业学院等资源，搭建若干个有机融合的研发、产业、教学协同创新综合体。同时，鼓励和支持教学科研人员、企业技术人员有所侧重地选择不同的体系和发展路径，在“学校体系”和“企业体系”间自由流动。

二、以构建科学的现代大学制度为支撑

现代大学制度是一所大学各项职能正常运行的制度保障。完善的现代大学制度涉及大学各个不同利益群体之间的权责分配与利益平衡，往往通过各种法律、规章、政策等具体体现。新建本科院校要为实现办学理念而建立切实有效的制度，形成强大的保障力。[①] 构建符合学校发展定位、适应市场需求和可持续发展需要的现代大学制度，是新建本科高校人才培养模式改革和特色发展的关键内容之一，也是增强自治能力、协调高校与地方政府合作关系的重要制度路径。

（一）全面加强党建工作

坚持党的领导是一切工作的前提。习近平总书记强调：“加强党对高校的领导，加强和改进高校党的建设，是办好中国特色社会主义大学的根本保证。”[②]

① 薛澜，刘军仪. 建立现代大学制度 改革高校人才培养体制与机制. 清华大学教育研究，2011，32（5）：1-8.

② 习近平：加强党对高校的领导. http://politics.people.com.cn/n/2014/1230/c70731-26296383.html，2014-12-30.

高校肩负着培养中国特色社会主义事业建设者和接班人的重大任务，必须全面学习贯彻习近平新时代中国特色社会主义思想和党的十九大精神，全面加强党建工作，为学校改革发展提供坚强的政治保证。围绕立德树人的根本任务，牢牢把握意识形态工作的领导权与主动权，不断提升党建与思想政治工作的科学化水平，切实把党要管党、从严治党任务落到实处。

作为全国第一所民办普通本科高校，黄河科技学院建立发挥政治核心作用的“四项机制”，落实党委书记与董事长、校长沟通机制，党政领导联席会议机制，双向进入、交叉任职机制，党委理论中心组学习机制，积极参与学校政务，参与重大问题决策，发挥好党委“把方向、管大局、保落实”的作用，强化党委的政治核心地位。校党委中心组多次举行理论学习（扩大）会，专题学习习近平总书记系列重要精神和习近平新时代中国特色社会主义思想等，强化领导干部的政治意识、大局意识、核心意识、看齐意识。

黄河科技学院牢牢把握加强党的执政能力建设、先进性和纯洁性建设这条主线，全面加强党的建设。加强党委领导班子建设，完善党委发挥政治核心作用的长效机制。以思想建设为引领，加强理论学习，着力提高全校党员干部和师生员工的思想政治理论素养。按照学习型、创新型、服务型党组织建设要求，加强基层组织建设，创新活动载体，丰富活动内容，优化组织设置，增强组织活力，选好配强班子，提高党务干部的专业化水平。加强党员队伍建设，健全党员教育、管理、服务机制，充分发挥党员的先锋模范作用。加强作风建设和反腐倡廉建设，构建党性、党风、党纪教育机制，打造校园廉洁文化品牌。加强对群团工作的领导，提升教（工）代会建设水平，拓宽教职工参与民主决策、民主管理和民主监督的渠道，推进二级教职工代表大会建设。加强共青团、学生会、校卫队建设，进一步调动各方面的积极性。加强基层党组织建设，把党的政治建设摆在首位，着力加强领导班子建设，充分发挥党组织的政治核心作用；以提升组织力为重点，加强基层党组织建设，深化党组织建设和评估；强化基层党组织的政治功能，切实加强基层党支部建设。学校荣获全国民办高校先进单位、全国民办非企业单位自律与诚信建设先进单位、全国三八红旗集体、“全国党建工作样板支部”培育创建单位、全国高校“双带头人”教师党支部书记工作室、河南省先进基层党组织、河南省文明单位等荣誉称号。

（二）科学制定学校战略规划

战略对于高校来说，不仅决定着发展方向，而且明确学校如何办学。战略规划就是对高校未来发展方向和如何走向这个方向所进行的系统、周密的设计。在明确学校办学定位的前提下，通过战略规划，能够保证学校人才培养模式、培养路径与其根本目标相一致。新建本科高校制定战略规划，首先要明确学校的战略发展方向，不是办得有多大、培养多少精英人才，而是能够在多大程度上符合区域经济和社会发展的需求，能否成为引领区域社会创新驱动发展的大学。在这一战略下制定规划，才能切实保障学校始终不偏离重视质量建设和内涵发展的轨道。

战略规划也是重构新建本科高校与政府关系的重要指导性文件。新建本科高校通过聘请地方政府相关人员以及行业组织、企业等专家参与，吸收政府、企业行业在人才培养、科学研究、社会服务等方面的意见和建议，在多方论证基础上，形成科学、可行、有特色的战略规划，从而为新建本科高校与地方政府的关系重构制定目标和实施路径。

战略规划应包括四个要素：愿景、目标、行动和保障。愿景是对长远发展形态的期望，目标是对在一定的时间节点应当实现的发展状态的要求，行动是为了实现发展目标而开展的重大工作，保障是实现目标和开展行动应该完善的制度、投入的资源等。战略规划的制定过程是集思广益的过程，也是学校与政府、行业企业、广大校友、用人单位、学生交流沟通、达成共识的过程。根据新建本科高校实际，战略规划的制定可以由学校聘请地方政府、行业企业相关专家共同组成专家组，由二级学院教师代表和学校管理部门的代表组成起草组，专家组参与其中。多方参与、充分讨论和分析，有助于形成科学、可行、有特色的战略规划，进而真正发挥战略规划对学校发展定位的引领作用。

以黄河科技学院为例，学校历来高度重视战略规划的制定与实施，专门成立了战略发展研究中心，校领导担纲指导。2010年，《国家中长期教育改革和发展规划纲要（2010—2020年）》的出台吹响了新时期教育事业改革和发展的号角，标志着我国高等教育事业进入了新的发展阶段。面对新形势，各高校的竞争意识、发展意识、赶超意识、危机意识都比以前任何时候更加强烈。如何把握新机遇、迎接新挑战，已成为摆在黄河科技学院面前最严峻的问题。为此，学校全面启动了2011—2020年战略发展规划编制工作。2011—2020年战略发展规划编制工作共分为两大部分：总规划《黄河科技学院2011—2020年战略发展规划纲要》以及《2011—2020年学科与专业建设规划》《2011—2020年师资队伍建设规划》《2011—2020年科研与学术建设规划》《2011—2020年校园文化与校园基本建设规划》《2011—2020年数字化校园建设规划》《2011—2020年学校体制改革与管理创新建设规划》六个专题规划。各规划的起草编制工作由校领导分头负责，战略发展规划中心、教务科研处、学生处、人事处等部门为责任部门，全校各学院及行政部门共同参与。各规划的初稿完成后，学校组织了河南省委省政府、郑州市委市政府以及宇通重工、黎明重工、苏宁电器、河南省翻译协会等数十家企事业单位、行业组织进行了广泛的意见征集，召开了各界专家参与的专项研讨会，就政府所关心的重点学科专业建设规划、企业所需要的应用型人才培养模式、校企合作机制、科技成果转化、社区服务形式与内容进行了深入探讨，从而形成了科学的战略发展规划。

2016年12月，中共黄河科技学院委员会、黄河科技学院印发了《黄河科技学院事业发展规划（2016—2020）》，从“十二五”时期改革发展取得的成绩、“十三五”时期改革发展面临的形势两个方面分析了学校的发展基础及面临的形势，从指导思想、发展思路、发展目标三个方面提出学校改革发展的总体战略。其中，发展目标为：根据党的十八届五中全会精神和学校面临的新形势、新任务，2016—2020年，学校事业发展的目标是紧紧抓住作为教育部“应用技术大学改革试点战略研究”项目单位和河南省首批示范性应用技术类型本科高校建设单位这一重大战略机遇，以国家和河南省经济社会发展需求为导向，大力推进学校转型建设，不断提高教育和人才培养质量；到2020年，圆满完成河南省首批示范性应用技术类型本科高校的建设任务，完善创新创业教育体系，初步将学校建成深化高等教育综合改革的试验区，应用技术大学的示范区，高水平技术技能型人才培养重要基地，区域先进技术创新、转移和服务的基地，产教融合、校企合作重要平台；成为学科专业优势突出、育人模式先进、办学特色鲜明、综合实力较强的河南省第一方阵高校，为建设国内一流应用技术大学奠定坚实的基础。

围绕发展目标，黄河科技学院提出以下主要任务：深化创新创业教育改革，着力提升应用型创新型人才培养质量和特色；加大学科专业建设力度，着力提升学科专业建设水平；推进科研创新体系建设，着力提高服务地方经济发展能力；加强人才队伍建设，着力提升师资队伍整体水平；加强现代大学制度建设，着力完善内部治理结构、提升管理水平；加强教育信息化建设，着力提升网络利用新优势；加快基础设施建设，持续改善办学条件；加强平安校园建设，着力维护学校安全稳定；不断改善教工生活工作条件，共享学校改革发展成果；全面加强和改进党建思政工作，为学校建设发展提供坚强政治保证。学校从建立发展规划推进实施的组织管理体系、完善发展规划推进实施的经费保障体系、加大对发展规划推进实施的宣传力度三个维度加强组织实施，确保规划的贯彻落实。

随着“十四五”的到来，学校积极推进“十四五”规划的编制工作，建立健全发展规划推进实施的组织管理体系，建立规划实施推进工作领导小组，紧紧围绕此规划确定的目标任务和重点工程，由分管校领导牵头，组织相关部门认真做好规划任务的分解工作，制定得力举措，拿出具体方案，明确责任，明确时限，加强督导，扎实推进，确保规划提出的目标任务落到实处。加强规划实施过程监测和规划实施效果评估，通过全面、准确的质量数据为学校调整规划目标与实施路径提供决策依据，确保规划的顺利实施。完善发展规划推进实施的经费保障体系，按照学校事业发展规划确定的各项任务，科学编制经费预算与财务计划，科学调度资金，确保经费落实。优先保障重点建设项目（重点建设工程）的经费投入与使用。加大对发展规划推进实施的宣传力度，紧紧围绕转型发展、创办国内一流的应用技术大学目标，组织全体教职员工认真学习学校事业发展规划，以此统一思想、凝聚力量。充分利用校园网站、校报和学报、宣传栏、微博微信、飞播字幕等宣传形式，大力营造贯彻落实学校发展规划的良好舆论氛围。

（三）大力推进大学章程实施

大学章程之于大学如同宪法之于国家。大学章程是学校的“根本大法”，上承国家法律法规，下启学校规章制度，一经核准，将在较长时间保持稳定，是一所学校发展的指南和宣言。《国家中长期教育改革和发展规划纲要（2010—2020年）》提出，要完善中国特色现代大学制度，加强章程建设。在新建本科高校发展面临诸多新机遇和新挑战的今天，章程是新建本科院校办学的重要依据，是顺利规范和加强学校管理、保障各项事业健康发展的迫切需要。

对于新建本科高校重构与地方政府关系而言，高校通过群策群力制定章程，提交政府教育部门进行审核，审核通过后颁布实施，为完善新建本科高校治理结构、厘清政校关系、依法自主办学、教授治学、去行政化奠定基础。

新建本科高校章程建设中要注意紧扣学校办学定位和具体校情，始终注意立足使学校内部基本的管理体制更加明晰，使学校校内管理模式改革的探索更加自觉，使立足地方、开放办学、特色发展的办学理念更加凸显，从而使学校章程既符合高等学校章程的基本要求，又凸显新建本科院校章程的独特属性。

新建本科高校章程要明晰学校的基本管理体制，充分发挥教授在教学、学术研究和学校管理中的作用；发挥教职工代表大会等群众团体的作用；积极探索校内管理模式改革，建立民主、科学、高效的决策机制，区分不同类型决策的性质及决策机制；理顺对外和内部管理体制，落实基层部门、院系和教师的权力。此外，章程应将主动服务地方，与政府、企业等多方共同推进人才培养、科学研究等明确列入章程，并建立相应的质量保障体系。

以黄河科技学院为例，学校在2000年升本时，根据教育部的要求，起草了第一部章程，共九章三十七条；2007年，在第一部章程的基础上形成了第二部章程。它们对于学校理顺内部关系、优化内部治理、保持稳定发展起到了重要作用。但根据教育部有关文件要求和学校深化改革、创新发展的实际，章程的一些内容已不适应新形势的要求，需要修订完善。2014年，黄河科技学院举办了30年校庆，总结了学校30年的发展道路和办学成果，并借此机会对章程进行修订，吸纳学校在开拓中国特色社会主义民办高校发展道路上取得的成功经验，将其形成制度规范，有利于保障学校继往开来，进一步开拓民办高校科学发展的新境界。

2014年8月，学校成立了由胡大白董事长牵头的现代大学制度课题组，开始了章程修订工作。董事长负责章程建设工作的组织领导，协调解决章程修订过程中出现的重大问题，学校主要领导也都参与章程的框架确定、内容讨论、条款修改，经广泛征求意见、反复进行修改，形成了《黄河科技学院章程（修订草案）》。之后，校党政联席扩大会议三次召开会议对此进行讨论，提出了很多有价值的修改意见，课题组认真研究、吸纳，反复进行推敲、修改，形成了现在的《黄河科技学院章程（修订草案）》（第十四稿）。

《黄河科技学院章程（修订草案）》分序言、正文和附则三个部分，独具特色：一是吸纳了黄河科技学院30年发展的成功经验；二是完善了学校内部治理结构，规范了学校的各项制度；三是高度重视学校的办学理念；四是以人为本，突出了学生和教师在办学活动中的主体地位。2015年，《黄河科技学院章程》经河南省教育厅章程核准委员会评议通过，河南省教育厅厅长签发核准，已正式发布，向全校及社会公开。

黄河科技学院以国家有关法律和政策规定为统领，以《黄河科技学院章程》为基准，切实推进现代大学制度建设。健全和完善董事会领导、校长治校、党委保证的管理体制，探索和优化教授治学、民主管理、社会参与、高效有序、充满活力的新型治理结构。

2020年，根据《河南省教育厅关于做好高等学校章程修改及核准工作的通知》，学校成立小组开始着手进行章程修改并通过审核，形成最终章程文本，并积极推进章程实施。

（四）持续创新办学体制机制

灵活、高效的办学体制机制能够帮助新建本科高校提升内部治理水平，优化外部合作关系，增强学校品牌形象。新建本科高校构建现代大学制度的着力点和突破点在于体制机制创新，并以此来推进和带动学校综合改革，打破路径依赖的惯性制约，为新建本科高校创新发展提供体制机制保证。

一是深化办学体制改革。黄河科技学院创新集团化的办学体制，成立教育集团和科技集团。教育集团重点建设高等教育层次、中等职业教育、高端培训机构、继续教育、高端中小学、高端幼儿园；科技集团重点建设各类研究所、科技园（科技企业孵化器、大学生创业园）、学校独（合）资创办的企业以及相应的产权基金和技术转移中心。不断健全两个集团的管理体制和运行机制，理清资产，理顺决策、执行、监督、保障等机制和环节，形成相对独立又相互支撑的两大集团体系，促进教育链与产业链的有机融合，实现创新资源的共享和统一配置。

二是推进校、院两级管理体制改革。黄河科技学院深入探索与逐步实施校、院两级管理，充分扩大二级学院的办学自主权，形成学校负责宏观决策、预算和调控，二级学院在人财物管理上拥有相对自主权的校院两级管理体制，激发学院的办学活力。

三是深化人事制度改革。黄河科技学院推行干部任期目标责任制，形成公开民主、竞争择优、能上能下的干部管理制度和氛围。建立教师岗位分类管理与聘任机制。施行定期内部人事竞聘制度，促进优秀拔尖人才脱颖而出。

此外，根据学校改革发展实际需要，以提高服务水平、管理水平、工作效率和工作质量为目标，进一步调整和优化内设机构。

三、以全面深化教育教学改革为动力

在确立为地方经济社会发展提供支撑的办学理念基础上，新建本科高校要通过全面深化教育教学改革、合理调整学科专业、优化课程体系和实战教学体系、深入推动产教融合，为实现学校自身与地方的双向互动创造条件。

（一）专业体系紧密对接地方产业链、创新链

一是推进专业集群对接地方产业群。瞄准“三区一群”等国家战略，突出产业需求导向，加快“四新”专业建设，在全省率先开设数据科学与大数据技术、智能科学与技术、现代农业工程、智慧农业工程等专业；根据服务产业链、创新链的需要，打造专业集群超级平台，形成电子信息类等5个特色专业集群，对接河南省五大优势产业，建立了鲲鹏产业学院、华为产业学院、创意设计产业学院等8个产业学院，获批省级重点学科5个，省级一流本科专业建设点6个，省特色、品牌专业等33个。

二是推进人才培养过程对接生产实践。各产业学院均成立由行业专家和企业骨干参与的教学指导委员会、产教融合专业建设指导委员会，采取产学结合、工学交替、订单培养等模式深入推进专业共建、基地共享、教材共编、课程共担，成立宇通重工班等订单班10个，校企工作室13个，院士工作站2个；与哈尔滨工业大学共建研究中心6个。

（二）不断创新人才培养模式

新建本科高校要以培养具有社会主义核心价值观、适应产业转型升级和社会服务发展需要的高层次应用型人才为核心任务，把人才培养质量作为生命线，在充分依托优势办学资源的基础上，引进国外优质教育资源，建立以提高实践能力为引领的人才培养体系，强化实践教学，鼓励教学模式变革为以学生为中心的启发式、合作式、参与式教学，集聚创新创业教育要素与资源、创新培养机制和配

套政策，营造创新创业的良好生态环境，着力培养学生的实践能力、创新精神和创业能力。

黄河科技学院把人才培养模式改革作为一项系统工程，从顶层设计、过程管理、保障条件建设等方面进行了一系列改革和探索，从传统的普通本科教育转变为本科职业教育，学校在教育教学体系建设方面进行了全方位的变革和创新。经过近几年的教育教学改革实践，高素质技术与技能应用型人才培养目标定位和“本科学历教育与职业技能培养结合”的培养理念已经深入人心，全体教师和教育管理工作者的教育观念得到了极大转变，改变了过去“重理论、轻实践”“重学术、轻能力”的思想，摒弃了“精英人才”质量观。学校在确定了本科高职的人才培养目标之后，对于具体的人才培养模式没有采取“一刀切”的办法，而是根据不同专业的特点和学生的需求，采用多元化的实现方式。在这一过程中，学校紧紧抓住校企深度合作的主线，大力推进产学研用合作，形成了多方位、多层次、多领域的学校与行业、学校与企业、学校与科研院所的合作模式，走出了一条本科“技术应用型”人才的特色育人之路。

在这一目标定位基础上，学校采取顶层设计与多样化实施分步推进的策略，分类实施人才培养模式改革。所谓顶层设计，就是从学校人才培养模式的总体设计研究入手，提出学校的总体培养目标和对人才培养的知识、能力、素质的要求，设计人才培养模式的基础框架。多样化实施，即各学科专业结合自身的实际情况和社会对人才的需求特点，提出符合实际的人才培养模式改革方法与途径。按照这一思路进行探索和实践，黄河科技学院形成了五种典型的人才培养实现途径与方式，即“双证书”培养、“三段式产学研结合”培养、“两段式工学交替”培养、“一年三学期工学交替”培养、“订单式”培养等（图8-5）。

学校各专业在这方面都进行了有效的探索。学校先后与宇通重工集团、苏宁电器集团、河南交通建设有限公司、洛阳牡丹通讯有限公司等签订用人订单协议，组建“宇通重工班”“苏宁电器班”“交建工程班”“纵横通信班”等。以“宇通重工班”为例，机械设计制造及其自动化专业和宇通重工合作，根据企业岗位需求和学生发展需求共同制定人才培养方案，联合开发了“宇通文化”“宇通重工实习实训指导手册”等8门课程，并编写教材（指导书）采用工学交替、项目驱动、任务导向、现场教学等形式开展教学。学生经过在企业的实践锻炼，岗位技术得到很大提升，通过学校和企业的双重考核，多名学员被公司录用。

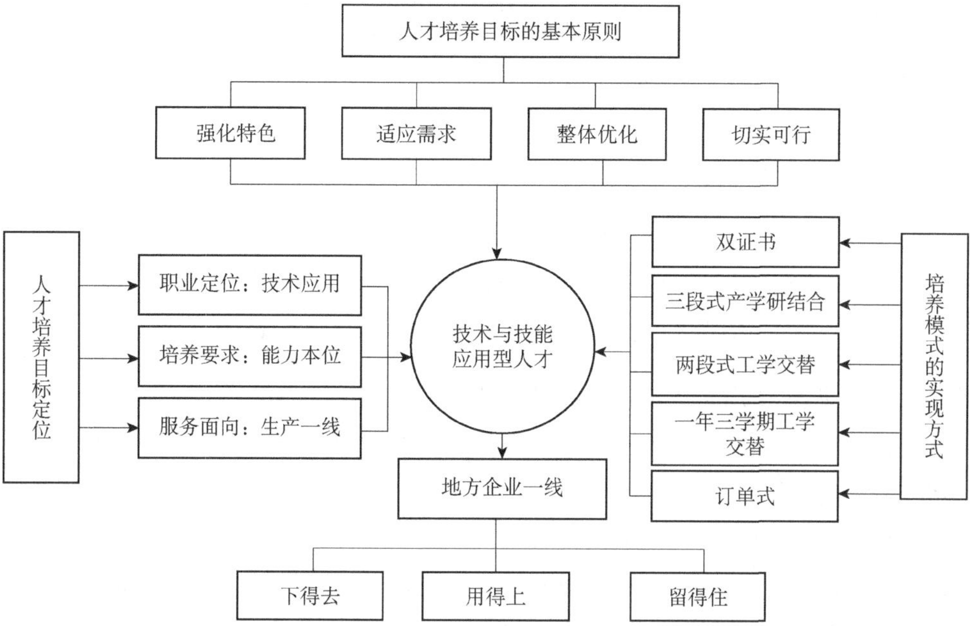

图 8-5　黄河科技学院人才培养模式改革目标

（三）优化人才培养方案和课程体系

新建本科高校要注重校企联合修订人才培养方案，以社会经济发展和产业技术进步驱动课程改革，采用能力倒逼机制改革课程教学体系，突出实践应用和创新创业能力；关注学生发展特点，实施分类培养；注重将企业技术革新项目作为人才培养的重要载体，将现代信息技术全面融入教学改革。以黄河科技学院为例，学校不断完善与企业联合培养人才的机制，真正做到学校和企业的“五个共同”，即共同制定人才培养标准和培养方案，共同推动专业和课程建设，共同打造专兼结合的“双师型”教学团队，共同建设实习实训基地，共同实施质量监控与评价，做到了人才培养方案对接企业需要，课程和教材对接企业实务，“校中厂”和“厂中校”对接现场环境，教学质量评估体系对接企业标准，强调毕业设计“真题真做”（图8-6）。

例如，信息工程学院与河南生茂光电科技有限公司合作，结合企业研发生产实际，将毕业实习与毕业设计有机融合，参与学生获得良好的成绩、全部被生茂光电公司正式录用，并有3位同学在短短半年时间内被破格提拔为助理工程师。工学院机械专业学生设计团队和新源重工进行技术合作，为新源重工16吨吊的关

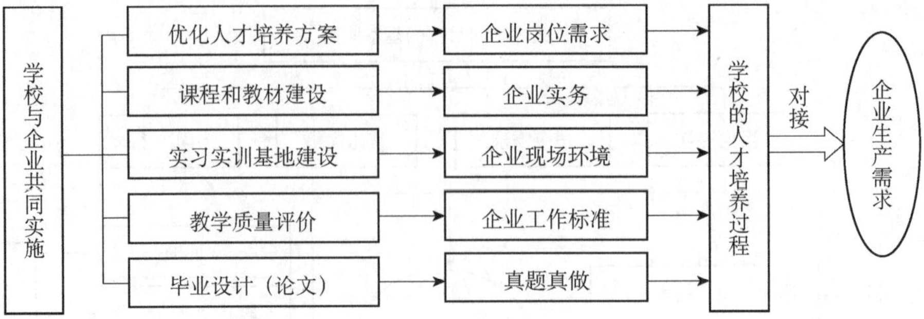

图 8-6 黄河科技学院人才培养对接生产实践

键部件——四级伸出结构进行了改进设计，保证了设计的安全可靠性。艺术设计学院艺术设计专业毕业设计实行“设计公司出题、学生设计、设计作品由市场检验”，最终实现作品被企业采用、学生成功就业的“双赢合作”。学校按照技术与技能应用型人才培养目标的要求，本着“立足职业、突出能力、强化实践、提升素质、注重创新、形成特色”的原则，打破普通本科教育学科体系的束缚，推进由普通本科教育的课程体系向本科高职教育的课程体系转变（图8-7）。

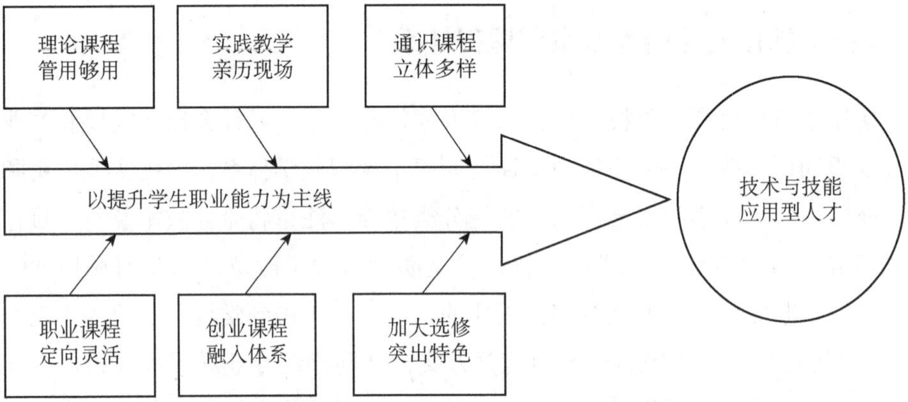

图 8-7 黄河科技学院学历教育与职业教育相结合的课程体系

该课程体系有以下六个特点。

第一，理论课和专业课强调“综合性”。精简和整合理论课程和专业课程的内容和学时，不求学科体系的完整性，以“必须、管用、够用”为度。与原有专业人才培养方案相比，新课程体系中的专业核心课理论课课时减少了30%；同时，对原有的普通本科教育的课程体系进行了纵向和横向的整合，突出综合知识和综合能力的培养，避免教学内容的交叉重复，形成复合型课程、综合性课程等。

第二，实践教学强调现场“亲历性”。一方面，增加实验、课程设计、实习实训等实践教学时数，实践教学占总学时的40%以上，增设了集中的实习学期，进入企业等现场的学习和实习总学时增加了50%；学生在校4年期间，有不少于半年的时间在企业学习。另一方面，丰富实践教学内容。专业核心课程中，职业技能类课程的比例从原有的40%上升至70%，建立了以提升学生的职业发展能力为主线的实践教学体系，将综合性、设计性实验的比例提高至85%以上。同时根据需要开设“企业课程”“项目课程”等，打破理论教学与实践教学分两个体系建设的概念。

第三，通识课程设置强调“立体性”。立体性强调的是多层次多方面重视人文素质教育课程的开设。2008年起，在全校本科生中逐步开设文学欣赏、传统文化、艺术鉴赏等60多门人文素质选修课程；2009年，按照优化结构、凝练特色的要求，对原有分散的文化素质教育课程进行了整合，并增设了欧美文化、科学技术哲学、心理健康等课程，搭建了“立体式”的通识教育课程平台。

第四，职业教育课程强调“定向性”。学校开设的职业课程由职业道德与职业能力课程、职业资格认证课程和就业课程三部分组成。一是开设职业道德与职业能力课程，具有职业的定向性、灵活性、仿真性和开放性的特点。学校开设了“职业生涯规划”“团队合作”“社交礼仪”等职业教育课程。二是开设职业资格认证课程。这类课程主要是根据国家劳动部门或权威行业的职业资格或技能等级考核标准中的知识、技术要求设置的课程。三是开设就业课程。将毕业实习转为企业就业课程，实行定岗、定薪、定勤、定时上班，时间不少于6个月。

第五，创新创业课程强调“融入性”。强调将创新创业教育课程纳入新的课程体系，融入人才培养全过程，面向全体学生，形成了由第一课堂和第二课堂有机结合的课程平台，开设了“大学生创业讲座”“大学生创新创业教育与实践”“创新思维”“创业学”“大学生就业指导”“职业生涯规划”等课程。在总学分中设立创新创业教育必修学分4学分，各专业学院均在人才培养方案中设置了创业课程。

第六，专业选修课程强调“特色性”。专业选修课程设置突出以下四个特色：一是认真研究本专业面向的中原地区行业产业领域，紧密结合相关行业领域对应用型人才需求的多样化程度设置；二是认真研究黄河科技学院作为民办高校，其学生的个性特点、家庭背景和就业意向，根据学生的个性群体需求设置；

三是依据职业资格认证要求，设置相应的职业资格类课程；四是与企业密切结合，设置特色化校企合作课程。新的课程体系中，各专业所设置的可供选修的课程数量增加到学生应选修课程数量的3倍，为学生提供更多的选择机会和更广的选择面；同时，动态调整选修课程设置，每年更新选修课比例不低于10%。

（四）加强实践基地建设

1. 搭建"四联四共"产教融合模式

学校围绕"服务地方，产教融合，走应用技术大学发展道路，建设高水平应用技术大学"的办学指导思想，成立深化产教融合工作领导小组和办公室，把产教融合作为核心机制贯彻到汇聚创新要素、引领教育变革的各个环节，与地方政府、高校、行业企业等多主体之间搭建沟通桥梁，共建教学、科研、创新创业资源，形成了政产学研用一体的"四联四共"产教深度融合模式。

一是学校与政府联动。学校与二七区政府共建"U创港"创新创业综合体，该项目被列为郑州市重点建设项目，获批200万元财政补贴。与河南省委网信办、360合作共建省网络安全素养教育基地（河南省唯一）；与河南省国防科技工业局签订战略合作框架协议，推动军工经济与高校建设融合发展；与郑州市政府、中国科学院软件所共建信息工程研究所，成功孵化了河南昱荣教育科技有限公司，其核心产品"翻转校园"应用程序（APP），在国内40多所高校推广应用。与中国人与生物圈国家委员会共同主办，"黄河生态保护与文化传承"研讨会，为河南境内黄河流域的生态保护和文化传承出谋划策。学校受郑州市教育局委托负责市属高校教育信息化2.0专项建设，受河南省教育厅委托建设河南省本科专业数据平台，受郑州市政府委托组建大数据应用及人工智能创新平台。郑州市政府专门发文支持学校建设郑州市大数据应用及人工智能等科技创新平台、文化创意研究院、智库等。

二是学校与企业联盟。学校与中关村发展集团、河南投资集团等深度合作，与产业学院共建产学研创一体化融合平台，探索"教育+金融+孵化器+产业链"的新模式。在阿里巴巴（中国）教育科技有限公司等建立校外实习实训基地254个；与宇通重工等企业合作的3个项目获得河南省校区合作奖补资金400万元；与行业企业共建"华为信息与网络技术行业学院"等8个行业学院；建设教师和学生共同参与、专业与企业协同育人的校企合作“工作室”13个；一批科技成果成功实现了向企业转移转化，其中，工学部10项专利与8家企业签订转让合同。

三是学校与行业联姻。学校与河南省高校创新创业协会、河南省标识行业协会、河南省租赁行业协会等深度合作，使行业参与人才培养。学校与中国电子学会共建职业认证平台，在省内率先成立了全国电子信息专业技术资格认证中心；成立了国家职业技能鉴定站，可对56个工种进行培训和职业技能鉴定。学校与河南省科学技术协会、河南省美术家协会等数十家行业协会建立合作关系，创建了良好的互动共赢平台。

四是学校与高校联合。2019年，经河南省学位委员会批准，学校分别与河南科技大学、河南大学联合培养专业硕士研究生10名，2020年这一人数扩大到20名；共有13名导师被遴选为第二导师，参与专业硕士研究生的培养工作。学校现代农业工程研究院与河南农业大学联合培养出首批硕士研究生已通过论文答辩；与哈尔滨工业大学拟创建“哈尔滨工业大学郑州国际创新研究院”，共建智能制造等研究中心6个；与复旦大学合作，共同培养师资，已有2名教师顺利完成培训；与中国科学院软件所、清华大学苏州研究院等共建网络安全学院、科技创新平台，联合培养研究生。

2. 构建与企业无缝对接的实践教学体系

学校根据技术与技能应用型人才培养目标的要求，按照校内实验室和实验中心、校内实验实训基地、校外企业实习实训基地、学校与企业合办公司、建立职业技能鉴定所“五轴联动”的思路，建设了融教学、科学研究、实习实训、职业技能鉴定为一体的实践教学平台，“校中厂”创造现场“实战”环境，“厂中校”让学生要“真刀真枪”，实体公司让学生参与企业实务，为学生提供了一种基于工作场所的学习环境，增强了技术与技能应用型人才的职业适应性，实现了学校的实践教学与企业生产实际的无缝对接（图8-8）。

第一，实验室向学生全面开放。学校建成理学、工学、医学等九大学科类的实验实训室93个（实验分室262个），包括产品创新及设计实验室等省内高水平实训室；有6个校内实训基地，实验室总面积达2.76万平方米，有力地保障了实践教学。工程训练中心为学生的认知实习、基础工程训练、综合与创新训练提供了保证。经济与管理等文科实验室能够模拟工作情景，再现工作流程，反映岗位

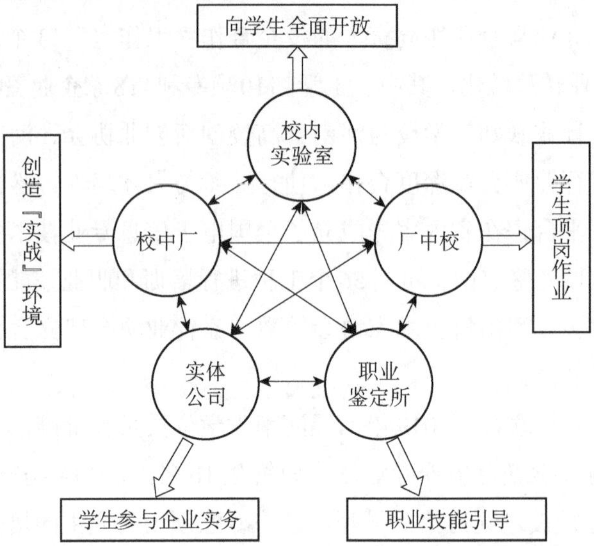

图 8-8 黄河科技学院“五轴联动”的实验实训体系

要求、提供角色体验。公共基础实验室面向全校学生开放，专业实验室面向学科内专业学生开放，如护理实验室面向护理学各年级学生开放。该实验室于2010年7月被卫生部人才交流中心授予“国际护士执业水平考试（ISPN）项目协作组织单位”，为护理专业的深度改革和人才培养搭建了新平台，为提高毕业生的市场竞争力和人才国际化流动奠定了基础。

第二，“校中厂”创造现场“实战”环境。学校通过与企业、行业组织合作，重点建设具有真实环境和实际生产、建设、管理、服务功能的实验室及实习实训场地。学校与河南省西工机电有限公司等企业共建“数控技术综合训练中心”，每年校内接纳实验、实训、实习学生1500余人，年生时数为7000。所有实训指导均由企业高级技术人员和本校“双师型”教师共同承担。学校还与长春试验机研究所共建“力学实验室”，与浙江天煌科技实业有限公司共建“机电”“控制工程”等10余个处于业内领先水平的专业实验室，与大连机床集团有限公司共建“校内实习工厂”，在满足学校教学需要的同时，为企业提供生产服务。

第三，“厂中校”让学生要“真刀真枪”。学校选择有行业代表性、生产技术先进、工程技术力量强、现代化管理水平高的企业，建设了200余个包括中国船舶重工集团、河南生茂光电、郑州宇通重工、郑州海马集团等在内的国内外知名企业的校外实训基地。学校设置专项资金用于校企合作的实习基地建设，聘请了行业20

多名专家担任兼职教授参与教学工作，有些实习基地发展成了“厂中校”。学生在浓厚的职业氛围与真实环境下，“真刀真枪”地进行工程训练，培养学生解决生产实践和工程项目中实际问题的能力。例如，学校与郑州宇通重工有限公司联合建设校外工程实践教育中心，每年可接纳机械类相关专业12 000人进行实习（实训）和毕业设计，2013年该中心被教育部批准为国家级大学生校外实践教育基地。

第四，实体公司让学生参与企业实务。学校与企业联合成立多个公司，成为学生参与企业实际生产的基地。学校收购河南华中星科技电子有限公司，该公司前身获得过国家、省部级科技成果奖20多项。2012年，学校与校办企业的项目获得河南省发改委工业结构调整项目资金316万元；与河南省交通建设有限公司合作，由学校提供厂房，公司购买设备，按照股份制联合成立河南路建路桥工程技术有限公司，共建“工程检测中心”，提供道路、桥梁、工程等检测服务，出具检测报告。在公司运营过程中，吸纳部分教师和学生协助开展相关实验，参与技术革新。学生参与实体公司的真实研究和运作，有良好的岗位训练机会，提高了工程实践、应用和创新能力。

第五，职业技能鉴定所强化职业引导。学校建立了职业技能鉴定所，可以对加工中心操作工、汽车维修工等56个工种进行初、中、高级的培训和鉴定，面向校内外开展职业技能鉴定与职业资格认证，实行相关课程的考核与职业技能鉴定合并进行，强化对学生的职业引导作用。鉴定所先后为校内外培训20 000人次，学校有4000余名学生取得各类职业资格证书，其中包括网络工程师、网络管理员、数据库系统工程师、商务秘书、商务英语翻译、物流师、营销员、预算员、裁判员等类别。仅商贸学院就有1000余名学生分别获得高级营销员、商务秘书、注册电子商务师、注册物流师、初级会计师等职业资格证书。学校从2010年开始，通过职业技能鉴定、国家统一的职业资格考试、职业资格模拟测试等多种形式开展教学质量评价工作，较好地检测了学生的职业技能和职业素养。2012年，学校的职业技能鉴定所被评为郑州市职业技能鉴定先进单位。

3. 校企协同的教学质量监控体系

学校适应人才培养模式改革的需要，改革机构设置、计划安排、过程衔接等管理内容，强化人员组织、条件保障等各项工作，建立起校、院两级产学研合作教育工作机构，形成了校企协同的教学质量监控体系。

第一，创新校企合作管理体系。学校建立了由河南省内外知名企业、行业机构、科研院所、学校等单位主要领导参加的校企合作工作指导委员会，传递行业最新动态和信息，指导学校根据行业和企业的最新发展，调整专业设置，定期或不定期地对学校的学科和专业发展战略、人才培养方案、合作交流等重大问题进行研究，负责协调企业与学校的关系，督促合作的实施，保证合作的顺利进行（图8-9）。

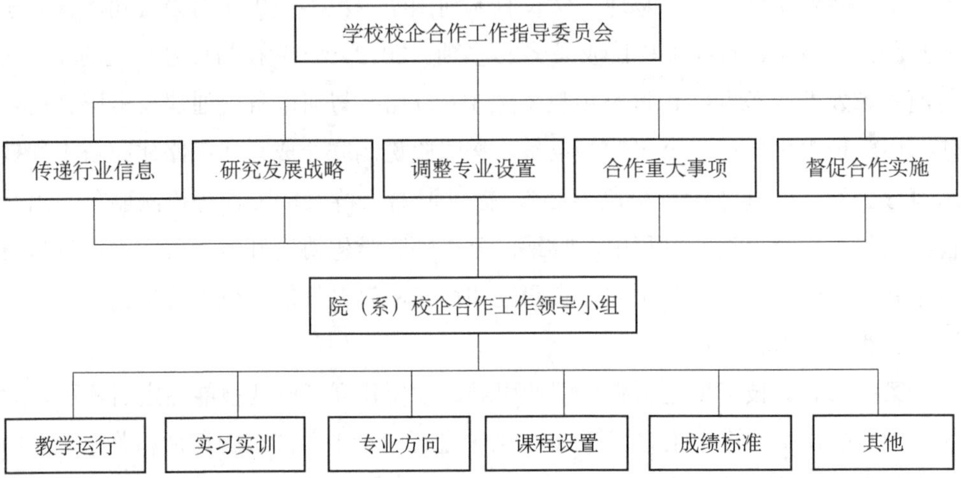

图 8-9　黄河科技学院校、院两级产学合作质量监控组织框架

第二，学校和企业共同实施过程管理。各专业学院依托行业企业设立专业建设工作指导委员会。专业建设工作指导委员会由生产、建设、管理、服务一线的专家和骨干教师组成，这一组织是院系产学研合作的“智囊团”，传递行业最新动态和信息，对实习实训过程、教学组织、成绩评定等共同管理，探索校企共管运行机制，指导院系调整专业方向、优化课程设置和教学内容，推进专业教学标准建设，强化实践教学，实现专业与企业要求的无缝对接。

第三，规范校企合作教育管理制度。学校建立了企业参与建设教学质量保障制度、人才培养方案共建制度、适应产学结合的教学管理制度、教学评价制度、兼职教师聘用管理制度、实习实训管理制度、人才培养过程中的信息反馈管理制度；建立和完善了专职、兼职教师的教学规范要求；建立和完善了生产实习、毕业实习、毕业设计质量评价标准等教学管理制度、毕业论文制度，形成了校企共管的人才培养质量制度保障体系（图8-10）。

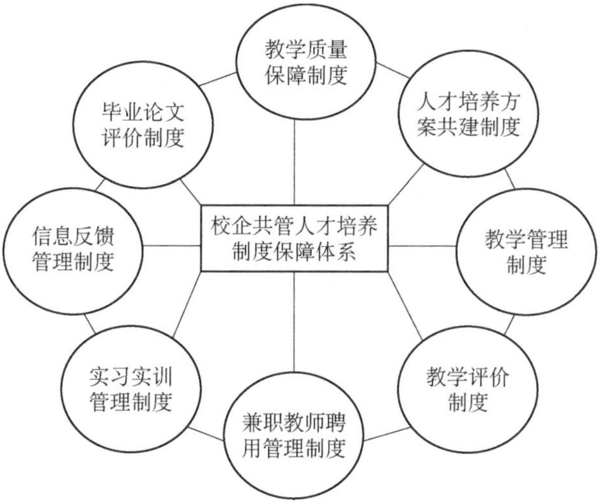

图 8-10　黄河科技学院校企共管的人才培养制度体系构成

（五）培养了一大批高素质应用型人才

黄河科技学院积极探索与地方关系重构的最大成果，是为地方经济社会发展培养了一大批具有较强竞争力的高素质技术与技能型人才。

1. 为地方政府培养了一批行政管理、商业营销等人才

黄河科技学院自1984年成立以来，为地方政府输送了不少行政管理人才及商业精英。崔为工，1995届毕业生，现任河南省文化厅副厅长。郑灏东，黄河科技学院1987届党政专业毕业生，现任中共郑州市金水区党委书记，被授予“吴金印式好干部”荣誉称号。张桂兰，1988届中文专业毕业生，现任郑州职业技术学院党委书记。郝鸿峰，1996年就读于黄河科技大学，现任酒仙电子商务有限公司（酒仙网）董事长，是中国酒类电子商务行业的领头羊。秦子龙，2000届毕业生，创办了河南银鑫电子科技有限公司，被评为“青年企业家”。杨劲川，1994届装潢专业毕业生，创办了杨劲川现代艺术馆，被评为“中国民间工艺美术家”“河南省十杰民间工艺美术家”等荣誉称号。吕奕，2001届装潢艺术设计毕业生，现任深圳市发现包装设计有限公司总经理、深圳市包装设计协会专业委员会副主席等，荣获“广东省十佳设计师”“深圳市优秀设计师”称号，并被中国包装联合会授予中国设计事业先锋人物，其设计作品在国内设计大赛中获奖数十项，并被多家杂志媒介转载收藏，他也被人们称为中国红酒的“设计王子”。

2. 学生就业率和职业发展力同步大幅提升

近几年，学生职业资格证通过率平均达80%以上。数控操作工、加工中心操作工、汽车维修工等中级职业资格考试通过率从2008年的77%提高到2017年的99%；工程造价员资格证持有率从2008年的60%提高到2017年的90%以上；全国计算机辅助应用工程师资格证持有率从2008年的40%提高到2017年的80%以上；护理执业资格证通过率从2008年的88%提高到2017年的95%以上；司法资格证通过率从2008年的2%提高到2017年的28%以上。近3年的学生就业率均保持在97%以上，深受用人单位欢迎，涌现出一批“全国大学生自强之星标兵”“全国优秀县委书记”“全国优秀乡村医生”“全国优秀大学生村官”等优秀毕业生。

3. 学生创新精神和实践能力显著增强

近几年，荣获国家级科技竞赛奖励1282项，在中国“互联网+”大学生创新创业大赛中获2银6铜。学校获得创新创业教育相关的国家级荣誉7项、省级荣誉18项。获授权专利3024项，连续四年在全省高校专利申请量上名列第二，入选河南省高校知识产权综合能力提升专项行动“十强十快高校”。“太阳能LED照明系统控制器”“节能减震道轨接头”“船用起重机吊臂结构设计”“山地自行车强制定位V闸”等专利已投入生产使用。学生胡锋、程继云、谷建强在第四届“全国大学生先进成图技术与产品信息建模创新大赛”中荣获一等奖；音乐学院学生荣获中国音乐金钟奖金奖，这是河南省在该奖项获得的第一个金奖，获得河南省委宣传部、河南省教育厅的嘉奖令。工学院学生杨潇的科技发明“节能减震轨道接头”获得专利，该生为“中国大学生自强之星提名奖”获得者，同时获得“中国大学生新东方自强奖学金”。2013届机械设计制造及其自动化专业学生王震虎在校期间有3项产品获得实用新型专利。2012级机械设计制造及其自动化团队创作的“一秒快速折叠电动滑板车”获得4项专利；以2013级电气工程及自动化专业张容同学为代表的机械自动化团队“张容工作室”相继发明、创作桌面级小型三轴雕刻机、微型激光雕刻机、四轴码垛机器人等。

四、以推进政产学研用一体化为途径

新建本科高校要在主动服务中寻求与行业组织、地方政府、科研院所、各类企业的密切合作，探索政产学研用一体化深度合作机制，有效地实现学校教育与企业需求的良性互动，形成多方位、多层次、多领域的学校与政府、学校与行业企业、学校与科研院所的多种合作模式，在推进深度的产教融合中拓展教育教学资源，增强科技创新能力和社会服务能力。

要重构与地方政府的良好关系，新建本科高校必须坚持应用性科研导向，以成果转化帮助政府解决当地经济转型的策略与技术问题。打造产学研协同创新综合体，与政府、企业、科研院所等共建高层次科研平台，围绕区域创新搭建科技交流和服务平台，理顺政府与高校多方合作机制；同时，在解决技术问题之外，新建本科高校还要在策略上为地方政府建言献策。

（一）提升以应用为驱动的创新能力

以黄河科技学院为例，学校高度重视应用性科研和技术攻关。学校引进高层次人才，组建创新团队，鼓励应用性科研和技术攻关。各个科研团队紧密结合地方经济社会和文化建设开展学术研究，寻找主攻方向，有效地提高了学术研究水平和应用水平。截至2020年底，共承担国家自然科学基金等国家级项目15项，省部级项目353项；获河南省科技进步奖、河南省政府发展研究奖等省部级奖励126项；发表学术论文11 072篇，其中SCI收录209篇，最高影响因子为27.398。目前已在生物医药、复合材料、机械制造、电子信息工程、区域经济等方面取得较大突破。柴远波博士带领团队与中国电信河南分公司合作技术开发项目“基于河南地区的 LTE无线传播模型技术与应用”获批河南省产学研项目。引进的长江学者王志功教授、国家杰出青年科学基金获得者王聪教授等，与学校共同建设了研发中心、创办了企业；9个项目入选“智汇郑州·1125聚才计划”，获得政府产业化引导扶持资金1800万元。

（二）建立政校企合作发展平台

新建本科高校要与行业、企业深化合作，建立多样化的合作发展平台。例如，与政府、企业合作建设大学科技园、众创空间、科技企业孵化器等创新创业平台，实行学校主导、社会参与、市场化运作的管理模式和运行机制，充分发挥资源共享、协调发展、优势互补的整体功能，依托“互联网＋”平台，实现资本、产业、技术、人力等资源共享最大化，深入推进政产学研用一体化，为产业升级提供技术支撑。

1. 着力打造产学研协同创新综合体

以黄河科技学院为例，学校近年来改变了科研支持和奖励导向，以应用性研究为重点，以成果转化为标志，对接地方发展“产业链”，加强科研建设和学科培育；鼓励应用技术研究开发，促进先进技术辐射、转移和创新，培育和扶持产学研用一体化项目；举办产业化实体企业，制定政策鼓励教师以技术成果、专利转化等形式入股校内举办的实体公司。以基础研究为支点，渗透到应用性研究，以技术入股、成果转让等形式合作创办产业化实体公司，打造综合性的实践平台，与开展教学的专业、行业学院（可由一个专业组成，也可由多个专业组成）形成良性互动（图8-11）。

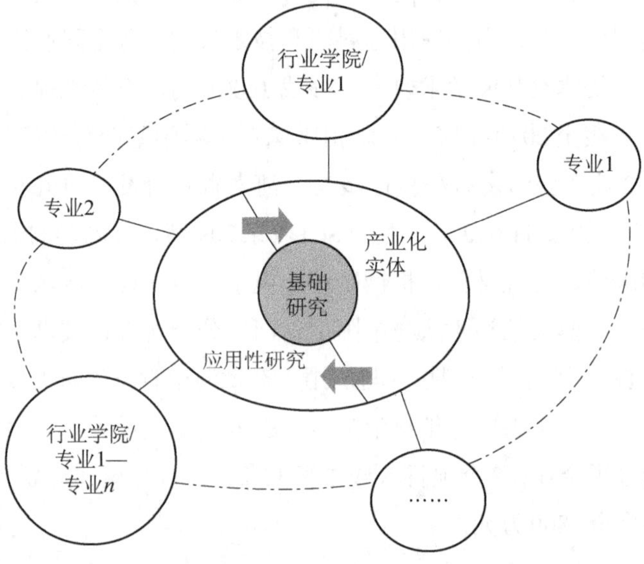

图8-11　黄河科技学院研发、产业、教学协同创新关系

2. 与政府、企业、科研院所等共建高层次科研平台

学校积极与政府、企业、科研院所寻求科研合作，搭建更多的校校、校企和校政之间的合作平台，推进科研成果转化为生产力，促进区域产业升级。学校有16个研发中心实现了技术产业化，孵化了企业。例如，新药研发中心孵化了河南晟翔医药有限公司和美国升阳医药公司。纳米功能材料研发中心承担了7项国家

自然科学基金项目，学术论文被SCI收录98篇，影响因子大于4.0的有54篇，其中发表在*Advanced Materials*（《先进材料》）上的影响因子达17.5。该中心还建成了“河南省纳米复合材料与应用重点实验室”，孵化的河南奥孚森高分子材料科技有限公司被认定为河南省高校工程技术研究中心。超级电容器研发中心孵化了河南华中星科技电子有限公司，为我国“神舟”号系列载人飞船、人造卫星等提供器件，该公司与学校合作的科研项目获得河南省发展和改革委员会工业结构调整项目资金316万元。

3. 围绕区域创新搭建科技交流和服务平台

学校承办了2014年、2015年“国际（河南）新药研发交流论坛与技术转移对接会”。这一会议平台通过邀请国内外高层次生物医药类人才讲学，探讨交流、合作洽谈、成果展示、项目签约，为河南省医药产业发展注入了新活力、开辟了新渠道、提供了新机遇。学校建成河南省博士后研发基地，先后引进培养博士后30余人，被评为“河南省优秀博士后研发基地”；学校设区域经济研究所、中原音乐研究所、中原传统文化研究所等，积极开展应用研究，为地方经济社会发展建言献策。生态文化研究中心聘请著名文艺理论家鲁枢元担任研究中心主任，整合学校人文社科学科专业科研和师资力量，不断推进生态文明建设和中原文化产业转型。

（三）建立地方经济社会发展的智库

为顺应国家关于高端智库建设新需求，新建本科高校应立足地方，瞄准地方经济社会和企业发展中的重大现实问题，结合自身优势，整合资源，建设智库。智库建设要切实突出地方性、服务性和应用性，实施差异化发展策略，与政府智库、研究型大学智库等形成互补，建立服务地方社会经济和企业发展的特色型智囊团和思想库，同时逐步建立面向地方经济社会发展的信息库。如今，决策的科学性越来越依赖数据的完整性和准确性。在大数据时代，新建本科高校智库建设必须适应大数据的挑战和要求，逐步对接地方政府、区域经济社会发展对信息和数据的需求，建立健全专家库、信息库和数据库。在地方智库、数据库和信息库的建设上，新建本科高校应与地方政府深化合作，针对不同行业、不同领域的不同需求，建立不同类型的智库和信息库，并建立互动机制，实现统一管理和有效沟通。

当前，各条战线都在实施创新驱动战略，努力使创新成为引领发展的第一动力。黄河科技学院也结合自身实际进行了一些尝试。学校建有校级科研平台29个，民办教育研究院、中国创新创业教育研究院等高端智库9个，其中中国（河南）创新发展研究院是依托学校、直属河南省委宣传部管理的高端专业智库，为中国国际经济交流中心理事单位、中国智库索引（CTTI）来源智库，承担河南省高校智库联盟秘书处工作；中国（河南）创新发展研究院开展了建业集团转型发展新蓝海战略、郑州大都市区黄河流域生态保护和高质量发展示范区建设、跨境电商等专题调研，承担了河南省社科规划办重大委托课题等多个研究项目。研究成果在《河南日报》发表，得到河南省副省长武国定的专门批示。两项成果分别入选2019年CTTI来源智库年度精品研究成果、CTTI智库最佳实践案例（2019）。纳米功能材料研究所的大中型科学仪器设备全部加入河南省大型仪器协作公用网，连续四年享有郑州市大型科学仪器设施共享服务后补助，连续两年享有河南省科研设施和仪器开放共享双向补贴，学校是河南省唯一连续两年享省平台补贴的高校。学校成立黄河科技学院社会科学界联合会（简称“社科联”），致力于学校哲学社会科学研究和发展。河南民办教育研究院编纂出版的三卷本150万字的《中国民办教育通史》，填补了我国教育史学领域民办教育发展史专著的空白。

今后，黄河科技学院将紧密结合创新河南建设的需要，充分发挥高校智库的重要作用，创新科研体制机制，整合各类优势资源，坚持需求导向、问题导向，加强前瞻性研究，着力提高综合研判和战略谋划的能力，在一些关键领域、关键环节及亟待解决的问题上取得突破，为政府决策提供服务，为河南经济社会发展做出新贡献。

第九章　研究结论及未来展望

本章对主要研究观点进行系统回顾，对每章的重点内容进行提炼及归纳，以期能够将其全面、清晰地呈现出来，使读者简洁、快速地把握整个研究工作；在此基础上，对未来新建本科高校与地方政府关系的走向进行展望，对新时代提出的新方向、新目标、新要求，从新建本科高校和地方政府两个维度，提出角色转变及改革的建议。

一、研究结论

总地来讲，本书研究的主要结论有以下几个方面。

第一，在理论研究和实践探索中，政府与大学的关系问题是重要问题之一，新建本科高校作为我国高等教育体系的主体部分，与地方经济社会联系最紧密，其与地方政府之间的关系影响着自身的转型发展，影响着服务地方经济社会发展能力的提升，影响着地方全面建成小康社会及现代化建设的进程。

当前，经济发展进入新时代，创新驱动成为经济发展的核心驱动力。创新驱动战略的实施需要调动全社会及全要素的积极性，推动高校与政府密切合作建立区域创新体系，需要充分发挥地方政府的政策引导、财政支持及公共服务功能，需要高校创新源、动力站和孵化器的作用，汇聚和整合全社会的积极性和创造力，从而形成创新创业的合力。一方面，需要新建本科高校主动出击、积极与政府保持互动；另一方面，更需要地方政府不断地进行调整和发挥推动作用，以适应新形势下的新角色，引导和帮助新建本科高校在实现自身持续发展的同时，助力新建本科高校成为服务地方经济社会发展的重要引擎。

在新常态下，经济下行压力加大，就业形势更加严峻，地方经济结构正发生全面而深刻的变化，经济转型升级显得尤为迫切和重要。新建本科高校尚未与地方政府及地方经济社会构建起良性互动的协同合作关系，学校、政府、产业之间仍然存在相互联系的壁垒，信息及资源的共享、能量的传递等受到限制，地方还没有形成一个互利合作的创新大系统。所以新常态下，面对经济下行压力及地方经济转型升级的挑战，地方政府与新建本科高校必须改变过去各自为战、相互分离的关系状态，转变领导与下属的关系模式，真正实现由划桨者向掌舵者、服务者角色的转变，减少对新建本科高校内部事务的不必要的干预，发挥高校、政府各自的比较优势，与行业企业及区域内所有创新主体建立深度合作关系，协同促进地方经济转型升级。地方经济转型需要新建本科高校明确定位、融入地方发展，提高服务经济社会发展能力。地方经济转型需要地方政府引导和支持新建本科高校立足地方，贯彻落实创新、协调、绿色、开放、共享的新发展理念。在引导和支持新建本科高校参与地方经济转型和产业升级的过程中，只有推动新建本科高校真正立足地方办学、开放办学，密切地方政府、新建本科院校、行业企业、社区等多元主体之间的合作关系，构建起多方参与的区域创新体系和改革发展的利益共同体，相互合作，协同发展，才能打赢这场经济转型的升级之战。

近年来，国家层面对新建本科高校转型发展给予了政策的大力支撑，积极推动技术技能型人才培养。向应用型技术大学转型，离不开地方政府的政策引导、财政支持及服务保障，也离不开新建本科高校明确定位、立足地方、开放办学，通过与地方政府、行业企业加强合作，让市场和社会最大化地参与到办学、育人及创新的全过程中，促进学校本身的全面深化改革，在实现内涵发展及特色发展的同时，也为地方经济社会的繁荣做出贡献。向应用型技术大学转型发展，需要地方政府制定具有可操作性的转型发展方案及相关转型支持政策。地方政府应推动管理体制和机制的转型，通过下放权力和加强服务两方面促进新建本科高校全面深化改革。

第二，对地方高校、新建本科高校及地方政府等概念做出界定，为科学研究本书内容厘清研究范围并奠定研究基础。

本书将地方高校的概念界定为所有由地方行政部门划拨经费的省市属高校。新建本科高校主要是指2000年以来经批准成立的本科普通高校，新建本科高校主要面向地方，为地方经济社会发展提供人才。地方政府在中国指相对于中央人民政府（国务院）而言的各级人民政府。

第三，对新中国成立以来我国高校与地方政府之间关系的变化历程进行分析，说明在不同政府管理体制下，地方高校与政府之间角色的变化。

新中国成立至改革开放前：政府计划指导下的单向服务。在这一阶段，政府属于绝对权威，政府不仅是举办者，还是具体的管理者和办学者。集中和统一是这一阶段我国高等教育管理体制的基本特征。政府包揽高等教育发展的大小事务，高等学校被动地执行计划。有利的方面是，这种集中领导、统一管理的方式为高校提供了发展的动力，不仅能够为高校提供政策指导，也为高校的持续发展提供了一定的物质保障。但是政府的这种绝对管理不可避免地带来了一定的弊端，高校在政府的绝对管理下，只能被动地执行政府的计划，没有主观能动性，久而久之，高校就缺乏积极性和创造性。另外，这种管理方式也造成高等教育发展资源来源单一、社会多元支持不足，不利于高校之间的竞争发展。

改革开放后至1999年：服务社会的自主权逐渐扩大。党的十一届三中全会以来，我国进入了经济体制、科技体制和教育体制全面改革的高潮。高校服务社会的自主权也逐渐扩大，高校与产业部门之间的合作更加多层次、多元化。这种合作不仅能够为企业带来显著的经济和社会效益，促进产业的技术进步，也为高校的教学和科研提供了条件，促进了高校发展质量的进一步提高。但是，这一阶段，高校与产业的合作还处在初始阶段，政策的支持度和社会的认识度还不够，对高校与企业之间的合作缺乏长远的规划。在高校自主办学得到发展的同时，也出现了一定的偏差。在市场经济体制下，政府的决策还有一定的滞后性，与市场经济体制相适应的高等教育管理体制尚未完全建立，加之高校长期以来的被管理与服从的状态，高校办学的地方性、大众性、特色性、多样性等尚未形成。

21世纪以后至党的十八届三中全会：地方政府统筹管理机制的确立。在这一阶段，党中央和国务院做出了“扩大高等教育规模”的重大决策，并且提出了“共建、调整、合作、合并”等方式的高等教育管理体制。简言之，这一阶段，政府对高校的管理主要是中央和省两级管理、以省级政府统筹管理为主。政府与高校的关系与角色也发生了转变，从原有的直接领导与被领导的关系转变为多元的间接宏观指导与调控的关系。新建本科高校规模迅速扩大，为地方输送了大批应用型专门人才。但是，在这一阶段，新建本科高校在发展过程中也逐渐显露出一些问题：由于政府规划和引导不足，新建本科高校在定位上出现偏差，一味寻求大而全，造成新建本科高校同质化发展严重，高校发展质量受到诟病。于是，新建本科高校开始纷纷寻求内涵式、特色化发展道路，寻求为经济社会发展提供更好服务的路径。

党的十八届三中全会以来：政府积极引导新建本科高校向应用型高校转变。由于出现新建本科高校教育链与产业链对接的失衡，社会各界对于新建本科高校向应用型本科高校转型发展的关注度越来越高。从2014年起，国家和地方先后出台一系列引导和支持地方本科高校转型发展的政策，各地方高校也开始了转型发展的探索并取得了显著效果。在引导地方本科高校转型发展的过程中，高等教育管理体制改革也不断深化，特别是创新驱动战略实施以来，高校、政府与行业企业之间的联系也突破了原有的制度壁垒，各主体之间的沟通与合作也越发密切。

第四，基于人才培养、科学研究和社会服务三个维度，以河南省为例，分析新建本科高校与地方政府互动关系中存在的问题。

从人才培养维度分析：首先，人才培养定位与地方需求不符。关于人才培养定位，主要涉及人才培养的目标、类型、层次和规格等。目前，河南省新建本科高校在人才培养定位的表述上比较笼统，人才培养定位落实困难，人才培养质量保障能力需要加强。其次，专业设置难以支撑地方产业转型升级。学科专业未凸显学校定位与特色，学科专业结构与社会需求脱节，办学条件不能满足要求，配套政策需要进一步完善。最后，产教深度融合步履维艰。校企合作深度不够，校企一体化运行机制不完善，校企合作政策难以落地。

从科学研究维度分析：首先，政府导向与新建本科高校应用性科研定位不符。新建本科高校应用型科研导向性不强，现行科研质量评价制度不利于新建本科高校科研工作的健康发展。其次，科研资源配置、经费管理机制、政府科研资源分配、科研经费管理机制还有待进一步完善。再次，科技成果转化政策不完善、落地难。科技成果转化管理机制不完善，配套政策不完善。最后，政府对产学研协同创新的系统、有效引导仍需加强。产学研协同创新政策立法仍需完善，政府协调力度不够。

从社会服务维度分析：首先，继续教育与培训在地方缺乏重视和规划引导。继续教育和终身教育在新建本科高校中不受重视，处境尴尬。在政策上，国家层面已经出台了相关的政策并积极推动落实，但是地方政府方面由于缺乏统一的认识，导致重视度和支持度不足，这就造成新建本科高校与地方政府在继续教育方面的协同度不够，无法满足广大群众对于继续教育的需求。其次，新建本科高校智库建设面临政策及资源瓶颈。目前，高校智库主要在一些重点高校，对于新建本科高校由于其办学质量、教育资源等的限制缺乏一定的关注，地方政府尚需加强对新建本科高校智力资源优势的了解及开发。新建本科高校智库建设缺乏地方政府的引导，没有形成明确的发展定位。最后，地方政府在高校与社区互动中的桥梁作用未能很好地体现：缺乏从政策上对新建本科高校融入社区的引导；缺乏统筹协调政府部门、新建本科高校和社区关系的组织机构及管理机制；新建本科高校在办学思想和办学思路上，缺乏开放办学、主动与地方政府及社区互动沟通和加强合作的意识，开展社区服务的形式单一、深度介入不足。

第五，德国、美国、英国等国家的高校与政府的关系模式，为新时代重塑我国新建本科高校与地方政府的关系模式提供了借鉴。

德国“双元制”发展得益于政府行政权力的强大推进。德国的“双元制”是一种在政府领导下的现代职业教育体制，高校在发展过程中遇到的许多问题可以寻求政府的帮助，因此政府的作用具有一定的不可替代性。具体来看，政府对德国“双元制”的引导主要通过四个方面来体现，即立法、政策引导、制度保障和科学研究。德国政府制定了一系列促进职业教育发展的法律法规，对职业教育相关的主体的权利和义务进行了明确的规定；在管理上，德国政府对“双元制”的管理主要是通过行业协会进行的，政府、社会组织和学校在推动职业教育发展过程中具有不同的角色和定位，从经费筹措到教育教学发展计划等，不同主体之间相互配合和协调从而保证职业教育规划目标的实现。在经费来源上，“双元制”职业教育的经费来源是多元的，不仅包含联邦政府和州政府，也包含企业、工会行业协会以及私立机构等社会组织。

布兰迪斯大学作为一所“小而精”的研究型大学，其与政府及社区之间形成了一种多方参与、互相合作、利益共享的协同发展模式。在布兰迪斯大学与政府之间的互动关系上，政府主要通过发挥其职能来推动高等教育发展，促进经济社会发展的进步及社会公众对高等教育的进一步需求，这些成为布兰迪斯大学持续发展的基石。州政府对布兰迪斯大学的支持是多方面的：通过行政方式等手段设立研究机构及服务机构，推动高校与企业的合作；通过立法创立基金会，推动基金会对高校的科研资助；支持企业设立博士后流动站，并在政策上给予税收优惠等。这一系列措施推动了布兰迪斯大学科研的进一步发展，也进一步推动了州经济与社会的进步，州政府与大学的关系呈现和谐的状态。与此同时，在州政府的大力支持下，布兰迪斯大学的发展也积极与经济社会发展需求相结合，重点发展特色学科专业，形成了自己的优势，积极发挥其社会服务功能。比如，布兰迪斯大学结合马萨诸塞州的医药、信息技术等特色产业，将计算机技术与生化、医学的研究相结合，着力电脑与神经学的结合以及癌症的研究，并建立了基础医学研究中心、计算机学院等相关的研究机构。同时，学校重视科研成果转化，通过专利技术转化、创办公司等方式，促进师生科研项目的商品化，促进州经济发展。另外值得一提的是，美国政府对于高校的科研经济管理制度比较完善，能够保障布兰迪斯大学的科研活动顺利进行。美国对于科研经费的监督和管理贯穿科研项目的全过程，从经费的申请到分配再到使用和评估，每个环节都会有专门的监督机构进行监督和管理，以保障科研经费使用的科学性和规范性。

威斯康星大学在建校之初就得到了州政府的大力支持，威斯康星州政府将周边的土地无偿赠送给威斯康星大学，用于大学开展农业教育，从此，威斯康星大学进入迅速发展的快车道。威斯康星大学在发展过程中，逐渐形成影响深远的“威斯康星思想”。“威斯康星思想”主要是大学打破原有的“象牙塔”的封闭状态，在教学、科研功能的基础上，积极为地方区域服务，促进地方经济社会的发展，从而形成了大学的第三种职能——社会服务职能。

创业型大学均注重与当地经济社会建立良好的互动关系。比如，沃里克大学建立了沃里克制造业集团，积极与金融界、商界建立合作管理，推动科技及经济进步。斯坦福大学和麻省理工学院坚持“政府-企业-大学”三螺旋发展模式，这三个主体发挥不同的功能，政府作为政策制定者、服务者支持和引导企业和大学的发展；企业可以将大学的技术成果进行转化，从而推动技术升级；大学则拥有人才、知识和技术等优势资源，能够产出最先进的科研成果。这三个主体之间相互协作，形成了良性互动系统，促进了创业型大学的发展，并成为创业型大学探索发展模式的典范。

对国外高校与政府关系的分析为我国重构新建本科高校与地方政府之间的关系提供了经验和启示。中国新建本科高校要明确自身定位，充分利用人才、技术等优势，主动服务区域经济发展，并寻求与企业和政府的合作。政府也应当不断转变角色，做好对新建本科高校定位及人才培养目标的引导，加大对新建本科高校向应用型高校转变的支持力度，并给予多方面的政策支持。

第六，系统地提出新建本科高校与地方政府关系重构的原则、设计思路与模式构建的具体建议。

在政府与大学的关系重构中，需要考虑三个方面：一是政府转变职能；二是扩大高校办学自主权；三是加强高校与政府的合作。具体来说，首先，要以转变政府职能为前提。政府需要明确，新建本科高校不是隶属政府的二级机构；地方政府的角色应是“掌舵者”而非“划桨者”，是服务者而非管制者，是绩效管理者而非过程管理者，是多边合作者而非单一管理者，应以为新建本科高校发展服务、保证其服务地方质量作为对新建本科高校管理职能的主要内容，真正实现政府由直接管理、微观管理、行政管控向间接管理、宏观管理和管理服务转变。其次，以高校实现自主办学为核心。进一步落实和扩大高校办学自主权，同时，政府要探索建立新的管理体制和工作机制，创新管理方式，更多地运用法律法规、政策、标准、拨款、信息服务等手段，加强和改善宏观管理，确保放而不乱；相对应地，新建本科高校要改革管理体制，完善内部治理结构，要坚持和完善党委领导下的校长负责制，加快高校章程建设，加强学术组织和教职工代表大会建设，不断健全自主权有效行使的自律机制，强化社会对高校的监督，深化校务公开，成立理事会或董事会，采取多种手段确保高校权力在阳光下运行。新建本科高校要全面深化改革，变原有的“等、靠、要”为主动响应和参与，依法行使办学自主权，加强与政府的合作，促进地方的发展。最后，以促进校政合作为方向。加强新建本科高校与地方政府的互动是促进校政合作的基础，新建本科高校与政府必须要以经济社会发展需求为前提，基于共同的发展目标，重构二者关系。新建本科高校应转变办学理念，主动寻求合作；与此同时，地方政府也必须加强对新建本科高校的支持，引导和搭建合作平台，地方政府可以运用立法、拨款、评估等宏观管理手段，为新建本科高校的教育体制改革、学科专业建设、校企合作等方面提供指导和平台。只有政府充分加强与学校的沟通与互动，建立良好的合作体系，新建本科高校才能在人才培养、科学研究和社会服务上发挥更大的功能和作用。

另外，三螺旋理论强调政府、高校和企业三个方面的主体作用，因此新建本科高校与政府关系重构的研究也需要将企业、社区等发挥的功能考虑进去，可以说企业和社区是新建本科高校和政府共同需要服务的对象。基于此，新建本科高校与地方政府关系的重构要以服务地方经济社会发展为目标，充分发挥新建本科高校人才培养、科学研究、社会服务职能，加强政府的政策引导、平台支撑、资金支持等保障，形成一个政府引导、高校参与、双向互动、共同促进经济社会发展的合作模式。在此，本书设计了“三维四元保障”互动关系模型。三维指人才培养、科学研究与社会服务；四元指政策、资金、平台和机制，并提出了这一模型的具体推进策略。

第七，以黄河科技学院为例，分析了地方政府在关系重构中的角色与对策。

自党的十八届三中全会以来，黄河科技学院的教育教学工作以及创新创业工作受到了政府的广泛关注并得到了大力支持，主要表现在：①政府给予黄河科技学院完善的创新创业政策支持。黄河科技学院卓有成效的创新创业工作离不开政府的大力支持，尤其是获得政府大量的创新创业资金扶持，政府为创业者提供完善的公共服务，受到上级政府的高度肯定。②政府给予黄河科技学院事业发展上有力的资金支持。政府资金扶持黄河科技学院在校生创新创业，大力支持黄河科技学院创新创业载体建设，大力支持黄河科技学院深化教育教学改革，政府奖补资金支持黄河科技学院转型发展。③政府为黄河科技学院搭建经验交流和品牌建设平台。近年来，黄河科技学院在人才培养模式创新、创新创业工作、教育教学改革等方面取得了一定的成绩，也总结出了一套特色化的经验做法，政府搭建了多种交流平台，充分发挥学校示范和辐射效应，学校品牌影响力进一步增大。

政府以管办评分离为契机，切实转变政府职能。转变政府职能，是地方政府重构与新建本科高校关系的第一要务。应履行主导职责，完善法律法规；适当下放办学自主权；实施教学质量第三方评价，促进评估主体多元化，引入第三方评估机构，开展分类评估。为提升学校科研能力提供更多的资源支持，完善科研经费管理体制，提高资金使用效益，多渠道筹集科研经费，保障分配公平，支持高校智库建设，加大资助力度。支持高校建立地区学习中心，推动高校融入社区。政府应支持高校建立地区学习中心，推动高校走入社区、融入社区。

第八，结合黄河科技学院的实践探索，分析了新建本科高校在关系重构中的角色与对策。

作为办学主体，新建本科高校在改革和发展过程中，理应发挥自觉性和主动性，找准角色和定位，增强服务社会的能力。首先，以先进的办学理念为引领。坚持服务地方的理念，主动融入地方经济发展。坚定应用型办学定位，积极落实政府转型发展政策；构建终身教育平台，打造区域学习中心；开展多元社会培训，促进公民技能专业化；坚持需求导向，着力提升社会服务能力；积极参与社区活动，志愿服务全方位开展。坚持开放办学的理念，政校企联动集聚优势资源。校企深度融合，建设行业学院；政校企联动，构建创新创业生态体系；深化中外合作办学，共享国际优质教育资源。坚持特色发展的理念，走集团化办学道路。其次，以构建科学的现代大学制度为支撑。全面加强党建工作，科学地制定学校战略规划，大力推进大学章程实施，持续创新办学体制机制。再次，以全面深化教育教学改革为动力。专业体系紧密对接地方产业链、创新链，不断创新人才培养模式，优化人才培养方案和课程体系，加强实践基地建设，形成了学校和企业深度合作的长效机制，构建起与企业无缝对接的实践教学体系、校企协同的教学质量监控体系。培养了一大批高素质应用型人才，学生就业率和职业发展力同步大幅提升，学生创新精神和实践能力显著增强。最后，以推进政产学研用一体化为途径。提升以应用为驱动的创新能力，建立政校企合作发展平台，着力打造产学研协同创新综合体，与政府、企业、科研院所等共建高层次科研平台，围绕区域创新搭建科技交流和服务平台，建立地方经济社会发展的智库。

二、未来展望

进入新时代，构建新建本科高校与地方政府新型合作伙伴关系，需要从新建本科高校和地方政府两个方面进行努力，升级合作理念，扩大合作范围，创新合作方式，推动新建本科高校转型发展和创新创业教育改革向纵深发展，大幅提升服务地方经济社会发展能力，满足地方经济转型、产业升级、科技进步及公共服务的需求，促进新建本科高校与地方发展同心、同向、同频，形成新建本科高校与地方平台与项目共建、资源和利益共享、发展与结果共赢的格局，构建起“你中有我、我中有你”的良性关系模式。

（一）新建本科高校的改革方向

在未来的改革发展中，新建本科高校应做好“三个切实转到”，即在办学思路上，切实转到更加密切地服务地方经济和社会发展上来；在办学途径上，切实转到产教深度融合和产学研协同创新上来；在人才培养上，切实转到培养高素质应用型人才和增强学生就业能力上来。更加明确办学方向，坚定目标定位，开启创新发展的新局面。紧紧围绕地方规划发展目标及产业转型升级需要，立足自身实际，集聚校内外优质资源，重点做好以下六个方面的工作。

1. 打造优势专业集群，服务经济转型发展

紧跟区域产业结构调整和转型升级，加强传统学科和专业改造，拓展应用性和特色化学科专业。对接地方战略性新兴产业、新兴服务业、新型城镇化建设、文化产业等领域，加快学科交叉融合，强力推进优势特色专业集群建设，扩大优势特色学科，服务经济社会发展。重点培育电子信息与计算机类、机械与材料类、经济与管理类、生物医药类、文化创意类等特色专业集群、建立紧密对接产业链、创新链的应用型学科专业体系。集中力量办好区域经济学等地方亟须、优势突出、特色鲜明的专业，打造质量工程重点建设特色专业，建成特色专业集群。形成拳头学科专业，提升学科优势和亮点，形成结构更加合理、特色更加鲜明的学科专业体系。

2. 全面提高教育教学质量，培养地方经济社会亟须人才

党的十九大报告明确指出，我国经济已由高速增长阶段转向高质量发展阶段，必须坚持质量第一、效益优先，强调建设“质量强国”。提高教育教学质量是新建本科高校转型发展和持续发展的生命线。进入新时代，新建本科高校必须围绕“全面提高教育教学质量”，树立以生为本的教育观，建立以质为本的服务观，树立全员参与的质量意识，形成全员“崇尚质量、维护质量、发展质量”的质量理念和质量文化。完善各项教学质量标准，建立健全教学管理规章制度，使质量意识贯穿人才培养和教育教学的全过程，真正形成人才培养质量的“闭环控制”，推进教育教学质量稳步提升。立足高等院校核心职能，坚持把人才培养放在首要位置，积极向教育主管部门汇报学院办学实力和办学水平，争取在现有本科教育的基础上，进一步提高办学层次和人才培养层次，努力培养更多更高层次的优秀人才。积极与地方知名企业合作，进一步推动产教深度融合，使企业参与人才培养的全过程，着重培养学生的沟通能力、学习能力、实践动手能力、创新能力、抗挫折能力等，培养一大批“下得去、用得上、留得住”的高级应用型人才。依托高校的师资、平台优势，在面向在校学生开展中短期知识培训、职业技能培训和定向就业培训的同时，全面对外开放，面向社会举办企业在岗职工技能

培训、新进员工岗前培训、稳定就业培训，以及接受政府购买服务的高级创业咨询师培训、社会工作人员培训等大型培训，为地方经济社会发展培养一大批高素质技术技能型人才。

3. 加强政校企联合，推进产教深度融合

深化产教融合是新建本科高校转型发展、构建与地方新型合作伙伴关系的必由之路。新建本科高校应紧紧抓住校企深度合作的主线，大力推进产教深度融合与协同发展，与政府、行业企业、科研院所形成多方位、多层次、多领域的合作模式；通过构建教育集团和科技集团的互动机制，搭建技术研发、生产性实训、创新创业平台，促进教育链与产业链有机融合，形成教育、科技、产业实体一体化的创业型组织架构，走出一条政校企协同、产学研结合的特色育人之路。加快建设一批合作稳定、实施效果好的校内外实习实训基地；鼓励教师到企事业单位进行挂职锻炼，建成理论水平高、业务能力强的高水平“双师型”队伍。主动与政府职能部门对接沟通，促进高校科研资源与地方发展需求的有效衔接，在科研立项和科研经费等方面争取更多支持，进一步提高学院科技研发的针对性和实用性。充分发挥高校自身科研优势，积极与省市高等院校和科研院所合作，整合科研资源，联合开展课题研究和科技攻关，提高科研支持地方发展的整体水平。支持高校的教授、博士立足经济社会发展和企业转型升级，开展应用性研究，加快推进一批高层次科研成果转化。

4. 服务创新创业，打造全链条创新创业体系

深化创新创业教育改革是新建本科高校建设高水平应用技术型大学的有效抓手，应坚持“面向全体、分类培养”的创新创业教育理念和模式，以创新创业教育改革为抓手，完善人才培养质量标准，创新人才培养机制，改革教学模式和方法，实施全过程的创新创业教育，促进专业教育与创新创业教育有机融合，为转型发展提供源源不断的改革动力和内生活力，推动转型发展向高水平应用技术大学迈进。依托大学科技园、创业园、科技企业孵化器、众创空间等，充分整合地方政府、高校和企业资源，加大软硬件投入，加快创新创业载体建设，完善全链条创新创业体系，加大科技型企业引进力度，更好地服务于地方科技型企业入驻和加速发展。加强与地方政府的合作，加快科技企业孵化器、加速器和科技大厦等平台的建设。

5. 发挥高端智库作用，服务地方发展大局

依托高校的研发中心、研究院、实验室等，建立新型智库平台，举办创新发展论坛等高水平学术活动，加强对区域经济、产业发展及经营管理等方面重大问题和相关政策的研究，为政府制定区域发展规划、行业组织制定产业发展规划、企业制定发展战略、学院制定转型发展战略等提供政策分析和咨询建议。

6. 引进优质资源，推进国际交流合作

与国外知名大学建立友好合作关系，聘请外籍专家来校任教。充分依托现有国际交流合作基础，加快引进一批国外优质资源，通过与国外高校、科研院所、企业开展深度合作，助推高等教育的国际化进程。

（二）地方政府的改革方向

地方政府应重视新建本科高校在助力地方全面建成小康社会、推动地方经济社会发展中的重要作用，深入推进“放管服”改革，加大对新建本科高校的引导、支持和服务，促进新建本科高校向高水平应用技术型大学转型发展，提升其服务经济社会发展能力，实现高等教育与经济社会的良性互动发展。

1. 全面落实国家政策要求，加强对创业型大学的引导支持

当前，新建本科高校在向应用技术型大学转型及建设创业型大学过程中还存在一些问题，如高校与地方政府和企业关系疏远，高校的科研成果存在实用性低、转化率低、效益低等问题。为顺利、有效地推进向高校创业型大学转型，政府需要引导高校明确创业型大学的建设理念，用这种办学理念来制定学校的发展规划，使全校师生清晰创业型大学在我国高等教育改革与发展中的重要性，理解创业型大学对实现创新型国家战略意义以及服务区域经济社会发展的重要作用，从而形成对建设创业型大学的一致看法。同时，为顺利、有效地促进高校向创业型大学转型，政府需要改革体制、转变职能，从创业的指挥员转变成创新的参与者、合作者，并要发挥桥梁作用、组织作用，提高行政效率，关注创业的发展。

（1）切实转变政府职能

我国高校建设创业型大学离不开政府职能的发挥与引导。政府需要为高校向创业型大学转型提供不可或缺的外在保障，应从准确定位政府角色、积极回应高

校创新发展、保持政府引导与高校自治的平衡、营造良好的法制环境、给予公共资金支持、宽松的外部发展环境、建立科研成果转化激励机制等方面，为高校建设创业型大学提供“阳光雨露”。

（2）准确定位政府角色

服务区域经济社会发展已成为当前高校的重要职能。高校为区域经济社会发展服务，向地方开放，同时地方参与高校的建设和发展。当前，大学作为知识经济的生产力要素，在新知识新技术来源上的重要地位日益凸显。高校为增强服务能力应通过加强与政府和企业的关系，形成一个三螺旋机制，建立创业型大学体系，实现以知识为基础的区域经济的发展目标。

党的十九大报告指出，“要坚持就业优先战略和积极就业政策，实现更高质量和更充分就业。大规模开展职业技能培训，注重解决结构性就业矛盾，鼓励创业带动就业。提供全方位公共就业服务，促进高校毕业生等青年群体、农民工多渠道就业创业”[①]，把鼓励创业、支持创业摆到就业工作更加突出的位置。创业教育与大学生就业的关系变得越来越密切。政府相关部门应引导大学毕业生充分认识到创业本身就是就业，发挥大学生思维敏捷、市场适应能力强、具有创造热情和创造潜力等优势，通过创业实现就业、带动就业。当前，政府需要引导和鼓励一批办学定位准确、办学信誉优良的高校向创业型大学转型，同时政府角色需要从“供给者”转变为“协助者”，最终成为真正的“服务者”。政府往往优先资助符合国家发展战略需求的项目，要求大学进一步提升服务国家战略需求的能力。同时政府从无偿资助演变到贷款、税收、土地等多种方式的资助，强化大学与政府、社会的广泛联系。资助大学方式的多样性能有效刺激大学的市场化或类市场化行为，特别是高校在努力获取所必需的研究资金过程中能够促进向创业型大学的转型。

政府需要制定支持高等院校创新创业的战略方针，为创新创业指明方向，为高校向创业型大学转型提供外部机制保障。只有确立创新创业的战略方针与目标，高校才能有具体的创业规划与行动，并有效地利用政府、学界与企业的相关创业资源，不断提高高校的创新创业能力。

---

① 习近平在中国共产党第十九次全国代表大会上的报告. http://cpc.people.com.cn/n1/2017/1028/c64094-29613660-10.html，2017-10-28.

（3）保持政府引导与大学自治的平衡

大学的建设有赖于政府的支持，同时又需要自治，保持政治权力、行政权力与学术权力的适当平衡，由此才能充分调动大学和大学教师的积极性、主动性和创造性。创业型大学的建设为高等教育发展指出了一条新的道路，有助于大学打破传统思维，寻求创造性的突破，强调高等教育多样化的意义不仅是支持多种类型高等教育机构的建设发展，而且在于鼓励各类院校也要从本身的历史传统、文化氛围、地域特色以及师生构成等现实状况出发谋求适合于自身的转型路径。

相应地，对于不同类型高校，我国也应有不同的指导原则而非绝对划一的标准，要赋予大学更多的自主权。创业型大学结合时代背景，选择新路径，即走出“象牙塔”，响应国家战略利益和社会发展需求，在接近市场的同时，保持市场化的底线；在体现“官”“产”部分特征与功能的同时，又保持相对独立的身份，坚持学术的创新与创业。近年来，我国对高等教育管理体制进行了改革，逐步实现了中央和地方两级管理、以地方统筹为主，政府统筹规划宏观管理，学校面向社会自主办学的新体制。更多自主不是自由放任，也并非完全放弃对高校的问责监督，而是要求大学从对政府的完全依附中解脱出来，形成面向社会、自我发展和独立运作的高效有序的组织。在尊重高等教育发展规律的基础上，激发大学内在的活力和生命力，主动适应社会需求回应公众要求，最大化、最优化地利用各类资源激发变革求新的精神，而不只是被动地顺应外部世界，应真正走上创业发展之路。

（4）深化科技机制改革

创新完善评价导向机制，加快政府职能从研发管理向创新服务转变，激励更多科技人员投身创新创业。着力强化公平竞争环境和信用体系建设，深化商事制度改革，提高科研体系创新效率，创新人才培养机制，完善创新创业生态环境。创新监管方式，建立以信用为核心的新型市场监管机制，促进政府数据资源开放，强化创新创业要素支撑。建设创新创业载体体系，推动大学参与创新型城市建设。建设一批区域产业创新中心，积极应用互联网技术，建设专业、开放、集成的创新创业平台，增强综合承载能力。建设一批创客空间、创业咖啡、创新工场等新型孵化器，建立一批大学“双创”示范基地，促进创新创业要素集聚、服务专业、资源开放共享。要进一步改革科技管理模式与科教融合的大学特征不适应的问题，进一步促进科教融合，推动创新型大学建设，改变过去单纯看项目、经费、成果等，应重点关注实际创新贡献和科研育人效果。

（5）强化政府引导支持

坚持分类发展的原则，科学地布局和定位，引导支持大学分类发展，支持教学型、研究型、创新型、创业型等不同类型大学共同发展。积极推动协同创新，通过体制机制创新和政策项目引导鼓励高校同科研机构、企业开展深度合作，建立协同创新的战略联盟，促进资源共享，联合开展重大科研项目攻关，在关键领域取得实质性成果。

（6）变革观念，注重高校科研成果的转化

首先，政府应将大学科技成果转化的结果纳入大学评价体系。政府对大学的评价仍停留在教育科技一体化阶段，对大学参与经济活动，特别是科技成果转化的评价未引起足够的重视，政府这根“指挥棒”在相当程度上决定着大学校长的办学理念与大学的考评体系。

其次，在科研评价方面要从重视科研论文的数量向重视论文质量转变。如果仅追求论文数量的积累，而忽视科研成果的质量容易产生一种急功近利的倾向，不利于国家经济建设，不利于我国科学技术的发展。政府需要进一步完善并有力执行与落实产学研合作和科技成果转化的相关制度。虽然目前我国已经出台一系列产学研合作方面的法律法规，但这些法律法规还存在缺乏可操作性、不适应新情况等问题。另外，这些法规的执行力度与落实状况也不太理想，还未能有效地促进产学研合作，如需要进一步明确由政府资助的科研项目发明专利的所有人的权利与义务，对专利的转让及其收入的分配还需要继续制定详细的实施细则，从而进一步提高科研人员知识创新与成果应用的积极性。

（7）完善大学评价体系，将高校创业教育纳入评估体系

高校创业能力是反映创业型大学建设发展情况的重要指标，将高校创业教育纳入评估体系可以更好地推进创业型大学的建设与创新创业型人才的培养。创业教育评估是高校实施创业教育，对大学生的创业意识、创业技能和创业精神的培养及提高程度，以及其社会价值的实现等方面做出判断的过程。我国政府主管部门应充分借鉴国外先进经验，构建多层次的创业教育教学督导与评估平台，促进我国高校创业教育教学研究的发展。教育部门应加大对大学教育内容和教育方式的创新，不断培养学生的创新能力和就业能力；完善高等教育评估政策，尊重学生的自主权，不断激发学生运用知识的动力和自信；把高校毕业生的就业率、创

业率纳入评估体系，学生奖学金的发放应考虑其创新能力和实践能力，形成以就业创业创新为导向的培养模式；强化对大学生的就业指导，把高校毕业生就业指导纳入教学总体规划，积极开展就业创业教育和各类实用技能技术培训，增强大学生的就业创业本领。

（8）优化财政支持政策

政府应该为高校创建适于创业的政策环境。斯坦福大学、麻省理工学院等大学成功转型为创业型大学，在很大程度获益于《贝耶–多尔法案》等相关政策的实施。我国政府对大学的创业行为给予政策支持，是我国高校向创业型大学转型的重要外部保障。

（9）建立完善的法制环境体系

政府需要通过加强科技立法来保护知识产权，鼓励和加强产学研合作来促进高校走“政产学研用”合作的发展道路。《教育部关于全面提高高等教育质量的若干意见》指出，要加强创新创业教育和就业指导服务，把创新创业教育贯穿人才培养全过程。政府应创建适于创业型大学建设的政策环境，借鉴美国等发达国家的成功经验，进一步完善产学合作机制及知识产权管理相关的制度和法律法规。

为高校与企业的合作及科技成果转化创造有力的法律保障环境，应该是我国政府有关部门今后要面对的主要课题。首先，地方政府应成为创业型大学与外围组织互动的桥梁。我国社会的转型对高校人才培养模式改革的新要求和我国新的教育资源配置机制，使得走“政产学研用”结合的创业型大学的道路成为众多高校未来发展的一项最优选择。这对于人力资本、高校、企业、政府等众多组织来讲，是一条互惠互利、双赢共生的道路，国外众多创业型大学成功的经验也证实了这一点。然而，我国高校走创业型大学道路处于起步阶段，成功的案例还非常少，创业型大学与外围组织机构尚未形成“双赢”的格局。在创业型大学发展初期，政府的参与和保障至关重要，甚至可以说是创业型大学能否成功的关键。

（10）政府给予稳固的公共资金支持

一直以来，办学经费短缺都是制约我国高等教育发展的一个环节。为顺利有效保障高校向创业型大学转型，需要完善政府分类拨款和资源配置制度。对高校进行分类管理，政府以分类为依据对不同高校进行规范管理，在审批办法明晰产权财政援款、政府补助税收设计等方面都给予不同政策扶持力度。同时，设计高校分类框架与评价体系，省教育主管部门按照全省高等教育发展的实际情况及不同层次的高校的功能定位、学科门类设置等，明确不同层次高校的职责与分工，激励各级各类高校按照分类指导框架科学定位，凝练办学特色，实现多样化发展。与完善政府分类拨款和分类资源配置制度相呼应，使各类高校都可以根据自己的任务和功能定位获得相应的财政支持与鼓励。

2. 深化“放管服”改革，引导支持新建本科高校转型发展

当前，面对“放管服”改革，在国家引导地方高校向应用技术型大学转型、推动“大众创业、万众创新”和建设“双一流”大学的背景下，地方政府应切实创新治理和服务理念，创新治理及合作方式方法，引导新建本科高校立足地方、面向地方、服务地方，提升质量、办出特色、打造品牌。

第一，充分放权，为新建本科高校的持续发展护航。在职称评审、学科专业设置、建设项目审批、落实科技成果转化等方面尽快出台更为优惠的政策，激发新建本科高校的内生动力和创新活力。

第二，管放结合，推进新建本科高校管理制度改革。尽快出台分类管理、差别化扶持的政策，设立省级专门主管部门，更有效地扶持和监管新建本科高校发展，以满足老百姓对优质和多样化教育资源的需求。

第三，加大支持力度，创新服务方式方法。充分发挥财政资金的引导、杠杆和补偿作用，加大支持力度，促进高等教育又好又快发展。

第四，支持新建本科高校申办专业硕士研究生教育。2017年3月，教育部学位办颁布《2017年学位授权审核工作总体要求》和《学位授权审核申请基本条件》，新建本科高校迎来了新的发展机遇，对于提高新建本科高校办学层次、为地方培养更多高素质的应用型人才提供支撑具有积极意义。因此，地方政府应在科研项目立项科研经费资助、校企合作等方面给予新建本科高校重点帮助和大力支持，使一批新建本科高校早日建成高水平应用型技术大学。

3. 加强互利合作力度，推进资源共建共享

主要在以下几个方面实现资源共建共享。

一是共建学院。由地方政府统筹整合新闻、人工智能、大数据领域的相关办学资源，共建新型行业学院等，为地方培养战略性新兴产业急需人才。地方政府确保并加强对新建本科高校的财政资金投入，并在人员引进、设备投入、校园建设、实习实训基地建设等方面给予支持。新建本科高校在资金投入、资源整合、

学科专业建设等方面，与政府一起做好各项筹建工作。

二是共建高层次人才队伍。政府通过出台相关政策，通过院士工作站、博士后研发基地等平台，支持和鼓励新建本科高校聘请相关企业的优秀管理人员、专业技术人员和高技能人才等担任二级学院副院长或兼职教师，支持新建本科高校选派优秀人才到有关部门、相关市（区）政府和地方企业挂职锻炼、提供科技服务，为地方经济社会建设提供人才支撑和智力支持。

三是共建公共服务场馆。采用合作共建的模式，在新建本科高校建设一些公共服务场馆，如地方名人馆、智慧校园馆、智慧生命馆、“防雾霾”运动场等，建成后面向社会开放。地方政府在政策、资金投入方面给予支持。

四是开展全方位战略合作。地方政府和新建本科高校积极开展校企、校地合作，加强产学研对接工作，优化资源组合，提升科技创新能力。共同探索建立政府、高校和企业深度合作的协同创新机制，共同培育一批协同创新中心，在专项资金投入、组织企业参与、校企校地合作研究项目等方面给予支持。积极建设校企合作平台，与企业合作攻关，促进企业技术升级和产业转型发展。地方政府支持企业与新建本科高校联合建立工程中心，对企业在联合工程中心建设上的投入以及企业与高校开展产学研结合研发新产品、新技术、新工艺所产生的技术开发费，按照相关规定给予政策支持。积极鼓励优秀人才面向地方产业需求组建研发团队、重点实验室和工程中心，申请和承担重大科研项目，主动融入地区创新体系。地方政府在科技立项方面，应向新建本科高校倾斜支持，为其创造良好的科研条件。为新建本科高校科技人员利用本单位的科研资源和自身科研技能为企业开展有偿服务提供支持，支持知识产权作为注册资本入资企业。对新建本科高校从事技术开发、技术转让和与之相关的技术咨询、技术服务业务发生的税收，按照相关法规给予免征或减征优惠。此外，新建本科高校加强新型智库建设，地方政府给予政策支持，在项目申报、资金投入方面给予扶持。支持新建本科高校加强在相关企事业单位建设实习、实训基地，并积极创造条件吸引、接收新建本科高校的毕业生。新建本科高校鼓励本校学生到本地企事业单位实习、就业。

4. 聚焦地方发展需求，共同打造创新平台

面对《中国制造 2025》的深入推进以及“互联网＋”、大数据、人工智能迅速发展的大趋势，地方政府应加强与新建本科高校的合作，共建地方创新服务平

台，为经济社会发展提供有力支撑。

一是共建大数据和人工智能重点实验室。支持新建本科高校申报数据科学与大数据技术和智能科学与技术等专业，并聘请相关领域专家担任学术技术带头人。支持新建本科高校与行业企业深度合作，建立云数据服务中心，通过与政府有关部门、企业共建的形式，建设大数据、人工智能等一批科技创新平台，如共建网络大数据技术与应用重点实验室、人工智能技术重点实验室，共建软件学院和云数据服务中心，政府在资金投入、人员引进、实习实训基地建设等方面给予重点支持，为地方大数据和人工智能发展提供人才支持和科研条件。更多地给予新建本科高校一些教学科技项目立项和经费支持，孵化出一批高层次科技成果。

二是共建新型智库。推动新建本科高校与地方政府合作，加强高端智库建设，聚焦地方发展的重大问题，进行战略性、全局性、针对性、前瞻性的研究，提供切实可行的对策建议等，为经济社会发展和政府提供决策咨询服务。

三是共建中小企业技术服务中心。中小企业是地方经济发展的重要支撑，是新型工业化的重要力量，国家及各省（区、市）都出台了一系列促进中小企业发展的政策举措。但目前中小企业发展也面临诸多困难，存在活力不够、实力不强、发展缓慢等问题。新建本科高校普遍建有院士工作站、博士后研发基地、重点实验室、工程技术研究中心等高层次教学科研创新平台，能够为中小企业提供全方位的技术服务。因此，地方政府应加强引导、支持，充分发挥资源的最大效益，利用学校的人才、技术、设备和地方政府的政策、资金等资源，共建中小企业技术服务中心，为中小企业提供广泛而深入的技术支持，助力中小企业的转型升级、转化融合。具体来讲，地方政府可以为中小企业的技术人员提供专业技术技能培训和继续教育等，提升企业技术人员的设计水平和创新创造能力；把学校积累的技术、成果向中小企业转移转化；面向企业技术难题与企业联合进行科技攻关、项目申报等；为中小企业搭建一个技术交流合作平台；为中小企业提供专利申报、专利转让等服务。

四是共建地方文化创意产业研究院。近年来，各地加快实施创新驱动发展战略，在更大范围、更高层次上更深度地推进大众创业、万众创新，取得了较好成效，但也亟须建设一批创新创业亮点，打造地方创新创业的“新名片”。新建本科高校一般设立艺术设计学院、音乐学院、新闻传播学院、体育学院等学院，拥有一大批文化创意方面的专家、教授，在地方及全国具有一定的知名度，产出了一大批高质量文创作品。因此，地方政府应从政策和资金等方面，支持新建本科高校文化创业产业研究院建设，对一些较好的文化创意项目给予批准立项建设和经费支持。

5. 创新合作方式，构建地方协同发展共同体

构建新建本科高校与地方政府新型合作伙伴关系，关键是要推动二者成为利益相关、休戚与共的战略联盟和利益共同体。因此，在未来的改革发展中，地方政府应创新合作方式，将新建本科高校的发展纳入地方经济社会发展规划，加快推进共同体建设。

一是探索校政共建创新创业综合体等新形式的地方创新体系。如2014年，郑州市委市政府立足郑州都市区新的发展阶段，部署在全市建设一批创新创业综合体。“U创港”创新创业综合体是黄河科技学院与二七区政府于2014年合作共建的，是郑州市20个综合体中唯一的校政共建的创新创业综合体，被市政府列为重点建设项目。经过3年建设，“U创港”创新创业综合体已投入使用面积57 560平方米，建成黄河众创空间、孵化器、加速器、配套公寓及服务设施等功能区；入驻企业团队177个，其中年产值千万元以上的企业有15家，高新技术企业3家；先后获批了“国家级科技企业孵化器”、首批“国家级众创空间”、首批“全国高校创新创业50强”、首批“全国深化创新创业教育改革示范高校”、首批“全国大学生创业示范园”“河南省大学科技园”“河南省创业孵化示范基地”等。因此，这一经验做法有一定的推广价值，地方政府可以加强与新建本科高校合作，加快地方创新创业生态体系建设，不断增强地方创新创业的活力和氛围。由政府在政策和人才上支持创新创业生态体系的发展，服务于地方科技型企业入驻和加速发展；共同发起创新创业基金，为处于种子期、初创期的企业和创客提供投资和小额贷款等服务。

二是共建人工智能校企合作发展联盟。一方面，地方政府在政策和资金方面，支持新建本科高校发起成立人工智能校企合作发展联盟；另一方面，提供信息支持，积极帮助新建本科高校对接相关大中型知名企业，反映各方需要，创新合作机制，推动产教融合，服务学校改革发展和企业转型升级。

参考文献

白逸仙. 创业教育与专业教育融合研究：创业型工程人才培养模式的建构. 北京：社会科学文献出版社，2015.

别敦荣. 必须进一步扩大高校办学自主权——我国高等教育发展70年的经验. 教育发展研究，2019，39（13）：1-5，83.

伯顿·克拉克. 高等教育系统——学术组织的跨国研究. 王承绪等译. 杭州：杭州大学出版社，1994.

伯顿·克拉克. 建立创业型大学：组织上转型的途径. 王承绪译. 北京：人民教育出版社，2003.

布鲁贝克. 高等教育哲学. 郑继伟等选译. 杭州：浙江教育出版社，2001.

陈何芳. 论高校自主办学的政府“归位”与市场“补位”机制. 教育与职业，2011（11）：5-8.

陈金环，谷青，张丽娜. 基于区域经济发展的河南高等学校本科专业设置与调整机制研究. 教育教学论坛，2020（14）：99-101.

程太生. 教育生态理论下我国职业教育可持续发展研究. 职教论坛，2011（1）：72-74.

代明，陈景信，陈俊. 资本创业迈向知识创业. 中国社会科学报，2017-03-29.

德里克·博克. 走出象牙塔——现代大学的社会责任. 徐小洲译. 杭州：浙江教育出版社，2001.

董春美. 从新公共管理学的角度定位高校与政府的关系. 中国西部科技，2008，7（13）：53-55.

范富格特. 国际高等教育政策比较研究. 王承绪等译. 杭州：浙江教育出版社，2001.

范惠莹. 新中国成立后我国高等教育管理体制演变综述. 高等农业教育，2002（1）：14-18.

芳蓉. 论协同理论在教育领域中的移植. 黑龙江教育学院学报，2010，29（2）：17-18.

菲利普·G. 阿特巴赫. 比较高等教育：知识、大学与发展. 人民教育出版社教育室译. 北京：人民教育出版社，2001.

冯舒芳，孙慧. 借鉴美国社区学院经验发展我国高等职业教育. 武汉职业技术学院学报，2007，(6)：37-39.

冯一平. 2017—2018冬季学期德国大学生人数再创新高. 世界教育信息，2018，31（1）：72-73.

龚放. 按大学治理逻辑处理大学与政府关系——“去行政化”不是简单排斥行政力量. 人民日报，2015-05-27.

顾建民. 西方国家政府与大学关系的基本走向. 教育发展研究，1998（2）：58-61.

关辉. 论大学学术权力与行政权力关系. 江苏高教，2008（6）：58-60.

郭清顺，曾祥跃. 我国继续教育发展的困惑与破局. 继续教育，2015（9）：3-5.

韩骅. 高校政府市场——对高等学校与社会关系的比较研究. 教育研究，1996（8）：34-39.

韩映雄. 政府与大学关系的历史考察及启示. 现代大学教育，2004（3）：32-35.

河南省妇联宣传部. 献身教育的黄河女——记全国十大女杰黄河科技学院党委书记、院长胡大白. 中国妇运，2001（5）：42-43.

何伟全，桂皎. 30年来中国高校与政府关系研究的考察与思考. 云南师范大学学报（哲学社会科学版），2014，43（6）：138-145.

赫尔曼·哈肯. 协同学——大自然构成的奥秘. 凌复华译. 上海：上海译文出版社，2005.

亨利·埃兹科维茨. 麻省理工学院与创业科学的兴起. 王孙禺等译. 北京：清华大学出版社，2007.

侯晓苏. 广西新建公办本科院校转型发展政府引导机制研究. 南宁：广西大学，2018.

胡建华. 由“国家控制的模式”向“国家监督的模式”之转变——大学与政府关系发展的基本走向. 复旦教育论坛，2003（6）：3-5，17.

胡建华. 大学与政府关系70年（1949—2019）. 高等教育研究，2019，40（10）：12-20.

胡瑞文. 影响我国教育公平与质量提升的教育经费缺口分析. 教育发展研究，2007（21）：1-6.

贾文婷. 日本：让“螺丝钉”成为创业“出头鸟”. 人民日报，2015-03-20.

蒋洪池. 欧美大学与政府权能关系的演变及其对中国的启示. 清华大学教育研究，2004（4）：26-33.

蒋建湘. 论现阶段我国政府与高校的角色定位及其关系调整. 现代大学教育，2002（5）：82-84.

金之亮，黄桂荣，长江. 中外合作办学的基本现状与对策研究. 中国高等教育，2006（1）：57-58.

杰弗里·菲佛，杰勒尔德·R. 萨兰基克. 组织的外部控制：对组织资源依赖的分析. 北京：东方出版社，2006.

孔丽苏. 浅析我国高校与政府的关系. 高教高职研究，2008（34）：23-24.

寇勇刚. 试论政府与大学的关系及其权力下放. 现代救育论丛，1995（5）：32-36.

兰文巧，张爱邦. 伯顿・克拉克的高等教育系统整合观点解读——兼论“大学、政府与市场”关系的冲突与调适. 辽宁师范大学学报（社会科学版），2006，29（1）：77-80.

劳凯声. 高教体制改革中如何理顺政府与高校的法律关系. 中国高等教育，2001，22（20）：15-18.

李春玲. 论政府教育行政有限职能观. 重庆大学学报（社会科学版），2001，7（2）：95-97.

李海鹏. 地方政府对新建本科院校的影响机制初探. 国家教育行政学院学报，2016（9）：47-51.

李红宇. 探析“985 工程”建设中政府与大学的关系——基于资源依赖理论的视角. 教育探索，2010（11）：6-9.

李剑平. 新建本科高校围着市场转还是围着市长转. 中国青年报，2014-07-10.

李科利. 从公共政策学的视角审视政府与大学的关系. 教育理论与实践（学科版），2010（36）：3-5.

李蹊. 让“第三本教育护照”护航创业之旅. 光明日报，2017-03-29.

李文山. 高校在国家创新体系中的作用及其实现路径选择. 郑州大学学报（哲学社会科学版），2008，41（5）：83-86.

李小玺，权琨. 论三螺旋理论视域下高等教育运行机制的构建. 中国成人教育，2017（20）：47-49.

李跃武. 系统分析法在学校管理中的运用. 晋东南师范专科学校学报，2004，21（2）：79-80.

凌玲，贺祖斌. 教育生态学视野中的区域教育规划. 教育发展研究，2005，25（5）：66-68.

刘冬. 英美部分高校交叉学科建设研究及借鉴. 上海：上海交通大学，2008.

刘虹. 控制与自治：美国大学关系研究. 上海：复旦大学，2010.

刘建湘. 高职院校校企合作机制建设的思考与实践. 中国大学教学，2011（2）：69-71.

刘江平，刘晓瑜. 高校办学自主权：性质、困境与出路. 中国高等教育，2016（7）：46-48.

刘林青，夏清华，周潞. 创业型大学的创业生态系统初探——以麻省理工学院为例.高等教育研究，2009（3）：19-26.

刘哲. 广西高校社会服务职能研究. 长沙：湖南师范大学，2009.

刘振天. 地方本科院校转型发展与高等教育认识论及方法论诉求. 中国高教研究，2014（6）：11-17.

柳泳. 政府・社会・大学：地方新建院校转型发展困境的三维探析. 渭南师范学院学报，2020，35（5）：7-12.

罗焰，黎明. 地方院校产学研合作模式及运行机制研究. 成都：巴蜀书社，2009.

马迎贤. 组织间关系；资源依赖视角的研究综述. 管理评论，2005（2）：55-62.

马永斌，王孙禺. 大学、政府和企业三重螺旋模型探析. 高等工程教育研究，2008（5）：29-34.

毛寿龙. 有限政府的经济分析. 上海：上海三联书店，2000.
宁彬. 论高等教育运行机制理想模式的构建.高等教育研究学报，2000（1）：36-40.
潘懋元. 关于中国高等教育地方化的理论探讨. 潘懋元高等教育文集. 北京：新华出版社，1991.
彭湃. 大学、政府与市场：高等教育三角关系模式探析——一个历史与比较的视角. 高等教育研究，2006，27（9）：100-105.
钱民辉. 政府·市场·大学：谁决定大学教育的主流话语. 北京大学学报（哲学社会科学版），2015（5）：128-135.
乔坤，马晓带. 论案例研究法与实证研究法的结合. 管理案例研究与评论，2008（1）：62-67.
邱祖发. 论地方高校与地方政府的协调发展问题. 学术论坛，2006（2）：192-195.
邵丽霞. 中外合作办学政策分析. 扬州：扬州大学，2009.
申忠健. 基于治理理论的我国政府与高校新型关系研究. 产业与科技论坛，2011（10）：20-22.
沈蓓绯. 美国大学生社区志愿服务与职业生涯发展关系研究. 教育发展研究，2009（15）：122-127.
盛冰. 高等教育的治理：重构政府、高校、社会之间的关系. 高等教育研究，2003，24（2）：47-51.
史万兵，娄成武. 政府对大学间接干预的国际比较研究. 中国行政管理，2003（11）：61- 63.
宋健，陈士俊. 国外产学研政策的经验与启示. 现代管理科学，2008（7）：36-38.
宋争辉. 以新型智库建设推动河南高质量发展. 河南日报，2021-04-29.
孙丽娜. "资源依赖"理论视角下的美国创业型大学发展模式研究. 长春：东北师范大学，2016.
孙益，武美红. 美国高等教育中的"威斯康星理念". 北京教育（高教版），2015（1）：79-80.
孙颖. 新建院校与政府、社会的关系. 高教发展与评估，2016（2）：11-17.
孙欣，杨化仁. 新形势下政府与高校关系的研究. 辽宁教育研究，2005（2）：26-28.
孙云飞，张兄武，付保川. 地方高校"产教融合"动力机制的构建研究. 教育探索，2021（1）：39-43.
谈松华. 探索中国开放大学建设的独特发展模式. 中国远程教育，2011（5）：13- 14.
田平. 建立中介机构：协调政府与大学的关系. 高等教育研究，1996（5）：32-36.
田旻，曹兆敏. 麻省理工学院技术转移成功因素分析. 科学学与科学技术管理，2007，28（4）：25-28.
王顶明. 加快建设中国特色学科专业体系. 光明日报，2020-08-10.
王洪斌，王丽. 控制与自治间的最佳维度选择——服务、伙伴、责任——关于国内外政府与高校关系的比较研究. 辽宁教育研究，2005（2）：18-25.

王建华. 在合作服务中追求共生共荣——谈地方高校与政府、社会关系的建构. 当代教育论坛：校长教育研究，2007（3）：44-47.
王金红. 案例研究法及其相关学术规范. 同济大学学报（社会科学版），2007，18（3）：87-95.
王景枝. 美国政府与高校权力关系重构的路径分析. 江苏高教，2020（12）：157-162.
王琳玮. 黄河科技学院：发挥民办高校特色优势 服务地方经济社会发展. 中国教育报，2014-05-24.
王守伦，丁子信. 地方高校科研转型提升的若干思考. 山东高等教育，2015（4）：19-24.
王亚彤. 高校自律、社会监督：高校自主招生的环境研究.南京航空航天大学学报（社会科学版），2004，6（1）：64-67.
邬大光，潘懋元. 我国发展地区性高等教育的理论探讨. 教育研究，1990（3）：23-27，70.
吴鼎福，诸文蔚. 教育生态学. 南京：江苏教育出版社，2000.
吴庆华. 地方高校青年教师发展研究. 武汉；华中科技大学，2013.
吴雪纯. 构建政校企嵌入式三重螺旋模型的研究. 教育与职业，2016（23）：18-22.
武静. 资源依赖视角下民办非企业单位转型与风险规避研究. 山东科技大学学报（社会科学版），2018，20（1）：85-92.
项怀诚. 中国财政管理. 北京：中国财政经济出版社，2001.
徐辉，毛雪非. 论现阶段我国政府、社会与高校的关系. 高等教育研究，1994（2）：30-34.
许国动. 校长在大学与政府关系中的角色、职责与能力. 高校教育管理，2010，4（3）：28-33.
许美德.中国大学1895—1995：一个文化冲突的世纪. 北京：教育科学出版社，2000.
薛澜，刘军仪. 建立现代大学制度 改革高校人才培养体制与机制. 清华大学教育研究，2011，32（5）：1-8.
亚伯拉罕·弗莱克斯纳. 现代大学论——美英德大学研究. 徐辉，陈晓菲译. 浙江：浙江教育出版社，2001.
阎峻. 高等教育体制改革中政府与高校关系的法治化——基于西北政法大学申博事件的思考. 高校教育管理，2010，4（4）：29-32.
杨金土. 技术本科教育的客观性问题. 职业技术教育，2012（31）：5-8.
杨聚鹏. 政府、大学及第三部门的权利关系调适研究. 当代教育科学，2010（9）：12-15.
杨纳名. 大学治理的必要与可能：治理理论的大学实践. 河南师范大学学报（哲学社会科学版），2009，36（6）：239-241.
杨望成. 高校本位论. 佛山大学学报，1993（3）：33-40.
姚宇华. 我国大学与政府关系的嬗变和展望——对新中国成立以来政策文本的分析. 高校教育管理，2017（1）：116-124.

叶梵. 地方高校定位研究. 武汉：华中科技大学，2005.
游莅荟. 高校合并的资源依赖及高校、政府、市场之间协同共建的策略选择. 法制与社会，2016（9）：198.
喻岳青. 政府对高等教育宏观管理的职能调控与服务. 辽宁高等教育研究，1995（6）：17-19.
袁振国. 义务教育年限适时调整可行吗？光明日报，2015-08-06.
约翰・亨利・纽曼. 大学的理想. 徐辉，顾建新，何曙荣译. 杭州：浙江教育出版社，2001.
约翰・S. 布鲁贝克. 高等教育哲学. 王承绪等译. 杭州：浙江教育出版社，1998.
曾天山. 教育科研评价体系现状与改进思路. 中国教育学刊，2009（9）：82-86.
詹姆斯・杜德斯达. 21世纪的大学. 刘彤，屈书杰，刘向荣译. 北京：北京大学出版社，2005.
湛中乐，高俊杰. 我国公立高校与政府法律关系的变迁. 陕西师范大学学报（哲学社会科学版），2010（6）：5-13.
张皓. 威斯康星思想对我国发挥地方高校社会服务职能的启示. 重庆文理学院学报（社会科学版），2006（3）：64-67.
张弘. 我国区域高等教育协调发展实证研究. 苏州：苏州大学，2016.
张华. 教学设计研究：百年回顾与前瞻. 教育科学，2000（4）：25-29.
张婕，王保华. 坚持科学发展观，关注地级城市高等教育发展——对全国72所高校校长的问卷调查报告展. 中国高教学会高教管理分会2004年学术年会，2004，134-152.
张茉楠. 全球创新创业与经济强国的战略选择. 上海证券报，2016-01-14.
张青兵，刘兴无，孙晓峰. 交给学生未来职业生涯的“第三本护照”——江苏省高港中等专业学校创业实践探索. 江苏教育研究，2014（24）：61-63.
张森. MIT创业型大学发展史研究. 保定：河北大学，2012.
张卫良. 变革中的大学发展之道. 现代大学教育，2003（4）：12-14.
张晓鹏. 国际高等教育评估模式的演进及我们的选择. 中国大学教学，2009（3）：90-93.
张应强，蒋华林. 关于地方本科高校转型发展若干问题的思考. 现代大学教育，2014（6）：1-8.
赵大宇. 权利与责任——政府与高校关系之研究. 哈尔滨：黑龙江人民出版社，2003.
赵婷婷. 自治、控制与合作——政府与大学关系的演进历程. 现代大学教育，2001（4）：54-61.
赵中建，卓泽林. 创新创业，美国高校这么做. 中国教育报，2015-07-08.
郑春海. 新形势下对我国高校、政府及市场三者关系的思考. 现代教育科学，2007（3）：75-77.
中南大学课题组，张尧学. 地方本科高校内涵式发展的主要制约因素及改革建议——以某省20所地方本科高校为例. 现代大学教育，2014（2）：49-58.
钟秉林. 新建本科院校要高度重视内涵发展和质量建设——基于41所本科院校合格评估结果的分析. 中国高教研究，2015（6）：68-72.

周川. 高校与政府关系的几点思考. 高等教育研究，1995（1）：73-77.

周文泳，尤建新，陈守明. 论科学研究过程的质量改进. 科学学研究，2006，24（4）：492-496.

朱家德. 中西方大学与政府关系演进研究. 中国高教研究，2015（10）：26-31.

朱九思，姚启和. 高等教育辞典. 武汉：湖北教育出版社，1993.

Bain G S. University of Warwick industrial relations research. Industrial & Labor Relations Review，1975，28（4）：638-639.

Bliemel M J. Getting entrepreneurship education out of the classroom and into Dtudents' heads. Entrepreneurship Research Journal，2014，4（2）：237-260.

Carr D L，Davis T L，Lavin A M. The impact of instructor attire on college student satisfaction. College Student Journal，2010，44（1）：101-111.

Carroll D. Fostering a community of scholars at the University of Warwick：The Wolfson research exchange. New Review of Academic Librarianship，2011，17（1）：78-95.

Eesley C E，Miller W F. Impact：Stanford University's Economic Impact via Innovation and Entrepreneurship. California：Stanford University，2012.

Katz J A. The chronology and intellectual trajectory of American entrepreneurship education. Journal of Business Venturing，2003，18（2）：283-300.

Leslie S W. The Cold War and American Science：The Military Industrial Academe Complex MIT and Stanford. New York：Columbia University Press，1994.

Maceli K M，Fogliasso C E，Back D. Differences of students' satisfaction with college professors：The impact of student gender on satisfaction. Academy of Educational Leadership Journal，2011，15（4）：35-45.

Margaret A B. Interdisciplinary epistemology. Synthese，1990，85（2）：185-197.

Martrinelli A，Meyer M，Tunzelmann N. Becoming an entrepreneurial university? A case study of knowledge exchange relationships and faculty attitudes in a medium-sized，research-oriented university. The Journal of Technology Transfer，2008，33（3）：259-283.

Mclendon M K. The politics of higher education：Toward an expanded research agenda. Educational Policy，2003（1）：165-191.

MIT. TLO Statistics for fiscal year 2009. http://web mit. edu/tlo/www/about/office statistics.html，2009-12-28.

Palfreyman D. The Warwick way：A case study of entrepreneurship within a university context. Entrepreneurship & Regional Development，1989，1（2）：207-219.

Segal Q. The Cambridge Phenomenon：The Growth of High Technology Industry in a University

Town. Cambridge：Segal Quince & Wicksteed Ltd.，1985.

Stanford University. The Study of Undergraduate at Stanford University. California：Stanford University，2012.

Willianms G. The “marketization” of higher education：Reforms and potential reforms in higher education finance. In D. D. Dill & B. Sporm eds. Emerging Patterns of Social Demand and University Reform：Though a Glass Darkly. Pergamon：IAU Press，1995.